"山东省应用金融理论与政策研究基地"研究丛书

人民币汇率：
过去、现在与未来

Yin – Wong Cheung

秦凤鸣　等著

中国金融出版社

责任编辑：刘　钊　曹亚豪
责任校对：刘　明
责任印制：丁淮宾

图书在版编目（CIP）数据

人民币汇率：过去、现在与未来（Renminbi Huilü：Guoqu、Xianzai yu Weilai）/Yin - Wong Cheung，秦凤鸣等著 . —北京：中国金融出版社，2012.6

ISBN 978 - 7 - 5049 - 6416 - 8

Ⅰ.①人…　Ⅱ.①Y…　②秦…　Ⅲ.①人民币汇率—研究　Ⅳ.①F832.63

中国版本图书馆 CIP 数据核字（2012）第 115037 号

出版　中国金融出版社
发行
社址　北京市丰台区益泽路 2 号
市场开发部　（010）63266347，63805472，63439533（传真）
网上书店　http://www.chinafph.com
　　　　　（010）63286832，63365686（传真）
读者服务部　（010）66070833，62568380
邮编　100071
经销　新华书店
印刷　北京松源印刷有限公司
尺寸　169 毫米 × 239 毫米
印张　15.5
字数　286 千
版次　2012 年 6 月第 1 版
印次　2012 年 6 月第 1 次印刷
定价　38.00 元
ISBN 978 - 7 - 5049 - 6416 - 8/F.5976
如出现印装错误本社负责调换　联系电话（010）63263947

前　言

自21世纪以来，中国的贸易盈余及外汇储备备受世人关注，由此引发了一轮又一轮的人民币汇率之争。同时，以快速经济增长与发展的方式而形成的"中国模式"也面临着贸易保护主义和汇率战争的巨大压力。

人民币汇率问题所引起的关注表明，中国经济已经从1949年中华人民共和国成立初期的闭关自守状态逐渐转入市场经济的轨道；在第二次世界大战之后以西方发达国家尤其是美国为主导的世界政治与经济格局下，中国逐步融入了世界，开始参与到世界性的事务当中，并获得了越来越多的话语权。

目前，有关人民币汇率制度的讨论在更大程度上被推上中国进一步改革的议程。保持人民币汇率稳定，对中国经济和政治稳定十分重要，而一个持续稳定增长的中国经济将使世界从中受益。

然而，人民币汇率并不是造成世界经济不平衡的根本原因。即使人民币大幅升值，也不可能解决诸如美国等一些国家的经济问题尤其是就业问题。况且，人民币汇率不会在外部压力下盲目升值，否则，不仅会对中国经济产生负面影响，还会祸及整个世界经济的复苏和发展。

当然，任何推断和结论必须建立在事实和基于事实论证的基础之上，这正是本书写作的宗旨和意义。

本书的主要作者之一Yin-Wong Cheung教授就职于美国加州大学圣克鲁斯分校，自2004年以来为山东大学客座教授，2007年以来为山东大学讲座教授，长期专注于中国经济问题尤其是对人民币汇率理论与政策的研究，其研究成果在数份国际刊物上发表，也几度被引用于世界著名刊物 The Economist 与 The US CRS Report for Congress；他主笔写作了本书第五章"人民币汇率错位的测度"，并反复审阅与修改了全书各章的内容与细节。

本书的其他作者有：秦凤鸣，山东大学经济学院教授，主笔写作第三章"人民币汇率制度的演进"；徐涛，山东大学经济学院副教授，主笔写作第二章"人民币汇率问题的相关概念与基本理论"；陈晓莉，山东大学经济学院副教授，主笔写作第六章"人民币国际化：现状及发展前景"；李颖，山东大学经济学院副教授，主笔写作第四章"与现行人民币汇率制度相关的几个主要问题"。

全书由 Yin-Wong Cheung 与秦凤鸣主导项目的全过程，包括：统一设计写作框架与模式，写作引言与结论，修改各章和梳理全文。

本书所涉及的人民币汇率问题是全体作者长期跟踪观察、分析与研究汇率理论、政策与演进的结果。本书写作历时 18 个月，经课题组全体成员多次共同讨论和反复修改而成，凝聚着五位作者潜心的思考和艰辛的劳作。希望本书的写作与出版能对人民币汇率问题的辩论有所帮助与启迪，也欢迎读者就感兴趣的问题参与讨论。

作者

2012 年 2 月于济南

目 录

第一章 引言 …………………………………………………………… 1
  1.1 人民币汇率论战：理论与现实的背离 ………………………… 2
  1.2 本书的结构安排 ………………………………………………… 9

第二章 人民币汇率问题的相关概念与基本理论 …………………… 12
  2.1 本书主要概念的界定 …………………………………………… 12
    2.1.1 人民币——元 …………………………………………… 12
    2.1.2 名义汇率 ………………………………………………… 14
    2.1.3 名义有效汇率 …………………………………………… 14
    2.1.4 实际汇率 ………………………………………………… 16
    2.1.5 实际有效汇率 …………………………………………… 17
    2.1.6 官方汇率 ………………………………………………… 17
    2.1.7 平行（黑市）市场汇率 ………………………………… 18
    2.1.8 贸易结算汇率 …………………………………………… 20
    2.1.9 非贸易结算汇率 ………………………………………… 20
    2.1.10 调剂市场汇率 ………………………………………… 20
  2.2 几种国际汇率制度 ……………………………………………… 21
    2.2.1 国际金本位制度 ………………………………………… 21
    2.2.2 布雷顿森林体系 ………………………………………… 22
    2.2.3 布雷顿森林体系 II ……………………………………… 24
  2.3 一般性汇率制度安排 …………………………………………… 26
    2.3.1 固定汇率制度 …………………………………………… 27
    2.3.2 浮动汇率制度 …………………………………………… 28
    2.3.3 有管理的浮动汇率制度 ………………………………… 29
    2.3.4 目标区汇率安排 ………………………………………… 29

2.3.5 双（多）重汇率制度 ……………………………………… 31
　　2.3.6 爬行钉住 …………………………………………………… 32
　　2.3.7 钉住单一货币 ……………………………………………… 33
　　2.3.8 钉住货币篮子 ……………………………………………… 33
　　2.3.9 货币局制度 ………………………………………………… 34
　2.4 **基本汇率决定模型** ……………………………………………… 36
　　2.4.1 购买力平价 ………………………………………………… 36
　　2.4.2 利率平价 …………………………………………………… 39
　　2.4.3 货币分析法 ………………………………………………… 40
　　2.4.4 巴拉萨—萨缪尔森分析法与Penn效应 …………………… 43
　　2.4.5 汇率决定模型的一些最新发展 …………………………… 45

第三章 人民币汇率制度的演进 ……………………………………… 54
　3.1 **引言** ……………………………………………………………… 54
　3.2 **中国改革人民币汇率制度的原则** ……………………………… 55
　3.3 **1949年以来人民币汇率制度的演变和汇率政策选择** ………… 57
　　3.3.1 改革开放之前的人民币汇率制度（1949～1978年）…… 59
　　3.3.2 人民币汇率制度的改革——双重汇率制度的实施
　　　　　（1979～1993年）………………………………………… 65
　　3.3.3 双重汇率并轨后的人民币汇率制度（1994～2005年）… 73
　　3.3.4 人民币汇率制度的灵活性与市场化（2005年至今）…… 78
　　3.3.5 2005年中国汇率制度改革的争议 ………………………… 81
　　3.3.6 人民币衍生品市场的发展 ………………………………… 83
　3.4 **21世纪围绕中国汇率制度与汇率政策的讨论** ………………… 86
　　3.4.1 人民币汇率升值能否解决中美贸易不平衡问题 ………… 86
　　3.4.2 对目前人民币汇率制度的识别 …………………………… 87
　　3.4.3 中国汇率制度进一步改革需要追加考虑的问题 ………… 88
　　3.4.4 从历史的角度解读近期内人民币汇率改革的方向 ……… 90
　3.5 **结论** ……………………………………………………………… 92
　　3.5.1 独立自主的选择 …………………………………………… 92
　　3.5.2 人民币"适当"价格确定的灵活性和实用性 …………… 92
　　3.5.3 汇率制度变革的渐进主义模式 …………………………… 93

第四章 与现行人民币汇率制度相关的几个主要问题 ········· 100

4.1 人民币升值能否消除中国巨额的贸易顺差 ············· 100
4.1.1 改革开放后的人民币汇率变化与贸易收支 ············· 101
4.1.2 人民币汇率变动与贸易收支关系——争议与事实 ········· 103
4.1.3 人民币汇率变动与贸易收支关系的评述 ·············· 109

4.2 人民币升值能否抑制通货膨胀 ····················· 118
4.2.1 汇率传导的相关概念 ························· 119
4.2.2 人民币汇率变动与通货膨胀关系——基于理论的考察 ······ 122
4.2.3 人民币汇率与通货膨胀率的关系分析——基于事实的考察 ···· 126
4.2.4 人民币升值对当前通胀抑制效果的评价与分析 ·········· 132

4.3 人民币汇率制度与货币政策的实施 ·················· 136
4.3.1 "三元悖论"理论的演进与内涵 ··················· 136
4.3.2 中国放松资本管制的历程和现状分析 ··············· 137
4.3.3 中国资本管制不断放松背景下的"三元悖论"问题分析——
基于理论和事实的考察 ························ 142
4.3.4 后危机时代的汇率制度选择与货币政策实施 ··········· 146

4.4 小结 ······································ 148

第五章 人民币汇率错位的测度 ························ 156

5.1 引言 ······································ 156
5.2 均衡汇率模型——若干争议 ······················ 157
5.2.1 理论注意事项 ····························· 157
5.2.2 实证注意事项 ····························· 158

5.3 人民币汇率错位程度的几种估计 ··················· 160
5.3.1 趋势偏差估计 ····························· 160
5.3.2 其他估计 ································ 162

5.4 Penn效应 ··································· 164
5.4.1 错位估计及抽样的不确定性 ···················· 165
5.4.2 错位估计和数据修订Ⅰ ······················· 168
5.4.3 错位估计和数据修订Ⅱ ······················· 170
5.4.4 讨论 ··································· 172

5.5 结束语 ····································· 172

附录 ··· 175

第六章　人民币国际化：现状及发展前景 …… 182

6.1　货币国际化的历史回顾 …… 182
6.1.1　货币国际化的内涵 …… 182
6.1.2　几种主要货币国际化的历程回顾 …… 185
6.1.3　一些主要国际货币履行国际货币职能的情况 …… 189

6.2　人民币国际化的背景 …… 196
6.2.1　中国的国际收支状况 …… 196
6.2.2　中国的国际储备管理难题 …… 198
6.2.3　国际金融危机的影响 …… 199

6.3　对于人民币国际化相关问题的争论 …… 200
6.3.1　人民币国际化的利弊分析 …… 200
6.3.2　人民币国际化的条件是否成熟 …… 201
6.3.3　人民币国际化的路径选择：不同的观点 …… 207

6.4　人民币国际化的现状 …… 208
6.4.1　国际官方货币职能 …… 208
6.4.2　国际私人货币职能 …… 209

6.5　结束语：人民币国际化的发展前景 …… 220

附录：中国与其他可比国际化货币国家的相关经济指标（决定因素）比较 …… 222

第七章　结论与展望 …… 230

7.1　本书研究的基本结论 …… 230
7.2　前景展望 …… 234

附录　关键词中英文对照 …… 236

第一章 引 言

自实行经济体制改革与对外开放以来,中国经济便快速融入全球化进程中。三十多年来,中国经济和世界经济的相互依存关系越来越密切,特别是在全球经济复苏的过程中,由于中国积极启动扩大内需战略,不断增加进口,加之"十二五"期间中国将实施进口和出口并重的外贸发展战略,使得世界对于中国的市场潜力以及中国市场需求带动世界经济的增长寄予厚望。

从新中国成立初期至1978年的改革开放之间,中国在恶劣的外部环境中,在坚持独立自主、自力更生原则的基础上,解决了内部的贫困问题,同时,扩大了国际空间,提升了国际地位,为屹立于世界民族之林逐渐开拓出一方天地。在此期间,人民币汇率政策的制定和变化以国内外经济条件的变化为依据,表现了自主性和一定程度的灵活性。

1978年,中国政府适时作出了对内实行经济体制改革和对外开放的政策,在和平竞争和互利合作的基础上扩大对外贸易,吸引外来直接投资,并于2005年依据新的国内外经济和政治环境进行了至关重要的人民币汇率制度及形成机制的改革,采取更为自主与灵活的汇率政策。时至今日,中国内部经济条件的改善,国家的富强有目共睹,中国对世界经济的影响也是毋庸置疑的,从而令世界对今日中国的经济地位刮目相看。

中国加入世界贸易组织十年来,已逐渐发展成为全球最大的出口国,并在2010年超越日本成为全球经济规模第二大的经济体。更重要的是,即使在刚刚走出全球金融危机的2010年,中国年度国内生产总值(GDP)仍同比增长9.8%;多年来,GDP年均增长速度一直保持在8%~10%之间。中国经济的复苏成为全球经济复苏的一个重要的心理因素。

中国的贸易顺差主要始于20世纪90年代,2005年后呈加速发展趋势,其占GDP的比率也从2004年的3%迅速升至2007年的9%。2011年4月的中国国际收支平衡表显示,中国经常项目顺差为3054亿美元,进出口规模达到历史最高水平。截至2011年6月底,中国的外汇储备达到31974亿美元。贸易顺差的快速上升,一方面推动了中国经济两位数的高速增长和国际储备规模的连创新高，另一方面也加剧了全球贸易的不平衡和人民币升值的压力。

最近一次发生的国际金融危机使世界经济格局产生了新的不平衡。世界经济尤其是发达国家的经济复苏缓慢，贸易保护主义卷土重来，危及全球贸易的增长，使本已脆弱的复苏更加乏力。而包括中国和印度在内的东亚经济则显示了新的活力，成为世界经济多级增长中的一个源头。全球的经济版图已经不再有一个固定的引力重心，而是一组磁极，吸引着投资、贸易和劳动力，在全球各地的不同地区产生着增长点。全球经济实力由发达国家向新兴经济体转移，中国作为新兴经济体之一步入世界经济舞台的中心。

自21世纪以来，中国的贸易盈余及外汇储备备受世人关注，由此引发了一轮又一轮的人民币汇率之争。同时，以快速经济增长与发展的方式而形成的"中国模式"也面临着贸易保护主义和汇率战争的巨大压力。

目前，有关人民币汇率制度的讨论在更大程度上被推上中国进一步改革的议程。保持人民币汇率稳定，对中国经济和政治稳定十分重要，而一个持续稳定增长的中国经济将使世界从中受益。长期而言，随着中国劳动力成本的结构趋于成熟，人民币将逐渐升值。但这是一个缓慢渐进的过程，正如人民币汇率制度和政策以往的历史演进过程一样。

在这种背景下，在人民币汇率政策问题上，似乎中国政府的一举一动都会产生所谓的"蝴蝶效应"。但是，任何推断和结论必须建立在事实和基于事实论证的基础之上，这正是本书写作的宗旨和意义。

1.1 人民币汇率论战：理论与现实的背离

在人们忙于寻求各种对策来解决金融危机遗留的问题、重振世界经济之际，有关人民币汇率的争论再度聚集了众多的目光，无论是源于善意还是恶意，这一旷日持久的辩论愈演愈烈。无疑，人民币汇率是目前表达世界经济几大竞争领域如贸易平衡、通货膨胀和外国资本流动的压力等最为明确的信号。本书分析和论述的重点是以下几个极富争议的关键问题。

其一，将世界经济尤其是贸易不平衡的责任仅仅归咎于人民币汇率政策是一种误导。

自20世纪90年代中国确立了出口导向型经济增长战略后，贸易顺差就成为中国国际收支的常态。尤其在进入21世纪后，中国的贸易收支顺差迅猛增加，与此相应，中国的经济增速也基本保持在两位数的高水平，居世界前列。人民币汇率的稳定与中国巨额贸易顺差的长期并存，推动了国内外关于人民币汇率是否存在被低估从而导致巨额贸易顺差的讨论和研究的兴起。

第一章 引　言

传统理论认为，在马歇尔—勒纳条件成立时，本币升值将抑制出口，增加进口，从而减缓国际收支顺差过大带来的压力。而实际上，中国并没有满足这一条件。

中美两国之间日益严峻的贸易不平衡是一个客观存在的事实。自2006年至2008年，人民币兑美元实际汇率大幅升值，但这似乎并不能有效遏制中国对美国的出口；相反，这一时期，中国对美国的出口增速显著大于进口增速，其净效果是，中美贸易逆差不断扩大，从而出现了现实与理论的背离。该事实表明，人民币汇率并非中美贸易逆差的主要影响因素，中美之间长期巨额的贸易失衡可追溯至两经济体内在的经济运行结构，单靠人民币升值是无法解决两国贸易失衡问题的，反而可能对两国经济结构和宏观政策的调整造成阻碍。

事实上，自2002年后，美国经济就开始步入高速增长之后的调整期，被衰退的阴影笼罩，贸易赤字和财政赤字不断扩大，国内制造业的失业率不断上升，在这种情况下，美国国内以制造业集团以及工会组织为主的利益集团逐渐将美国制造业面临的问题归咎于2000年后中国对美国的贸易顺差，认为人民币的过度被低估造成了美国对中国的巨额贸易逆差以及美国制造业面临的困境，中国应该为美国的制造业下滑以及失业问题负责。正是在这种背景下，美国官方开始要求人民币汇率升值。

随着中国贸易顺差的持续扩大，以美国为首的国际社会对人民币升值的施压不断加强，直到2005年7月中国开始实行以市场供求为基础有管理的浮动汇率制度，人民币对美元一次升值2%多，开始了三年多的人民币单边升值历程，国际上要求人民币升值的压力才稍稍减轻。随着美国次贷危机迅速蔓延扩散为全球性金融危机，中国在2008年中暂停了人民币汇率的升值趋势，重回稳定美元汇率机制。期间中国的进出口贸易于2008年11月出现了七年来的首次负增长，直到2009年11月贸易负增长的态势才得以扭转。

在世界经济缓慢复苏的情况下，中国经济保持了较快增长，出口强劲上扬，导致外汇供大于求，推动人民币汇率走强。实际上，自2010年中国人民银行宣布进一步推动人民币汇率形成机制改革以来，人民币对美元累计升值近7%。由于主要发达国家选择了持续的宽松货币政策，人民币升值的压力依然存在。另一方面，中国外汇储备快速增长，导致基础货币投放加快，中国也经受着通货膨胀的考验。

美国经济至今仍未走出金融危机后的低迷，失业人口居高不下，加之中国对美国巨额贸易顺差，美国不少经济学家和议员指责中国故意压低人民币汇率，以取得不公平的贸易优势。欧盟等发达国家为提振本国经济、缓解国内严重的就业压力，对人民币汇率掀起新一轮施压浪潮，甚至巴西、印度等新兴经济体也于2011年加入了美国等一些国家呼吁中国加快人民币升值步伐的队伍，支持关于人民币被低估损害中国贸易伙伴及其他新兴经济体利益的观点。人民币汇率问题不仅再次成为中美博弈的焦点，更成为后金融危机时代如何恢复全球经济再平衡的争论热点。

针对国际社会关于人民币汇率的指责和施压，中国政府表示，汇率在中美双边贸易余额中起到的作用很小，如果人民币大幅升值，中国出口行业可能会受到严重挫伤。正如中国总理温家宝于2010年10月在美国发表演讲时所提到的，人民币大幅升值可能引发中国的工人大量失业、企业大批倒闭，由此，造成严重的社会动荡，这种后果是中国承受不起的。更何况，中国的社会和经济动荡也将危及世界经济和秩序。

现有的实证结果并不能证明人民币价值及其变动与贸易平衡有必然的联系。在文献中不难发现，即使使用同一种理论框架，对人民币币值的估计也大不相同。可以说，这一现象说明了对人民币均衡汇率建模的难度。

大多数研究者认为人民币处于大幅被低估的状态，必须即刻（并急速）升值。只有少数著名的研究者认为，中国应该保持一个稳定的汇率制度而不是促使人民币急速升值。有一种观点认为，人民币升值即使无法彻底根除全球经济失衡，至少也会有利于改善这个问题。

就中国而言，我们有理由相信，在生产高度分散的情况下，贸易流通对于汇率变动的反应可能比通常情况下更加迟钝。由于中国在全球产业链中占据关键地位，人民币升值对全球经济失衡的影响也许难以确定；人民币升值提高了出口的相对价格，但同时也降低了进口品的价格。因此，人民币升值不只会影响到中国出口的增值环节，同时也有可能产生其他影响。

其二，人民币汇率升值对通货膨胀的抑制效果所存在的不确定性。

从理论上说，汇率即使不是治理通货膨胀的专有工具，但是，一种货币价值的上升在客观上是可以抑制通货膨胀的。中国目前的现实也表明了理论与实际的背离。

有一种观点认为，人民币汇率被低估导致了出口需求强劲和经常项目持续顺差，成为中国通胀压力上升的重要原因，因此人民币汇率的升值不仅有助于中国平衡国际收支、调整经济结构，也可以帮助缓解日益严峻的国内通胀压力。然而，人民币汇率变动对国内物价的传导机制众多，不同机制在传导速度和传导方向上存在显著差异。现实中，人民币汇率升值对通货膨胀的抑制效果可能存在较大不确定性。由于中国经济和金融开放度的不断提高，资本项目下的资金往来对央行货币政策的影响越来越大，人民币升值预期——资本流入——货币供给增加、资产价格上涨——消费者价格上涨的传导机制很可能在短期内主导汇率变化对国内物价的影响效果。因此,人民币汇率渐进小幅升值,短期内很可能会吸引投机热钱流入,从而助长物价上涨的压力,加剧中国未来经济增长的不确定性。

中国目前所面临的这一轮通货膨胀在很大程度是输入性通货膨胀,尤其是美国联邦储备银行的量化宽松货币政策加剧世界性通货膨胀的趋势,推高国际市场大宗商品的价格。中国作为全球第二大进口国,必然加大国内的通货膨胀压力。人民币升值固然有助于缓解一部分输入性通货膨胀,但是,中国以美元为主要储备货币的国际储备无疑将大大缩水。更为重要的是,人民币升值抑制了中国的出口,如果人民币持续大幅升值,中国将面临大量的失业人口和经济衰退,这不仅将中国经济置于风险之中,对风雨飘摇中的世界经济将会是雪上加霜。

其三,中国货币当局或将面临"三难抉择"。

根据蒙代尔—弗莱明模型,在资本自由流动的前提下存在一个二元冲突,即固定汇率制度和货币政策的有效性不可兼得,资本自由流动的经济开放体,如果采用固定汇率制度,货币政策是无效的;但如果采用浮动汇率制度,则货币政策是有效的。换言之,要同时达到本国货币政策的独立性、汇率的稳定性以及资本的完全流动性,在理论上是不能实现的。

中国目前仍然实行资本项目管制,因而货币当局还未正式面临"三难抉择"的窘境。但是,从长期来看,资本自由流动是大势所趋,而中国国情决定了中国不可能放弃货币政策的独立自主性,因而最有可能调整和"牺牲"的是汇率目标和汇率制度。从这个意义上讲,选择适当的人民币汇率制度,尽可能地将国际投机力量攻击产生的不良影响减少到最低程度,就显得更为紧迫。

最近这次发生的全球金融危机改变了全球资本流动的格局,以中国为代表的新兴市场国家的经济在危机过后率先复苏,这使中国等新兴市场经济体成为后危机时代投机资金的首选之地。尤其是2010年年中,美欧日等发达国家央行为应对本国经济萧条而掀起的新一轮定量宽松政策,进一步引发了新兴市场国家对于国际游资泛滥的担心,纷纷采取措施加强对资本流动的管制。为了防范国外热钱的流入,中国外汇监管部门一方面加强了经常项目下的外汇业务监管,如收紧了对个人跨境结售汇业务的管理规定、加强银行结售汇综合头寸管理、对银行外汇头寸余额实行下限管理、加强外商投资企业境外投资者出资管理等;另一方面,放慢了资本项目放松管制的步伐,如严格金融机构短期外债指标和对外担保余额管理。

国际经验表明,当一国经济与世界经济已紧密联系在一起且贸易规模迅速增长时,资本管制将变得越来越困难。研究表明,近年来维系中国资本管制体系的难度日趋上升，资本管制的效率不断下降，特别是人民币经常项目可兑换在产生大量效率改进的同时，也为投机性短期资本的跨境流动创造了条件。

由于中国资本项目尚未完全开放，存在较为严格的资本管制，且利率和汇率形成机制尚未完全市场化，资本的利率弹性以及人民币资产和外国资产的替代程度还不高，因此中央银行基本能够通过相应的冲销干预来保持相对独立的货币政策。人民币汇率制度向更加灵活和市场化方向的改革，对中国的货币政策和宏观调控的操作具有积极意义，汇率的灵活性，可以使中国的货币政策在资本流动更加自由和频繁的背景下，更具自主性。出于大幅升值可能对本国出口和经济复苏带来负面冲击的担忧，中国央行一直在控制人民币升值的步伐和幅度，未来人民币大幅快速升值的可能性也极小，中国央行依然会继续干预外汇市场，买入外汇，以缓解巨额国际收支顺差下人民币汇率快速升值的压力，并配合冲销干预等措施对冲外汇占款引发的货币投放，以保持货币政策的相对独立和自主性。

中国正在调整其增长模式，人民币汇率制度的进一步改革是调整过程的一部分。诚然，中国对人民币汇率制度的走向可以有多种选择，但是，在选择过程中，应当考虑中国的长期可持续经济增长和中国目前经济所面临的外部风险和内部风险。就前者而言，尽管中国的资本账户尚未开放，但中国的国内市场同样在一定程度上遭受外部国际市场需求的冲击、国际危机的传染效应和经济与政治摩擦的影响。就内部风险而言，中国目前的银行体系还很脆弱，而且面临着通货膨胀的巨大压力和贫富差距扩大所引起的社会矛盾。中国需要稳定环境来继续其市场经济改革政策，从而优化对内外部风险冲击的能力——人民币汇率政策是其中的一个重要的组成部分。

在理解人民币汇率演变和实施人民币汇率政策的问题上，不得不将中国对资本流动控制因素考虑在内。在资本管制政策下，中国可以选择人民币汇率的小幅升值，并在较小幅度内波动。这样一来，可能会引致货币投机者对人民币不断升值的预期，从而引起与热钱流入相关的经济问题。但是，这种政策可以提供一个相对自主的货币政策和较为稳定的汇率。

在没有资本管制政策的情况下，人民币汇率可能出现非常大的波动，对贸易进出口产生直接的影响。在两种选择都具风险的情况下，两劣取其轻不失为明智的选择。中国必须将可能出现的风险控制在目前宏观政策可以驾驭的范围之内，并且是在经济与金融体系中微观层面可以承受的限度之内。这正是人民币汇率制度改革所坚持的主动性、可控性与渐进性政策的由来。

在设计或选择中长期人民币汇率制度时，无论什么主张，需要确认一个事实，即国际投机力量攻击人民币汇率的可能性，有必要考虑从汇率体制上努力防范国际投机力量的攻击。对任何汇率制度改革主张评价需要加上一条新的标准，即这种汇率制度是否或者能够在多大程度上防范和承受国际投机力量的攻击。

面对国际上保护主义的情绪和来自其他政府的压力，中国人民银行于2010年6月19日发表题为"进一步改革人民币汇率制度并提高人民币汇率弹性"的声明。这一声明标志着中国回归到2005年所采用的"管理浮动汇率制度"。正如大多数评论家的预期，人民币汇率呈现的是渐进和有秩序的升值。因此，尽管这政策改变受到一定的赞许，但仍然没有平息批评家要求人民币快速升值的言论。对于这些人来说，并不是中国的汇率政策没有任何改变，而是政策改变太小、太慢。

从客观需要和主观愿望而言，人民币汇率的改革和调整都在日程之中。但是，所有的行动都应当取决于中国宏观经济形势的稳定，市场机制的发展与平衡，以及中国金融体系应对和处理外来冲击的能力。

目前，中国国内甚至没有建立起用于规避和减少外汇风险所需要的金融期货和期权等工具及交易市场，企业和银行都将难以承受汇率频繁急剧波动可能带来的风险。只要先决条件没有准备好，任何外来的单方面设定的所谓最后期限以及将人民币汇率调整政治化都是具有高风险的政策行为，其负面效应将会影响到中国经济与社会的稳定，也会影响到世界经济体系的发展。因此，人民币汇率调整必须在有管理浮动的框架下进行，需要以跟踪外汇市场的变化以及相关国家经济复苏状况跟踪研究为基础，并将中国和这些国家的经济关系考虑在内，确定今后人民币汇率调整的方向。

其四，人民币国际化的定位。

人民币汇率体制改革的步伐和人民币汇率政策的变化不仅反映了中国政府一向坚持的自主性、可控性和渐进性，同样也是对国内外特定经济条件与政治环境的回应。有关人民币汇率体制的改革与人民币汇率政策的讨论与争议已经远远超出了货币升值的范畴以及汇率形成机制的灵活度问题。随着人民币汇率体制改革的深入，人们也在关注人民币的国际地位。

货币具有三个基本功能：交易媒介、计量单位和价值储藏。这三个基本功能是相互联系的。在国际经济活动中，一国货币并非只在货币发行国使用，也并不是所有货币都在国际市场上履行同等的职能。一种货币在其发行国和世界其他国家的接受程度，取决于币值的稳定性和公众对货币发行者的信任。

2008~2009年的全球金融危机暴露了现有国际货币架构的缺陷，引发了改革国际货币体系的讨论。通常，一个国际货币国必须具有较大的经常账户顺差，同时是国际净债权国。随着该国经济优势的丧失，其货币的国际地位也被削弱。

考虑到中国的经济规模、贸易规模和全球债权地位，中国是一个大国，在全球金融体系中却承担一个比较小的角色。

自2008年全球金融危机以来，中国主动出击，采取一系列措施推进人民币的国际化，更多的国际债权以人民币而不是以美元定值。大多数评论者认为中国这种策略是出于对美元作为储藏价值货币的质疑。实际上，这种策略更多地反映了中国国际投资头寸表或中国国际资产负债表的特征。这种特征显示了急剧增加的外汇风险。而这种外汇风险是中国对外开放股本投资、经常项目盈余和人民币尚未走向国际化等多种因素结合的产物。

对于这样一个经常项目盈余国而其货币并不普遍被非居民所使用，那么其国外债权就会以外币的形式堆积。如此一来，该国持有的国际投资净头寸和外国持有的该国股本净头寸就会增加该国外汇持有额的总量，这就是中国目前的情形。考虑到对外国直接投资的开放以及资本管制下禁止非居民借贷人民币，中国持有大量美元及其他外币，同时也持有本币空头头寸是很典型的例证，以人民币定值其国际债权的短期策略符合正常化国际资产负债表的要求。

如果人民币相对于其他货币有加速升值的预期，那么，中国目前的国际资产负债表将承载着人民币对其他货币突然升值的风险，如果外国借款人与中国分担这一风险，那么中国防止这种升值的动机在一定程度上会减弱。外国潜在的债务人是否会因为对人民币突然升值的预期而退却，以及人民币是否将与美元如影随形，以至于丧失作为定值货币的优势？

全球金融危机为其他国家担负中国国际资产负债表的货币风险提供了一个较大空间。在全球金融危机前，中国已有意和其他国家分担其迅速堆积的货币风险。我们可以理解近年来中国当局采用的汇率政策就是容许其他国家用人民币定值其他国家债务。

当危机暴露出现有的美元本位国际货币体系的缺陷时，中国货币当局提议采纳一种超主权货币，并采取了一些措施来降低其对美元的依赖。在这一过程中，中国计划让人民币在国际金融市场上扮演更活跃的角色。这些政策措施引发了这样的讨论：中国试图让人民币成为国际货币并挑战美元的国际地位。

到目前为止，对于人民币的国际使用，以及中国所推出的相关政策还远远不够详尽，相关的政策和进展仍在不断出现，但总体而言，尽管过去几年人民币的国际化使用进展迅速，相对于中国的经济规模来讲仍然是微不足道的。让人民币过快地融入全球经济会给中国带来巨大的成本，特别是考虑到中国仍然是不发达的金融市场，以及控制货币和货币政策的能力不足，将会对中国国内经济及其稳定性带来一定的风险。如果仍然坚持渐进的改革思路，中国就不会过快地推进人民币的国际使用。

在中国国内，有一种观点认为，汇率机制改革是实现人民币国际化的手段，人民币国际化本身是目标。实际上，无论货币适用的范围有多大，货币的功能是不会改变的，它依然是国内国际市场上的交易媒介、计量单位和价值储藏手段，无论汇率体制的改革或人民币国际化都是促进国际经济交易、分散风险和推动经济发展的手段，将手段视为目的显然是不可取的。

因此，中国在过去几年中所推行的政策或是出于美元短缺时的经济实用主义的原因，或是经济现代化过程的一部分，也许还包含了构建人民币的国际主导地位。将这些政策理解为为人民币在国际市场上的使用做准备，而不是推动人民币成为一种国际货币，是更恰当的一种政策定位。

1.2 本书的结构安排

本书是对富有中国特色的人民币汇率制度及政策演变的一个专题个案研究。这项研究以下列理念作为前提：一国汇率制度的选择和演变过程不仅仅是一种经济现象，也体现了该国经济状况、政治体制、外交地位、法律体系、历史轨迹、社会环境，甚至决策者对现实经济与政治环境的理解。汇率制度演进中的每一步都会受到国内外特定的经济条件和政治环境制约，并且要适应这些条件和环境的变化而不断改革。

中国国内和国际学术界对人民币的估值和人民币汇率制度的改革争议已久。争论的主要问题包括：人民币汇率制度的选择和改革的主要依据是什么？什么是人民币汇率的合理水平？人民币汇率的变化对中国经济及其主要贸易伙伴国乃至整个世界经济将会带来什么样的影响？传导机制是怎样的？效果如何？未来的走向？本书的研究着重解答这些问题。

本书的第二章对本书采用的与人民币汇率有关的基本概念加以界定，并对国际上通行的一般汇率安排和基本汇率的决定模型和观点加以梳理和陈述。

第三章从中国目前的现实出发，讨论决定汇率制度改革的基本原则，并从历史、社会、经济和内外环境等各个角度，解析目前人民币汇率机制改革所坚持的主动性、可控性与渐进性。其中，分别探讨几个重要的历史时期人民币汇率制度变革的特殊政治经济背景，分析各个历史时期人民币汇率政策制定所考虑的因素与当今汇率制度改革的关系。围绕各阶段中国汇率制度与汇率政策的讨论来解读人民币汇率改革的进程与近期的走向。

第四章考虑到，作为重要的宏观经济变量，汇率的高低会影响一国贸易、金融与整个经济的各个方面。关于人民币汇率政策的讨论不仅仅涉及贸易平衡的问题，而且同宏观经济稳定，特别是货币政策的有效性有关。这一章重点探讨在现行人民币汇率制度下，人民币汇率的变动对中国国际收支和货币政策的影响，以及国内外关于这些问题的争论。

第五章重点展示在确定人民币均衡价值时涉及的几个难点，包括模型的选择、错位程度的计算以及数据的不确定性。除了讨论一些汇率建模的一般性问题以外，还选择性地回顾了一些实验性证据，同时揭示了相对价格与收入的关系，也即 Penn 效应。有关 Penn 效应的论述，是用以说明抽样不确定性和数据修正对人民币估值辩论的影响。

第六章研究人民币的国际使用。从中世纪以来的主要国际货币更替发展的历史角度，考察几种主要货币国际化的历程，分析各种国际货币产生的特定的不可复制的历史因素，在此基础上，探讨人民币国际化的现实意义和特征，并就中国所推出的相关政策以及政策和措施可能带来的效益和成本加以分析。

本书采用历史辩证法、统计方法、理论分析和实证方法，从不同的角度解答了有关人民币汇率、汇率体制改革和政策导向的有争议的问题。纵观人民币汇率的历史轨迹，人民币汇率的过去、现在和将来始终有着一条清晰的主线，那就是它的自主性、可控性和渐进性。从人民币和人民币汇率产生以来，其变革都受制于国内外特定的经济条件和政治环境的制约。因此，目前人民币汇率改革的自主性、可控性和渐进性有着很深的历史渊源和理论依据；在特定的国内外经济和政治条件下，透过人民币汇率对经济的传导机制来推断，人民币升值对解决全球经济不平衡、治理通货膨胀和建立货币政策的有效性，都是对货币当局最严峻的挑战。

我们的研究结论认为，理论和实践经验并不支持唯独人民币大幅升值才可消除全球失衡这个观点。短期汇率变动对经常账户的影响有限。从宏观角度来看，经常账户余额是各国净储蓄行为的结果。仅仅专注于汇率只是转移了人们的注意力，从而忽略采用适当的货币与财政政策组合去解决失衡问题的作用，而这种注意力的转移可能产生意想不到的副作用。人民币成为一种国际化货币的道路是漫长而曲折的。这不仅依赖于中国自身的政策促进，也依赖于其他国际货币发行国的反馈。虽然离岸市场能够为人民币的国际（贸易和金融）交易提供场所，从而促进对人民币的接受程度，但仍然不能否认一个完善、有效率且审慎监管的金融部门对于人民币国际化的重要意义。

人民币汇率的调整不仅仅涉及本国的利益，也涉及贸易伙伴的利益和整个世界经济的平衡。最困难的问题在于，任何汇率政策的选择都要考虑如何在这些利益之间寻求各方都能普遍接受或认可的某种均衡。本书论证了以渐进和审慎的方式而不是急剧而激进的政策强化人民币汇率的灵活性的根据和意义所在，澄清了关于人民币汇率体制改革争议中的模糊观点，提供了汇率估算更明确的思路，对人民币汇率不完全传导机制与效果以及成因有详尽而深入的分析，为下一步研究如何在后危机时代协调货币政策与汇率政策的理论研究奠定了很好的理论基础，通过详尽和最新的数据分析，提出了坚守渐进的人民币汇率体制改革的一贯思路。

第二章 人民币汇率问题的相关概念与基本理论

新中国成立到现在，人民币汇率制度变革及调节机制的演变经历了几十年的历程。总结以往的经历，不能简单地借用所谓一般性的分析思路和方法来认识和评价人民币汇率制度问题，必须从中国特殊的经济发展环境以及特殊的政治文化历史背景来梳理和评价人民币汇率问题，也必须从这样一个基础的角度出发，来判断和展望未来中国的相关经济问题。本章我们即遵循从这样一个思路来解释一些相关的基本概念及汇率制度安排，详细的分析探讨留待后面的章节。

2.1 本书主要概念的界定

2.1.1 人民币——元

中国现行的货币制度规定其货币名称为"人民币"，货币单位为"元"。在中华人民共和国成立前夕，即1948年12月1日中国人民银行宣布成立，随后就发行了新中国的统一货币——人民币，单位为"元"。随后，在新中国成立初期经历了肃清国民党政府发行的货币、有步骤地收回各革命根据地银行发行的货币、严禁金银计价流通和私自买卖以及禁止外国货币在中国市场流通等一系列政策措施，中国政府很快确立了人民币的全国统一货币的地位，人民币成为新中国的主权货币[①]。在新中国成立初期的国民经济恢复时期，受国内外政治、经济形势的影响，人民币币值波动剧烈，通货膨胀严重。中央政府通过调节货币

[①] 杨希天等（2002）。

流通，灵活地采取"折实制度"① 等措施稳定物价，安定人民生活。

随着社会经济的逐步稳定，为了进一步巩固完善货币制度，中国政府于1955年进行了第一次币制改革，国务院于当年2月21日发布了《关于发行新的人民币和收回现行的人民币的命令》，责成中国人民银行自1955年3月1日起发行新的人民币（即新币，也就是第二套人民币），收回现行的人民币（即旧币，也就是第一套人民币）。以新币1元兑换10000元旧币。新币的面额，主币分为1元、2元、3元、5元、10元五种；辅币分为1分、2分、5分、1角、2角、5角六种。每种券别版面都印有汉、藏、蒙、维吾尔四种文字。规定自新币发行之日起，国内的一切货币收支、账簿记载和国际清算以及外汇牌价，均以新币为计算单位。货币制度的改革，提高了人民币单位"元"的价值量，使新的价格标准更适应国家计划经济和人民生活的需要，人民币对内价值从此逐步稳定下来，此后即使在严格的计划经济时期也极少再出现通货膨胀问题。

新中国成立初期，人民币的汇价是根据国家政策并参照国内外物价的变化来制定，并依照主要出口商品的国内外价格变动机动调整。人民币的定价方针是"推动出口、积累汇源、保证进口、奖励侨汇"。在计价方法上采用"国内外物价对比法"，② 随物价变动幅度作相应调整。计划经济时期也曾出现过人民币结算制度的变革问题，这发生在1968年。③ 1967年秋天的广州出口商品交易会期间，英镑突然大幅度贬值。由于当时中国的出口商品主要以英镑计价结算，英镑的贬值给出口造成极大损失。为了降低风险，保障出口收益，中国政府决定自1968年春季开始，对港、澳地区贸易试用人民币计价结算。1969年10月以后逐步扩展到同欧洲、日本、美国和其他地区的贸易结算。1971年12月11日，中国银行发出《关于实行对外贸易使用人民币计价、结算账务核算手续的通知》，对相关问题进一步作出了具体规定。用人民币结算意味着外国商人需要以外币购买人民币偿付中国的出口货款，这样，使用人民币结算起到了保值作用。

人民币货币制度的顺利建立，为新中国经济的稳定和发展发挥了关键作用。但是在随后相当长的时间里（至少到十一届三中全会中国确立市场经济改革目标之前），人民币在中国经济发展中的作用更多地体现在交易的媒介职能上，作为重要的经济杠杆，其有效引导和配置资源的作用远没有发挥出来，这也是中国计划经济体制时期货币金融制度的重要特征。自20世纪80年代初开始，在改

---

① "折实制度"，即人民政府以粮、布、油、盐、煤五种商品的综合物价指数作为"折实单位"，并将其作为发行政府债券、吸收居民存款以及发放工资的计值标准。此措施的主要目的是稳定解放初期的物价水平和人民币币值。

② 杨希天等（2002）。

③ 同②。

革开放不断深化的过程中，人民币的内外价值问题才逐渐被认识。

2.1.2 名义汇率

名义汇率就是一种货币在兑换成另外某种货币时的价格，通常用来表示两个国家间货币的双边汇率。在标价方式上，可以用一定单位的外国货币为标准，折算成若干单位的本国货币来表示；也可以一定单位的本国货币为标准，折算成若干单位的外国货币来表示；比如，2美元兑换1欧元，或者1美元兑换0.5欧元。有时，为了标明某一种货币的总体价值，需要将该货币的所有双边汇率进行加权平均来计算，这被称为名义有效汇率。

人民币对外国货币的汇率在新中国成立前就开始公布。1949年1月18日，中国政府在天津首次公布人民币对西方国家货币的汇率，并要求其他地区以天津口岸的汇率为标准，根据当地情况公布各自的外汇牌价。1949年1月19日，人民币汇率在天津的牌价为1美元兑换800元人民币（旧币）。随后几年，由于新中国成立初期国内外经济政治形势波动，物价上涨，人民币汇率波动频繁，不断贬值，到1952年12月，1美元兑26170元人民币（旧币）。[①] 此后，汇率水平稳定，直到1955年币制改革，重新确定人民币兑美元汇率为1美元兑2.46元人民币（新币）。

就人民币的定价原则，新中国成立初期为了恢复和发展国民经济、扶植出口、积累外汇资金、进口急需物品，中国政府确定了"奖出限入、照顾侨汇"的汇率定价原则。由于西方国家当时已经建立了以黄金为基础的布雷顿森林体系，而人民币没有规定含金量，因此人民币汇率无法根据黄金平价来确定，以购买力平价为基础的"物价对比法"就成了确定人民币汇率的定价依据。此后，在严格的社会主义计划经济时期，由于物价水平由国家规定，并且长期基本保持稳定，汇率水平虽然也经历过高频率调整，但是基本上反映了当时国内外物价水平的相对变动状况。例如，在1971年美元贬值之前，人民币兑美元一直保持在1美元兑换2.4618元人民币的水平。布雷顿森林体系崩溃之后，各国汇率大幅度波动，人民币兑美元汇率也随之频繁调整；仅1978年，人民币兑美元汇率就调整了61次。[②]

2.1.3 名义有效汇率

有效汇率是一种货币相对于其他多种货币双边汇率的加权平均汇率。有效

---

① 杨希天等（2002）。
② 李扬，王国刚等（2008）。

汇率与双边汇率的关系类似价格指数与各种商品价格的关系，因此又称汇率指数。

双边汇率可以使我们了解到一种货币相对于另外某种货币价值变化的情况。前面我们介绍了名义汇率，而有效汇率可以使我们了解一种货币价值的总体变化趋势，了解这种货币相对于其他多种货币的价值变化。在现实经济分析中，这个指标也常常被用于度量一个国家贸易商品的国际竞争力，也被用做研究货币危机的预警指标，还可以被用于研究一个国家相对于另一个国家居民生活水平的高低。考虑到现实经济的变化状况，人们进一步将有效汇率区分为名义有效汇率和实际有效汇率。一国的名义有效汇率如果剔除通货膨胀对货币购买力的影响，就可以得到实际有效汇率。

计算一国货币的有效汇率（汇率指数）的第一步是选择一个由有代表性的货币构成的货币篮子。目前，全世界有 100 多种货币，每一种货币都有 100 多个双边汇率。在计算时，如果将所有双边汇率都包括进去既麻烦也无必要，因此，通常的做法是，只选择那些与本国对外贸易关系密切的国家货币作为篮子货币。选定货币篮子后，第二步就是为每一个双边汇率确定一个权重，权重的大小依赖于每种货币在货币篮子中的相对重要性。基本标准是根据一国与其他国家双边贸易量的大小，贸易量越大，则相应的双边汇率权重也越大。

根据有效汇率计算方法，人民币名义有效汇率是对人民币和其他国家货币汇率进行加权平均而得到一个综合的人民币汇率变动指数，即人民币对美元汇率和人民币对非美元货币汇率的加权平均。在目前的人民币汇率体制下，人民币汇率的决定并非高度市场化，为了防止人民币对美元汇率和对非美元货币汇率之间的投机套汇，维持外汇市场和人民币汇率的稳定，中央银行必须通过汇率套算确定人民币和非美元货币汇率的中间价，投机者才难以套取到汇率差价，这就决定了人民币对非美元货币汇率的形成机制。

例如，2006 年 1 月 4 日，中国人民银行规定人民币对欧元、日元和港元等汇率中间价由中国外汇交易中心分别根据当日人民币兑美元汇率中间价与上午 9 时国际外汇市场欧元、日元和港元对美元汇率进行套算确定。因此人民币对非美元货币是由人民币对美元汇率和美元对非美元货币汇率套算出来的，这样人民币有效汇率也主要是由人民币对美元汇率和美元对非美元货币汇率加权平均得到的。

国际货币基金组织（IMF）对一些国家的名义有效汇率和实际有效汇率指数进行测算，并定期公布一些成员国的有效汇率。国际货币基金组织从 1980 年开始公布中国的有效汇率指数，其计算方法是选取 16 个样本国家或地区，它们分别是中国香港、日本、美国、德国、中国台湾、法国、意大利、英国、加拿大、韩国、荷兰、比利时、新加坡、澳大利亚、瑞士和西班牙。《国际金融统计》（IFS）1999年第1期至第5期公布的是以1990年为基期的人民币有效汇率，而自1999年第6期起公布的是以1995年为基期的有效汇率。目前IFS公布的人民币名义汇率和实际有效汇率都是以2000年为基期的人民币有效汇率。

2.1.4 实际汇率

实际汇率是用两国价格水平对名义汇率进行调整后的汇率。

名义汇率 E 与实际汇率 e 的关系是

$$e = E \cdot P^*/P$$

其中，P^* 为以外币表示的外国商品价格指数，P 为以本币表示的本国商品的价格指数。

实际汇率反映了以同种货币表示的两国商品篮子的相对价格水平，从而反映了两国商品的国际竞争力。为了更清楚地说明这一点，我们来考察美元与欧元之间的实际汇率。上式中的实际汇率 e 可以看成是 EP^* 与 P 的比率。假设 P^* 表示德国国内一个商品篮子的价格水平，E 代表美元对欧元的汇率，那么 EP^* 就代表了用美元表示的一个德国商品篮子的价格；用 P 来代表用美元表示的一个美国商品篮子的价格。所以 EP^*/P 实际上说明了用美元表示的德国与美国商品价格之比。实际汇率上升，意味着相对德国商品，美国商品更具有价格上的竞争力，实际汇率下降则相反。例如，如果美元贬值10%（E 上升10%），同时，美国价格水平上升10%，而德国商品的价格水平不变，则美元/欧元的实际汇率保持不变。也就是说，从价格水平来看，尽管美元贬值使德国产品的美元价格上升，但是由于同时美国的价格也同比例上升，这样就抵消了美元贬值对两国产品竞争力的影响。

在中国经济发展过程中，关于人民币实际汇率的理论问题在相当长时期内并没有引起足够重视。虽然在现实操作中注意到了国内外产品间的价格差异所产生的竞争力问题，特别是出口产品的国际竞争力以及换汇收入问题，[①] 但是并没有从理论高度来认真探讨和研究这一问题，并以此来指导实际操作过程中汇率水平的合理定价。改革开放后，随着中国对外经济关系的不断发展，参与经济全球化程度不断提高，一些学者开始关注人民币实际汇率的理论研究。像其他的经济问题一样，中国的实际汇率及实际有效汇率问题本身也是个不容易解释清楚的问题。因为中国的政治、经济、社会甚至文化近几十年来都处于不断变化发展演进过程中，还没有形成一个长期可以预期的稳态社会结构，因此，

---

① 比如，贸易结算汇率等复汇率制度的设计。参见后面章节。

任何模式化格式化的东西是很难直接被用来分析中国当前复杂的社会经济问题。

2.1.5 实际有效汇率

实际有效汇率是根据价格变化进行调整后的有效汇率。一国实际有效汇率上升，意味着本国外部竞争力的下降；反之，则表示本国外部竞争力的上升。实际有效汇率不仅考虑了所有双边名义汇率的相对变动情况，而且还剔除了通货膨胀对货币本身价值变动的影响，能够综合地反映本国货币的对外价值和相对购买力。目前，通行的加权平均方法包括算术加权平均和几何加权平均两类。在测算有效汇率时，研究者往往根据自己的特殊目的来设计加权平均数的计算方法、样本货币范围和贸易权重等相关参数，得出的结果也就可能存在一定的差异。实际有效汇率的计算步骤和方法为：（1）先计算相对价格指数。它等于国内物价指数与其他对照国物价指数之比的加权平均值；（2）再计算名义有效汇率。它等于与其他贸易伙伴国双边汇率的加权平均值；（3）最后计算实际有效汇率。它等于名义有效汇率乘以相对价格指数的价格调整值。

中国政府在20世纪90年代经历两次重大的汇率体制改革后，人民币的名义有效汇率指数（NEER）和实际有效汇率指数（REER）的季度或年度水平是根据相应时期汇率监测体系取得的宏观及微观监测指标编制而成。宏观监测指标包括货币供应量、通货膨胀率、财政收支状况、进出口增长率和资本流动数据。通过这些指标数据，我们可以了解一个时期汇率水平对宏观经济各项指标的影响，预测下一个时期外汇供需状况和市场汇率的走向，研究调整汇率政策。微观经济指标包括出口换汇成本、进出口盈亏状况、实际税负、外商投资企业的资金到位率、对外负债和还本付息情况、盈利汇出情况等。这些指标主要考察汇率水平对涉外企业（外贸、外资企业）经营状况的影响，了解企业对汇率的预期并对外汇供需的可能变化进行预测。有效汇率是在名义汇率的基础上考虑关税、费用、奖励、补贴等实际成本和收益计算出名义有效汇率，再按照贸易伙伴国和双边贸易额加权编制名义有效汇率指数，然后，把本国和贸易伙伴国的相对价格考虑进来，得出实际有效汇率指数。通过实际有效汇率指数的变化，我们能够准确了解人民币汇率变化对涉外企业的影响，掌握中国外贸部门实际竞争力的变化。

2.1.6 官方汇率

官方汇率是实施较严格外汇管制的国家授权其外汇管理机构（如中央银行、国家外汇管理局、财政部）制定并公布本国货币与其他各种货币之间的兑换比率。政府通常规定凡进行外汇交易都要以由官方公布的汇率为准，因此官方汇率大多具有法定性质，所以又称为法定汇率。官方汇率又分为单一汇率和多重汇率。单一汇率是指政府只公布一种汇率；多重汇率是一个国家对本国货币规定一种以上的汇率，用于不同情况下的外汇交易。

官方汇率总的来说属于外汇管制的一种形式，政府实施这一措施的主要目的通常是为了奖励出口，限制进口，限制资本的流入或流出，以改善国际收支不平衡状况，或者是维持本国对国外产品的国际竞争力。说官方汇率是某种意义上的法定汇率，这并不是就汇率的确定机制来说，而是指各国公布的所谓官方汇率在国内经济交易中具有法律上的权威性或地位，必须得到遵守。

我们在前面解释过，新中国成立初期，中国政府没有实施全国统一的汇率标准，而是规定以天津的汇率水平为标准，其他地方参照天津的汇率确定本地汇率水平进行对外经济交易。随着经济秩序的逐步恢复和全国财经统一制度的建立，1950年7月8日，中国政府实行了全国统一的人民币汇率，指定中国人民银行总行公布汇率水平。到1981年之前这段时间，人民币汇率制度基本上可称为单一汇率制度。虽然依据对外经济状况汇率水平进行过多次调整，但人民银行只公布一种汇率。

1981年之后的官方汇率实际上经历了三个变动时期：1981~1984年，人民币内部结算价与官方汇率双重汇率并存时期；1985~1993年底，取消了内部结算价，但同时进入了另一个双重汇率时期，即官方汇率与外汇调剂市场汇率并存的时期；1994年1月1日，人民币官方汇率与外汇调剂市场汇率并轨，实行银行结售汇制，建立统一的银行间外汇市场，实行以市场供求为基础的单一汇率。

从实际操作来看，正如国内外众多的评价和质疑，中国政府此后的汇率政策基本上仍是一种有管制的政策，汇率水平基本上是以钉住美元为主，甚至在1994年到2005年期间的汇率水平保持在超稳定状态，直到2005年7月之后，人民币汇率才逐步进入了一个不断调节升值的通道。

2.1.7 平行（黑市）市场汇率

平行市场汇率通常是指在外汇黑市市场或非正规市场上买卖外汇的汇率。在政府对汇率水平实施管制的情况下，如果存在过度需求，往往容易产生黑市交易。在经济发展的过程中，一些国家政府会通过管制汇率水平及外汇交易规模的方式来保证政府的经济或政治目标的实现。在严格实行外汇管制的措施下，外汇交易一律按官方汇率（管制汇率）进行。

而当官方汇率持续高估的情况下，往往导致过度的外汇需求。于是，一些外汇持有者就会以高于官方汇率的价格在黑市市场上出售外汇，换回更多的本国货币；他们是黑市外汇市场的供给者，其外汇来源主要包括由于进口开假票据高报用汇额度所获得的额外外汇，以及出口开假票据低报外汇收入所获得的额外外汇、走私外汇收入、旅游以及国外非法汇入的外汇。而一些不能以官方汇率获得或得不到足够外汇资金的需求者便只能以高于官方汇率的价格从黑市市场购买外汇，形成外汇黑市上的需求者；其外汇需求包括海外旅游、投资组合分散化以及资本逃避、合法或不合法的进口等。总之，外汇管制引起均衡汇率和官方汇率之间的背离，导致平行市场或黑市外汇市场出现。

针对外汇黑市交易造成的混乱，许多人认为放松甚至解除政府管制，实施金融自由化可以有效改变外汇市场的混乱状况，提高资金配置效率。不过，对经济实力弱小的经济体来说，过早实施金融自由化可能会使外部经济环境更加脆弱。许多发展中国家正是出于对宏观经济发展不稳定的担心以及金融政策独立性的考虑，对放松或者说解除外汇管制顾虑重重。对资本的管制包括严格限制资本的流入和流出，减少银行批准驻外机构使用的外汇，各种各样的贸易限制以及对利率和汇率的行政监督。但是，管制的效果仍然值得怀疑。在一些国家限制资本流动实施外汇管制的同时，大量外汇资金转向了黑市，从而降低了稳定政策的效果，同时也增加了资本外逃风险，以及维持官方汇率的成本。

在1949~1952年间中国政府曾实行严厉的外汇集中管理。此后，在相当长的计划经济时期，也是由于严格的管理制度（实际上还伴随着严厉的政治措施），中国基本上不存在明显的外汇黑市交易。改革开放后，伴随着对外经济关系特别是外贸管理体制的不断深化和改革，人民币汇率管理制度也开始发生变化。其重要表现就是人民币汇率从1980年开始出现大幅度贬值，人民币对美元的官方汇率从1980年1月的1.49元人民币兑换1美元跌到1987年1月的3.72元人民币兑换1美元。与此同时，在黑市外汇市场上，人民币对美元的汇率从1980年1月的2.26元人民币兑换1美元跌至1987年1月的3.90元人民币兑换1美元。黑市汇率与官方汇率间的利差在不断缩小。

作为经济金融体制改革的重要内容，1994年中国政府进行了较大规模的外汇管理制度改革，实施人民币官方汇率与外汇调剂市场汇率的并轨，并宣布实施以市场供求为基础的、单一的、有管理的浮动汇率制度；1996年12月又通过一系列的改革措施，实现了人民币包括对外贸易、服务等在内的经常项目下可自由兑换，为加入世界贸易组织扫清了障碍，而资本项目仍受到管制。此后十年，人民币汇率波动不大，与美元的汇价基本保持在1美元兑换8.3元人民币左右。而1998年到2005年7月间，更是将汇率稳定在1美元兑换8.27元人民币的水平。

实际上，改革开放后虽然人民币汇率制度在不断进行改革，但到目前中国仍然对资本项目的交易实施较严格的管制，也就不可避免地存在着程度不同的外汇黑市交易。

2.1.8 贸易结算汇率

贸易结算汇率是指应用于对外贸易及其相关费用方面支付结算的汇率，在中国又称为贸易外汇内部结算价格。改革开放伊始中国就进行了对外贸易管理体制的改革，摒弃了长期实行的国家垄断对外贸易的经营模式，实行多主体的分散化经营，扩大地方政府的出口经营权。同时，为了调动出口的积极性，加强出口企业的成本效益意识，弥补持续出现的企业出口亏损，有效地限制进口，稳定国内价格水平，中国政府于1979年8月对汇率制度进行了改革，对汇率水平进行了调整。以当时企业的出口换汇成本为基础，再加上一定的合理利润，确定了一个贸易外汇内部结算价格——1美元兑换2.80元人民币，于1981年1月1日开始实行。而对非贸易交易则实行中国银行对外公布的汇率，当时确定的汇率是1美元兑换1.53元人民币。这样，就出现了改革开放后的第一个双重汇率制度。

贸易外汇内部结算价实施后，在一定程度上促进了对外贸易的发展，但是也造成了外贸、外汇管理和结算方面的混乱，以及没有能够从根本上改变对外贸易的亏损和财政补贴的状况，因此到1985年1月1日取消了贸易外汇的内部结算价，恢复单一汇率。

2.1.9 非贸易结算汇率

非贸易汇率又称为金融汇率，指适用于资金流动及旅游等方面的汇率。一些国家规定金融汇率是为了控制资本的国际流动，从汇率上加以限制或鼓励，以维护本国利益。1979年中国政府在进行对外贸易体制改革的同时，也初次进行了外汇管理体制改革，成立了国家外汇管理局，并实施外汇留成制度；在汇率方面，决定外贸出口企业实行贸易汇率——贸易外汇内部结算价，对非出口部门实行非贸易结算汇率，即政府对外公布的汇率——官方汇率，这一汇率主要用于侨汇、国际旅游、外国领事馆、中国驻外机构、出国代表团等一切非贸易外汇的兑换。这就是所谓的双轨制汇率，从1981年起开始实施。1985年1月1日，取消了内部结算价，所有对外交易统一按官方汇率结算。

2.1.10 调剂市场汇率

在一些国家，类似的外汇市场被称为双层外汇市场汇率（two-tier foreign

exchange rate）①。这种市场出现在20世纪70年代初期到90年代，在大多数国家存在的时间比较短，是一种过渡性的汇率制度安排。在布雷顿森林体系崩溃前后一段时间里，一些国家为了实现由固定汇率制度向浮动汇率制度的顺利过渡，减少过渡期资本流动对汇率以及国内实体经济和通货膨胀带来的压力，便实施了一段时间的双层外汇市场制度。比如，70年代初期，法国、意大利、比利时；以及80、90年代的阿根廷、墨西哥、玻利维亚等一些发达国家和发展中国家，都曾实施过双层市场汇率。

双层市场包含两个相互独立的官方汇率：经常账户交易汇率和资本账户交易汇率，经常账户汇率通常是固定的，而资本账户汇率则根据市场供求情况自由浮动。这样就将商品服务等经常账户交易与资本账户交易割裂开来，降低了资本账户和汇率变动对实体经济的影响。

中国政府在1985年取消贸易外汇内部结算价之后，实施了另一种双重汇率制度——即"官方汇率"和"调剂市场汇率"。中国的市场调剂汇率制度类似但不同于所谓的双层市场汇率。中国的官方汇率当时并没有明确地区分经常账户和资本账户。中国的市场调剂汇率主要是针对外贸体制改革中的外汇留成制度实施的，旨在增加和提高外汇资金分配和使用效率。政府允许有剩余外汇额度的企业将外汇额度通过中国银行（后来是外汇调剂中心）卖（调剂）给需要外汇的企业。初期的买卖双方虽然有一定的议价自由，但是仍受到政府的限制。1988年3月后政府允许调剂价格根据市场供求关系浮动。这样调剂汇率逐步成为考察人民币汇率真实水平的重要参考。

2.2 几种国际汇率制度

2.2.1 国际金本位制度

金本位制是以一定量的黄金为本位货币（standard money）的一种制度。所谓本位货币则是指作为一国货币制度的基础的货币。例如，历史上一些国家用金属根据规定的货币单位铸成的金币或银币。19世纪20年代英国首先实行金本位制度，到19世纪后半期，随着西方各国家普遍采用金本位制，它已具有国际性质。这种以各国普遍采用金本位制为基础的国际货币体系，就是国际金本位制。由于当时英国在世界经济中的突出地位，它实际上是一个以英镑为中心，以黄金为基础的国际金本位制。

---

① The Palgrave Dictionary of Money & Finance.

国际金本位制到第一次世界大战爆发时就崩溃了。人们通常将19世纪80年代到第一次世界大战这段时间称为国际金本位制度的"黄金时期"。在金本位制的全盛时期，黄金是最主要的国际储备资产，英镑则是国际经济交易中最主要的结算工具，英镑与黄金同时作为普遍接受的储备资产。英镑之所以具有与黄金同样重要的国际地位，是由于当时的英国势力强大，经济力量雄厚，伦敦已经成为主要的国际金融中心，英国也是国际经济与金融活动的重心，于是形成了以黄金与英镑为中心的国际金本位制度，也有人称之为英镑汇兑本位制度。

国际金本位制度下，各国货币都规定含金量，各国本位货币所含纯金之比叫做金平价，而各国货币之间的汇率就是根据单位货币含金量之比计算出来的，被称为法定平价。在外汇市场上，由于供求关系的变动，实际汇率通常会围绕法定平价上下波动，但是这种波动会有一个限度，这个限度就是黄金输送点。法定平价加上黄金的运送费用就是黄金输出点，是汇率波动的上限；法定平价减去黄金输送点就是黄金输入点，是汇率波动的下限。因此，在黄金输送点的约束下，汇率的波动幅度很小，基本上是稳定的。这种稳定的汇率制度极大地促进了国际贸易和投资的发展。在国际金本位制度下，各国的国际收支是自发调节的，这种自发调节机制就是大卫·休谟（D. Hume）提出的价格铸币流动机制（Price Specie – flow Mechanism）。这一机制的运行模式是：在汇率由各国货币含金量确定的条件下，当一国出现国际收支逆差，便引起汇率变动，当汇率变动超出黄金输送点就会引起黄金流动；黄金流动增加黄金输入国的银行准备金，并减少黄金输出国的银行准备金；银行准备金的变动将引起货币数量的变化，从而造成相关国家物价水平和收入的变动，这将纠正国际收支的不平衡，黄金也将停止流动。

不过，这一自动调节机制的顺利运行要求各国必须遵守金本位制的"三项规则"（Rules of the Game）：（1）各国以黄金表示货币价值，以此确定相互间的汇率；（2）各国对黄金的流进流出不施加任何限制或约束，并按照规定的官价，无限制地买卖黄金或外汇；（3）各国发行纸币应该受黄金准备规模的限制，这样各国的货币供应量就会因黄金流入而增加，因黄金流出而减少。但是由于实际情况复杂多变，再加上缺乏一个权威的国际监督执行机构，在第一次世界大战爆发后，各国纷纷停止银行券兑现并禁止黄金流出。而战争期间各国实行的浮动汇率制度导致汇率大幅度波动，国际货币体系的稳定性已失去存在的基础，于是国际金本位制便宣告结束。

2.2.2 布雷顿森林体系

1944年7月，在美国新罕布什尔州的布雷顿森林召开有44国参加的"联合和联盟国家国际货币金融会议",通过了以美国"怀特计划"(White Plan)为基础的《国际货币基金协定》和《国际复兴开发银行协定》,总称《布雷顿森林协定》(以下简称《协定》),从而建立起布雷顿森林体系。根据《协定》第一条,这个体系的根本宗旨是:(1)建立一个永久性的国际货币机构,促进国际货币合作;(2)发展世界贸易,开发各国生产资源;(3)促进汇率的稳定,防止竞争性的汇率贬值;(4)建立多边支付制度,取消外汇管制;(5)向会员国融通资金,调节国际收支的不平衡;(6)缩短各会员国国际收支不平衡的调节时间,并减轻不平衡的影响程度。布雷顿森林体系的主要内容有:

建立了一个永久性的国际金融机构,即国际货币基金组织(IMF),作为促进国际货币磋商和合作的协调机构。国际货币基金组织的各项规定,形成了国际金融领域的纪律,在某种程度上维护着国际金融与外汇交易的秩序。国际货币基金组织由此成为战后国际货币制度的中心,具有一定的任务和权利,对会员国提供融通资金,稳定外汇市场,促进国际贸易。

布雷顿森利体系以黄金为基础,以美元作为最主要的国际储备货币,实行黄金——美元本位制。根据协议,美元直接与黄金挂钩,各国确认1934年美国规定的35美元1盎司黄金的官方价格,各国政府或中央银行可随时以持有的美元按官方价格向美国政府要求兑换黄金。其他国家的货币与美元挂钩,以美元含金量作为平价标准,计算各国货币与美元间的汇率,从而间接与黄金挂钩。这样,其他国家的货币就钉住美元,美元等同于黄金,成为唯一的国际储备货币。

在总结历史经验教训基础上,布雷顿森林体系实行可调整的钉住汇率制度或者说是固定汇率制度。《协定》第四条第三款规定:各国货币对美元的汇率,一般只能在平价上下各1%的幅度内波动,各国政府有义务在外汇市场上实施干预行动,以维持市场汇率的稳定。只有在一国国际收支发生"根本性不平衡"(Fundamental Imbalance)时才允许货币贬值或升值。平价的任何变动都要经过国际货币基金组织的批准。事实上,在平价10%以内的变动可以自行决定,如在10%~20%之间,则需国际货币基金组织同意,在72小时内作出决定,更大的变动则没有时间限制。这种可调整的固定汇率制度兼顾了固定汇率的稳定与弹性汇率的灵活性,反映了当时各国的要求。

会员国在遇到短期经济结构失调、国际收支不平衡时,可以向国际货币基金组织提出贷款申请。国际货币基金组织通过预先设计的资金融通措施,保证提供辅助性的储备供应来源。

每一个会员国要按照其国民收入的大小以及它在世界贸易中所占的比重交纳一定的份额,这个份额具有外汇储备的作用。《协定》第三条规定:会员国的份额的25%以黄金或者是可兑换黄金的货币缴纳，其余部分以本国货币交纳。会员国在需要资金时，可用本国货币向国际货币基金组织购买一定数额的外汇，并需在规定期限内以购回本国货币的方式偿还借款。会员国认缴的份额越大，得到的贷款也就越多。

《协定》第八条规定，会员国不得限制经常项目的支付，不得采取歧视性的货币政策措施，要在兑换性的基础上实行多边支付。但三种情况除外：（1）对经常项目的交易不容许各国政府限制外汇的买卖，但是允许对资本项目的交易采取管制措施；（2）会员国在处于战后过渡期的情况下，可延迟履行货币兑换性义务；（3）会员国有权对"稀缺货币"采取临时性兑换限制。

布雷顿森林体系是以美元为中心，以黄金为基础的所谓黄金——美元本位制。这个体系顺利运转的基础就是美元黄金之间的持续可兑换性。20世纪50年代前半期，由于"美元荒"的存在，各国都急需美元储备，美元仍然保持相对稳定。50年代后半期，美国开始出现国际收支赤字，美元的可兑换性受到质疑，美元对黄金的兑换要求越来越强烈，美国黄金不断大量外流。到60年代，美国短期债务已经超过其黄金储备，美元信心越来越不足，导致美元危机爆发，最终也导致布雷顿森林体系崩溃。

2.2.3 布雷顿森林体系 II

近年来 Michael Dooley, David Folkerts - Landau, Peter Garber（2003）等学者在讨论当今不平衡的国际经济货币秩序时，提出了所谓"布雷顿森林体系 II"或"复活的布雷顿森林体系"（Revived Bretton Woods System）解释范式。他们认为当今的国际货币秩序其实就是第二次世界大战后布雷顿森林体系的延续（"复活"），只不过是在某些方面作出了适应性的调整，它反映了当今国际经济货币秩序的现实。该体系具有以下特征：

第一，"抵押担保"是布雷顿森林体系 II 的支撑基础。Michael Dooley 等人认为，早期的布雷顿森林体系其实是建立在"抵押担保"的基础上，黄金即是国际货币秩序稳定的抵押担保品。在当今的国际货币秩序中，黄金已经不再是稳定货币价值的基础。但是，参与国际金融交易的国家也必须拥有抵押品，"美元储备"已经取代了黄金，就是事实上的"抵押品"。他们认为，近年来国际间的净资本流动主要集中在美国与少数国家之间，而美国与其他国家之间资本流动规模很小，原因在于缺乏有效的"抵押品"支持。

第二，美元依然是主要的国际储备货币。Michael Dooley 等人认为尽管美国的经常账户逆差规模在增大，美元对欧元似乎也呈现出持续疲软的态势，但是当前的国际货币体系仍然是稳定并且是可持续的，因为众多新兴市场国家政府一直在为美国的经常账户逆差融资，多数国家的中央银行并没有采取大规模的储备资产分散化政策，而是仍在不断增加美元储备（Michael Dooley 等，2004）。

第三，新兴市场国家充分就业目标是布雷顿森林体系Ⅱ运转的驱动力。在布雷顿森林体系Ⅱ框架中，Michael Dooley 等人从实体经济中寻找驱动国际货币秩序运行的动力。他们认为，大量的未就业劳动力构成新兴市场国家的政治风险和社会成本，政府必须千方百计采取措施，促进就业，这就是当今国际货币体系的驱动力量。新兴市场国家实施出口导向型经济增长模式就是解决就业主要手段，维持出口企业的不断增长成为解决就业问题的有效途径。同时，吸引外国直接投资也成为新兴市场国家解决就业问题的重要措施。廉价的劳动力吸引外国资本的涌入，外国直接投资者以低于国际实际工资水平的用工成本雇佣劳动力，再把生产的产品出口回母国，低劳动力成本给外国直接投资者创造巨额剩余价值。这也是一种利益共享机制。

第四，布雷顿森林体系Ⅱ下的世界经济格局特征可概括为三大经济货币区。Michael Dooley 等人把当今国际经济格局分成三个部分：一个核心国家——美国，一个贸易账户区——亚洲，一个资本账户区——欧洲。他们认为当前核心国家与其他两个区组成的外围国家之间已经形成前所未有的经济上的相互依赖关系，而不是主导与被主导的关系。

就三大经济区的关系来看，贸易账户区国家实施出口导向式经济增长战略。为了使出口产品具有较强的国际竞争力，吸引外国直接投资的不断流入，增加国内就业，政府会控制本国货币，实施低估的固定汇率政策，进行资本管制和金融抑制，购买大量美国债券，为美国的大规模经常账户逆差融资，维持一个预期良性循环的经济增长。资本账户国家实行浮动汇率，在多数国家，私人资本主导着经济的运行，也替代了政府成为美国大规模经常账户逆差融资的主要来源，这些国家外汇储备规模变化不大。这些国家私人资本比官方资本更注重风险/收益比，资本的唯一动力就是利益。

第五，布雷顿森林体系Ⅱ下的汇率稳定机制就是贸易账户区国家政府干预下的固定汇率。Michael Dooley 等人认为当今的国际货币秩序实际上也是一个受到各国家管制或干预的固定汇率制度，但汇率的调整机制和调整主导权已经不再完全掌握在美国手中。贸易账户国家为了鼓励国内资本流向出口型企业和吸引更多的外国直接投资，通过外汇市场上的持续干预，人为维持一个扭曲的固定汇率（Michael Dooley 等，2003）。干预的方式主要是在外汇市场实施冲销：财政部或中央银行卖出国内债券回笼资金，同时买入外国债券。因此，贸易账户区国家对美国债券的需求似乎是无止境的。资本账户区国家大多实行浮动汇率,私人资本成为跨国资本流动的主体。

第六,美国庞大的经常账户逆差其实就是当前国际经济货币秩序的重要特征。Michael Dooley 等人认为,在当今的国际货币经济秩序下,实际上是以中国为代表的贸易账户区国家的政府在持续为美国的大规模经常账户逆差融资。美国的经常账户不平衡状况并不对全球经济构成威胁,更不会引起严重的全球经济混乱。因为贸易账户区国家的出口导向型经济发展模式,很大程度上依赖于产品出口。一旦他们停止为美国经常账户逆差融资,便会立刻引起美元对本国货币的大幅贬值,严重削弱企业出口,甚至出现企业大规模倒闭现象,进而引起大批劳动力失业,给这些国家带来不可预测的政治风险和社会成本。这实际上就是一种平衡的国际经济秩序。

2.3 一般性汇率制度安排

每一个国家在外汇市场上都面临着广泛的政策选择。可以选择将本国货币钉住某种单一货币,或者钉住一篮子货币;也可以选择让本国货币以某种状态缓慢运动(爬行钉住);或者实行有管理的浮动汇率;或者将市场以某种形式分割开来试行双重或多重汇率;当然,也可以选择完全自由浮动的汇率。不同的汇率制度选择主要取决于各国家的经济环境,但总的来看,各国家的汇率制度选择大致上可以概括为两种类型,即固定汇率制度和浮动汇率制度。前者又可以具体细分为钉住汇率制度、货币局制度、爬行钉住等类型;后者则又可以分为有管理的浮动汇率制度、自由浮动汇率制度等类型。

表 2-1　　　　国际货币基金组织成员国汇率制度选择　　　　单位:个

	1978 年	1988 年	1997 年	2001 年	2008 年
钉住一种或复合货币	89	90	66	44	68
对一种货币有限浮动	—	4	4	15	13
货币局制度	—	—	—	8	13
联合浮动	—	8	12	—	—
管理浮动	—	23	48	33	44
独立浮动	18	19	51	47	40
总计	107	144	181	147	178

资料来源:国际货币基金组织网站,2009 年。

根据国际货币基金组织 2008 年的统计,超过 60% 的国家,包括众多的小国家实施某种形式的钉住汇率制度;有 13% 的国家包括美国、日本等发达国家,实行自由浮动的汇率制度。在布雷顿森林体系时代,国际货币基金组织把汇率制度简单地分为钉住汇率制度和其他汇率制度。布雷顿森林体系崩溃以后，国际货币基金组织不断地细化汇率制度分类。国际货币基金组织原来对各成员国汇率制度的分类，主要依据的是各成员国所公开宣称的汇率制度；但纯粹依赖各成员国所宣称的汇率制度的分类，具有事实做法和官方宣称经常不符的局限性。

2006年，国际货币基金组织强调它的分类体系是基于各成员国真实的、事实上的安排，而不同于各成员国官方宣称的安排。这一分类方案的基础是汇率的弹性程度，以及各种正式的以及非正式的对汇率变动的承诺。值得注意的是，国际货币基金组织从2001年开始将汇率制度分类与货币政策框架联系在一起，即在对各成员国进行汇率制度分类的同时，也对其货币政策框架进行分类。国际货币基金组织认为，不同汇率制度的划分有助于评价汇率制度选择对于货币政策独立性程度的影响。该分类体系通过公开各成员国在不同货币政策框架下的汇率制度安排以及对这两个分类标准使用，使得分类方案更具透明性，表明不同的汇率制度可以和同一货币政策框架相容。

2.3.1 固定汇率制度

固定汇率制度是指以某些相对稳定的标准或尺度作为依据，以确定汇率水平的一种制度。在固定汇率制度下，现实汇率水平受平价的制约，只能围绕平价在很小的范围内上下波动。从历史演进过程看，固定汇率制度存在金本位制度下的固定汇率制度和纸币流通条件下的固定汇率制度两种状态。19世纪70年代至第一次世界大战前的几十年、20世纪20年代中期至1931年，西方各主要国家实施金本位制度下的固定汇率制度；自1945年到1973年，世界各国在不兑现纸币制度的基础上，基于布雷顿森林协定的规则，实行所谓双挂钩机制下的固定汇率制度。

金本位制度下，由于各国货币规定了含金量，汇率水平自然由不同国家货币的含金量之比即金平价来确定，外汇市场的汇率围绕金平价决定的中心汇率波动，而黄金输送点成为汇率波动的限度。纸币流通条件下的布雷顿森林体系时期，各国家在布雷顿森林协议的协调和约束下，通过确认美元的国际储备货币地位，以及美元与黄金之间的平价关系来制定中心汇率，各国承诺通过外汇干预、外汇管制或者国内经济政策调整等措施来维持汇率波动的幅度。

就运行机制来说，存在一国单独实施的固定汇率制度以及多国参与的联合固定汇率体制。在前一种情况下，一个国家可以自行选定某一货币作为储备货币，中央银行通过持有储备货币以保持其国际储备，确定本币与储备货币之间的固定汇率，并以此汇率作为对外经济交易的基准汇率。在后一种情况下，一个国家将本国货币对某些外国货币保持固定汇率,而对另外一些货币则任其自由浮动,比如欧元之前的欧洲货币体系(EMS);或者是多个国家根据某种协议来相互确定货币之间的汇率,并通过相互之间协调合作将彼此间的汇率水平长期维持在一个稳定的水平,比如布雷顿森林体系时期的固定汇率制度。

从现有的政府公开的有关文献资料中,找不到有关中国政府"实施固定汇率制度"这样的政策内容。但就现实的经济政策选择和实施措施来看,中国政府在相当长时期实行的汇率制度政策被国内外普遍理解为某种固定汇率制度政策。就汇率制度演进的历史进程看,有两个时期的汇率政策具有明显的固定汇率制度特征:一个时期是1952年到1970年;另一个时期是1994年至2004年。

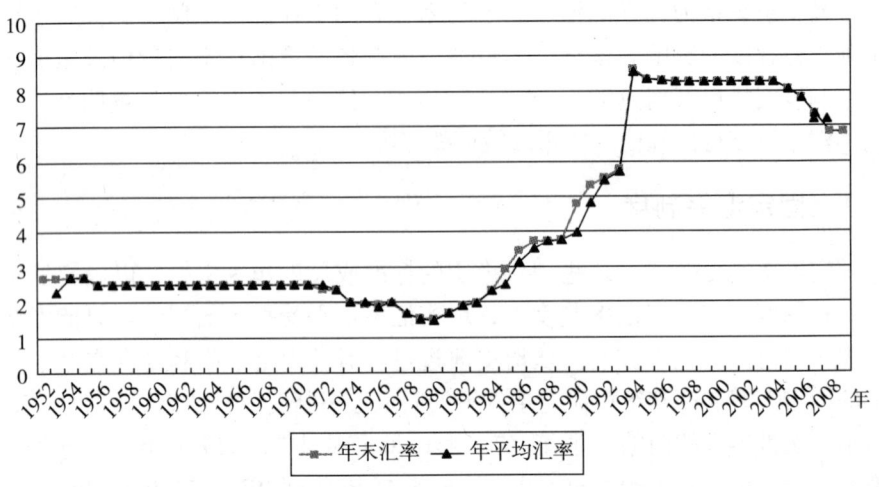

资料来源:《中国金融统计年鉴》及国家外汇管理局网站。

图2-1 人民币对美元汇率(1952~2009年)

图2-1是1952~2009年人民币对美元年末汇率和年平均汇率走势曲线。可以看出,上述两个时间段,人民币对美元汇率具有明显的超稳定性特征。虽然这两个时期所处的经济环境是完全不一样的,但就汇率政策的制度性特征来看,可以归结为典型的固定汇率制度。而在改革开放初期的1980~1994年,人民币对美元汇率处于不断贬值过程中。1994年的外汇管理体制改革,汇率有一个跳跃性的调整,即由1993年底的5.72元人民币/美元,调整为1994年1月日的8.72元人民币/美元。

2.3.2 浮动汇率制度

1973年3月以后,伴随着布雷顿森林体系的瓦解,主要工业化国家大都选择实行浮动汇率制度。在浮动汇率制度下，一国货币不再规定本国货币的金平价，也不再规定本国货币的中心汇率，不再干预汇率的波动，中央银行也不再承担维持汇率稳定的责任或义务。

在现实经济中，根据国家的政策行为方式，浮动汇率制度可以进一步来区分：（1）根据中央银行是否干预，可分为自由浮动（Free Float）或清洁浮动（Pure Float）以及管理浮动（Managed Float）或肮脏浮动（Dirty Float）。自由浮动是指中央银行对外汇市场不施加任何人为影响，市场汇率水平由供求关系自主决定；管理浮动是指中央银行通过直接或间接操作干预市场，影响汇率水平，以引导汇率水平朝预期目标变动。目前各主要工业化国家大都实行管理浮动，绝对的自由浮动只是理论上的设想而已。（2）根据政府选择汇率浮动的形式，浮动汇率制度又可以分为独立浮动（Independent Float）和联合浮动（Joint Float）。独立浮动是指该国货币不与任何货币确定固定兑换关系，其汇率根据外汇市场的供求状况单独浮动。例如，美元、澳大利亚元、加拿大元、日元以及少数发展中国家采取该汇率制度。联合浮动的典型案例就是欧洲货币体系各成员国货币之间保持固定汇率，而对非成员国货币则实行共同浮动的政策。

2.3.3 有管理的浮动汇率制度

1973年之后，西方各国大多选择了浮动汇率制度，多数学者也预期中央银行对汇率的干预今后会大幅度减少。而事实上，许多国家对汇率的干预程度不仅没有降低，反而愈加频繁，干预的程度越来越大。形成了事实上有管理的浮动汇率制度。中央银行通过对国内外证券资产的买卖，实施冲销或非冲销式干预，以及通过信息渠道，影响汇率水平。这也就是所谓的肮脏浮动。

在外汇管理制度变革的过程中，中国政府于1993年11月14日通过的《中共中央关于建立社会主义市场经济体制若干问题的决定》就提出"改革外汇管理体制，建立以市场为基础的有管理的浮动汇率制度和统一规范的外汇市场，逐步使人民币成为可兑换货币"的外汇管理制度改革目标，为20世纪90年代之后人民币汇率制度的改革指明了方向。但是这一改革的进程似乎过于缓慢，有时甚至呈现出倒退的趋势，一直饱受争议，并不断受到来自一些西方国家的抱怨、指责，甚至是威胁。很明显，中国政府对外汇管理制度的改革是十分小心谨慎的，并不断根据现实经济形势的变化灵活调整，改革仍在逐步进行。这也体现了中国政府渐进式改革的战略决策。

2.3.4 目标区汇率安排

布雷顿森林体系崩溃之后，各国普遍实行浮动汇率制度。事实证明，浮动汇率下汇率大幅度频繁的波动不管对个别国家还是整个世界经济都带来了不利的影响。西方各国逐渐认识到只有加强国际合作才能限制汇率的巨大波动。因为影响汇率的一些主要因素都同各国财政与金融政策有关，要稳定国际金融市场，避免外汇市场的混乱状态，必须实行更高程度的政策协调。于是，80年代"目标区"设想得到越来越多的支持，引起了国际社会的普遍重视。

汇率"目标区"这一概念最初是1974年由国际货币基金组织执行委员会在其公布的汇率浮动准则中提出来的（IMF，1974）。汇率目标区安排是要在主要工业国家的货币之间确定汇率波动的幅度，作为目标区，其他货币则钉住目标区或随之浮动。目标区旨在反映基本的经济状况或实际汇率水平，因为实际汇率对资源配置的决定和国际收支的调节都是至关重要的，它可以引导资本流动，影响经常项目的平衡。目标区设想的基本思想是：（1）为一国货币确定一个中期（3~4年）的波动幅度；（2）各国政府运用经济政策或干预外汇市场将汇率的波动控制在规定的幅度内；（3）"目标区汇率"应该随经济情况的变动而调整。目标体系包括：（1）目标区的大小；（2）目标区变化的频率；（3）目标区的公开性；（4）保证目标区的承诺程度。

目标区制度类似布雷顿森林体系，但有很大差别。首先，它仍然是一种浮动汇率，只不过是专门为几种主要货币规定一个波动幅度而已。其次，当一个国家的汇率波动幅度达到目标区的上下限度时，该国政府可以不承担干预的义务，但是必须运用经济政策尤其是汇率政策调整汇率，使其回到目标区内。目标区基本上可以分为两种类型：宽松的目标区和严格的目标区。前者是指目标区的幅度大，经常调整，对目标区实行保密。后者是指目标区的幅度小，变动较少，汇率目标区公开。宽松的目标区类似于管理浮动，但不同的是宽松的目标区体系要求参加国政府在将来一定时期内为其汇率确定一个"区域"，并运用货币政策将其现实汇率保持在"目标区"内。严格的目标区类似于可调整的钉住制度，但不同的是"目标区"并不要求政府在任何情形下都干预外汇市场来将汇率保持在预定的幅度内。

1984年，原美国财政部副部长罗萨（Roosa）曾提议在美元、日元以及德国马克三种货币间确定一个变动幅度，通过三国合作来维持它，以便保持国际货币体系的稳定。1985年6月，法国在东京十国会议上提出了一个目标区方案，希望为主要货币间汇率规定一个波动范围，比如允许在5%~10%的幅度内波动，一旦超过规定的幅度，有关国家中央银行就应该进行干预，把汇率控制在目标区内。

但是，这些建议并没有最终被采纳。因为汇率目标区的实行从根本上来说需要有关各国家的货币政策担负起维持汇率稳定的责任，显然这种牺牲国内利益来保持国际汇率稳定的构想太不现实。

1987年2月,五国集团以及加拿大等六国的财长和中央银行行长在巴黎召开会议,讨论汇率合作问题。会议签署了一份联合声明——《卢浮宫协议》,各国承诺维持现行汇率水平的基本稳定。《卢浮宫协议》并非只是一份书面声明,在一份没有公开的协议中,各国还设立了汇率水平的目标区,并保证通过干预来使汇率稳定在目标区内。虽然目标区没有公布出来,但观察家认为,协议要求汇率保持在1美元兑换1.8250德国马克或153.50日元的水平上,上下波动的幅度不超过5%。

2.3.5 双(多)重汇率制度

双重汇率制度属于多重汇率制度(Multiple Exchange Rate)中的一个类型。多重汇率制度是指当局对外汇汇率人为规定两个或两个以上的汇率,不同的汇率适用于不同的交易项目。比如,对不同的进口采用不同的汇率,对不同的出口采用不同的汇率,对进口和出口分别采用不同的汇率,对资本账户交易和经常账户交易分别实行不同的汇率等。在不同的历史时期,多重汇率制度成为少数工业国和某些发展中国家重要的经济政策手段。典型的运作模式是,政府设计两个外汇交易市场,在官方市场上,通过政府的干预行为维持一个固定的汇率,在另外一个市场上则实行自由浮动汇率;在官方干预的市场上从事交易的主要是政府部门以及政府认可的少数私人部门,其他的部门则在自由市场上交易。

多重汇率作为调节内外经济平衡的工具,其政策目标广泛,其中包括:促进商品、劳务出口收入的增长,抑制某些私营部门进口和劳务交易,降低政府为进口和偿付债务购买外汇的成本,补贴某些基本消费物品的进口,将国内经济与被视为暂时性、潜在的不稳定的投机性资本流动隔离开来,通过不同的外汇市场将国际收支中的经常项目和资本项目加以疏导,从而降低外部经济波动对国内的冲击等。然而,这种汇率机制弊多利少,从中长期看更是如此。多重汇率造成的价格扭曲会误导生产资源和消费资源的配置,从而扭曲经济激励机制和进口成本。更有甚者,不通过更具透明度的财政补贴,而采用汇率制度对基础商品进行补贴,会使现行成本模糊不清,给经济的其他部门造成扭曲。多重汇率制所带来的财政收入"增加"将被中央银行的损失或对私营部门外汇活动的隐含税收所抵消。最终,外汇压力还会再度出现,或者通过官方外汇储备的减少而直接表现出来,抑或通过非正规部门增长间接地表现出来。

在中国,改革开放后双重汇率制度维持了比较长的时期,具体可以分两个阶段。

第一个阶段是1981~1984年,实行人民币内部结算价与官方汇率并存的汇率制度。在政府推进对外贸易体制改革的同时，为了促进出口，人民币汇率实行用于贸易交易的内部结算汇率和非贸易交易的公开官方牌价的双重汇率制度。

第二个阶段是 1985～1993 年，1985 年取消了用于贸易交易的内部结算汇率，但由于又实行了市场调剂外汇的政策，出现了官方汇率与外汇调剂汇率并存的状况。在实施贸易交易内部结算汇率的过程中，虽然中国的对外出口有了大幅度的增长，但是双重汇率管理过程中出现了问题，导致内外经济关系的失衡。所以从 1985 年起，取消了内部交易结算汇率，恢复了单一汇率。在对外贸易改革方面，从 80 年代初一直实行外汇留成制度，1988 年又增加了外汇留成的比例。为了提高外汇使用效率，全国多个城市设立了外汇调剂中心，放开外汇调剂市场的汇率，这样就形成了官方汇率和外汇调剂市场汇率并存的局面，仍然是一种双重汇率制度。中国政府长期实施双重汇率制度的主要原因在于外汇的短缺，不免造成了一些地方的黑市交易盛行，影响了市场秩序。

2.3.6　爬行钉住

钉住汇率是指一国货币当局或中央银行选择一种货币（或者一个货币篮子）作为本国货币的"锚"，通过外汇市场的干预行为，将本国货币与被钉住货币之间的汇率控制在微小（接近于零）的幅度内波动。钉住汇率可以是一个国家独立实施的政策，也可以是多个国家根据某种协议而实施的统一集体行为——多边钉住，如布雷顿森林体系以及 80 年代后的欧洲货币体制下的钉住机制。

爬行钉住是指货币定期按事先宣布的固定汇率作微小调整，或根据选定的定量指标的变化进行小幅度的调整。在这种汇率制度下，一方面政府当局承担维持住某一平价的义务或使市场汇率保持在这一平价上下一定的幅度内，不会听任市场力量主导汇率水平的波动；另一方面，平价本身会根据纠正国际收支根本性不平衡的需要逐渐调整。可见爬行钉住汇率是介于固定汇率与浮动汇率之间的一种汇率制度。这一思想的提出者威廉姆森（Williamson，1965）认为，"在爬行钉住汇率制度下，平价水平会缓慢变动。这种多频率、小幅度、持续性的汇率调整有利于所有的实际经济目标。因此这种汇率制度也可以称做是从一个汇率水平向另一个汇率水平的钉住式爬行"。

从平价的爬行方式看，爬行钉住主要分为两种类型：一是定式型爬行，即根据某一定式（定式中的变量参数根据以往的数据资料核定）来确定平价爬行的比率。例如，根据过去市场汇率变动的平均值、储备资产变动状况或现有储备资产与正常水平的差距来确定爬行的幅度，调整平价。定式型爬行实际上基本决定于市场变动情况。二是决策型爬行，即由政府当局根据现实经济状况，随机决策，确定评价调整的幅度。这种爬行模式在相当程度上取决于政府的信息灵敏度以及进取心,或者说决策水平。1965年智利在世界上首先实行爬行钉住的汇率制度。此后,哥伦比亚(1967年)、巴西(1968年)、韩国(1968年)和乌拉圭(1972年)也先后采用了爬行钉住汇率制度。1973年布雷顿森林体系崩溃之后,又有阿根廷(1975年)、以色列(1975年)、秘鲁(1976年)、葡萄牙(1978年)等国也曾抛弃浮动汇率制度而选择爬行钉住汇率制度,它在当时这些国家有效避免通货膨胀对国际收支带来的影响方面发挥了重要作用。

2.3.7 钉住单一货币

根据国际货币基金组织2008年的统计,多数发展中国家长期实施钉住汇率制度,少部分选择钉住单一货币。选择钉住单一货币的汇率政策通常出于以下几个方面的考虑:(1)促进本国的对外贸易和投资增长;(2)通过货币钉住,传递一个纪律约束信号,有利于抑制通货膨胀的压力;(3)政策措施实施简单;(4)增强市场对货币的信心。但是,这种钉住政策也可能带来一些负面的压力:一是钉住制度需要更多的外汇储备来满足随时干预市场的需要,而许多发展中国家缺少外汇储备来支持钉住汇率;二是在国际贸易多样化条件下,钉住单一货币可能需要付出很大代价。

中国政府1993年11月14日通过的《中共中央关于建立社会主义市场经济体制若干问题的决定》提出"改革外汇管理体制,建立以市场为基础的有管理的浮动汇率制度和统一规范的外汇市场,逐步使人民币成为可兑换货币"。但是,随后的亚洲金融危机爆发及其持续性影响,出于国内外环境的考虑,中国政府最终选择了汇率稳定(不贬值)政策,随后逐渐演变为事实上的盯住美元的盯住单一货币的汇率制度,这种状况我们从图2-1中可以很清楚地看出来。

2.3.8 钉住货币篮子

货币篮子是指一个由多国货币构成的货币组合。这个货币篮子的汇率就是组成货币篮子的多种货币汇率的加权平均数,因此相比篮子中的任何一种货币的汇率,这种篮子汇率(加权平均汇率)更加稳定,或者说波动性更小。作为一种汇率稳定机制,20世纪70年代布雷顿森林体系崩溃之后,为了稳定本国货币汇率水平,许多国家选择将本国货币钉住由货币篮子计算出来的加权平均汇率。在成员国中,目前有一些国家选择钉住货币篮子,就是将本国货币和一个货币篮子或有效指数(即双边汇率加权平均数)挂钩。

这种汇率制度安排的优点是,根据贸易关系选择篮子货币的组成,可以减少其他货币汇率变动所造成的汇率扭曲。选择什么样的货币篮子,取决于两个方面:(1)政府当局的政策目标是什么,是一个微观经济的变量,如相对价格、贸易条件、实际汇率，还是一个宏观经济变量，如国际贸易差额或国际收支平衡。（2）依据政策目标选择篮子货币以及各种货币在篮子中的权数，对某种货币的稳定性的需要越大，它在篮子中的权数就越大。

1970年后，随着西方国家浮动汇率制的流行，中国对外经济关系也面临极大的不确定性。1973年政府将制定人民币汇率的原则改为参照国际金融市场汇率变动情况及时调整，制定人民币汇率的方法由过去"物价对比法"改为"一篮子货币"计算方法。实施钉住一篮子货币的政策，即选择若干种同中国经济贸易关系密切的国家的货币，根据贸易结构、支付结构和汇率变动的趋势确定权数，直接从一篮子货币计算出人民币对美元的汇率，与其他货币的汇率依交叉汇率计算。中国政府从1973年3月到1984年先后进行过7次调整，1985年之后又放弃了钉住货币篮子的政策，实际上单一钉住美元。

2005年7月21日起，中国政府声明开始实行以市场供求为基础、参考一篮子货币进行调节、有管理的浮动汇率制度。人民币汇率不再盯住单一美元，而是按照中国对外经济发展的实际情况，选择若干主要货币，赋予相应的权重，组成一个货币篮子。同时，根据国内外经济金融形势，以市场供求为基础，参考一篮子货币计算人民币多边汇率指数的变化，对人民币汇率进行管理和调节。

中国政府强调，参考一篮子货币表明外国货币之间的汇率变化会影响人民币汇率，但是参考一篮子货币不等于钉住一篮子货币，还需要将市场供求关系作为另一重要依据，据此形成有管理的浮动汇率。可见，中国政府这次实施的盯住一篮子货币政策并不是传统意义上的固定汇率"钉"住，而是浮动"盯"住。至于中国"货币篮子"的内容，我们只能进行大致猜测。

2005年8月10日中国人民银行行长周小川在阐述人民币汇率形成机制所参考的"一篮子货币"的组成原则和主要篮子货币时，提出"篮子货币的确定是以对外贸易权重为主的，目前，美国、欧元区、日本、韩国等是中国最主要的贸易伙伴，相应地，美元、欧元、日元、韩元等也自然会成为主要的篮子货币。由于新加坡、英国、马来西亚、俄罗斯、澳大利亚、泰国、加拿大等国与中国的贸易比重也较大，它们的货币对人民币汇率也是很重要的"。

2.3.9 货币局制度

货币局制度是指在法律中明确规定本国货币与某一主要货币维持固定的汇率。执行这一政策的职能机构就是货币局，这里的货币局是按照固定的汇率以本国货币兑换外国货币的政府机构。货币局制度通常要求本国货币发行必须以一定的（通常是百分之百）主要货币作为准备金，并且要求在货币的流通过程中始终满足这一要求。货币局不同于中央银行，它的主要职能就是维持本国货币和主要货币（如美元）之间的固定汇率，它没有货币发行的主动权，也没有最后贷款人的职能，更不参与中央银行的货币政策行动。

货币局制度是一种特殊的固定汇率制度。首先，它以法律手段对汇率水平予以确定，因此，汇率水平是公开的，政府很难随意改变汇率水平。其次，它对本国货币的创造也作出了严格的法律限制，货币局只有在拥有外国货币作为发行准备时才可以发行货币，这一规则被称为"准备规则"。

但是，货币局制度存在两个不容回避的问题。第一，什么样的汇率是合适的汇率？如果汇率高估了本国货币，那么货币局就会受到投机者的攻击，他们会用本币兑换主要货币（如美元）并将赌注押在本币贬值上。因为货币局的主要货币供给是有限的，而且无法持续的固定汇率最终会导致主要货币储备的大量流失，从而使货币局制度崩溃而本国货币最终贬值。第二，货币局必须持有主要货币作储备以支持本国货币的要求会限制中央银行对国内金融危机作出反应。由于中央银行不能通过创造本国货币向面临信贷危机的金融机构贷款，所以金融危机最终有可能演变成伴有严重萧条的全国性经济危机。目前，阿根廷、新加坡、中国香港等少数国家和地区实施货币局制度。

香港的货币局制度。[①] 长期以来，香港一直没有中央银行，更没有完善的中央银行制度。20 世纪 70 年代后期到 80 年代初期，香港经济泡沫严重。1982 年，恒隆银行因被储户挤提被港英当局收购；1983 年初，7 家接受存款公司倒闭。9月下旬，港元对美元大幅度贬值，由 9 月 1 日的 1 美元兑 7.580 港元跌为 9 月 26 日的 1 美元兑换 9.600 港元，与年初的 1 美元兑 5.913 港元相比，跌幅达到 62.35%。为挽救港元，1983 年 10 月 17 日，港英政府再次将港元与美元挂钩，确定官价 1 美元兑换 7.8 港元，正式实施货币局制度。香港货币局制度的主要内容有：(1) 从 1983 年 10 月 17 日起，发钞行增发的港元，一律以 1 美元合 7.8 港元的比价，事先用美元现钞向外汇基金换取等值的港元负债证明书；(2) 港元现钞从流通中回流后，发钞行可以同样的比价向外汇基金换回美元及赎回负债证明书；(3) 发钞行以同样的方式为其他银行提供和收回港元现钞；(4) 1 美元兑换 7.8 港元的固定汇率只适用于发钞行和外汇基金之间，发钞行和其他银行之间以及银行同业、银行与客户之间的港元现钞交易全部按市场汇率进行。

香港的货币局制度实际上是一种货币发行局制度。在这种制度下，港元由三家商业银行发行，发行有百分之百的外汇发行准备。货币局制度有自我调节、自我稳定的机制。港元汇率偏离 7.8 官方汇率的幅度不会超过交易成本。例如，当市场汇率上升到 1 美元兑 7.9 港元时，所有发钞行都有动机向外汇基金交回负

---

① 易纲，张磊著 (1999)。

债证明书而以 1 美元兑 7.8 港元的汇率赎回美元，然后再以 1 美元兑 7.9 港元的汇率在市场上抛出，赚取收益，致使市场汇率与官方汇率趋同。反之，如果市场汇率下降到 1 美元兑 7.7 港元，发钞行都愿意以市场汇率购买市场美元，再以 1 美元兑 7.8 港元的价格将美元转让给外汇基金，这种套利行为使市场汇率与官方汇率逐渐趋于一致。实行货币局制度之后，港元的汇率一直保持在 1 美元兑 7.8 港元的水平上，比较稳定，并先后经受住了 1987 年股市狂潮、1994 年墨西哥金融危机以及 1997 年亚洲金融危机的考验。

2.4 基本汇率决定模型

2.4.1 购买力平价

购买力平价理论解释了两个国家的价格水平变化是如何影响两国货币之间的汇率波动的。购买力平价的基本思想在 19 世纪就被提及。20 世纪 20 年代瑞典经济学家古斯塔夫·卡塞尔（Gustav Cassel）对其进行了系统阐述并推广，使其成为汇率理论的核心内容。

购买力平价理论认为，两国货币的汇率决定于两国价格水平之比。一国的价格水平反映了该国货币的国内购买力，因此，如果某种货币国内购买力下降（即国内价格水平上升）将会引起该货币在外汇市场上的等量贬值，而购买力上升则会引起该货币相应的升值。如果我们以 p_{US} 表示一个商品和服务篮子在美国的美元价格，p_E 表示同样的商品和服务篮子在欧洲销售的价格。那么我们就得到购买力平价理论中绝对购买力平价的表达式：$E_{\$/€} = P_{US}/P_E$，进一步整理，我们可以得到：$P_{US} = (E_{\$/€}) \cdot (P_E)$，该表达式左边是一个商品和服务篮子在美国的价格，右边是同一商品和服务篮子在欧洲销售时的美元价格。如果绝对购买力平价理论成立，这两个价格就是相等的。因此，绝对购买力平价理论实际上表明，同样的商品在所有国家用同种货币衡量的价格水平是相等的。

相对购买力平价则是考察一定时期内物价水平的变化以及由此引起的汇率变动。相对购买力平价表明，一定时期内两种货币汇率的变动率等于同时期两国价格水平变动率之差，即通货膨胀率之差。绝对购买力平价解释的是两国价格水平与汇率水平之间的关系；而相对购买力平价则要解释的是价格水平变动与汇率水平变动之间的关系。如果以 $\pi_{US,t}$ 和 $\pi_{E,t}$ 分别表示美国和欧洲从时刻 $t-1$ 到时刻 t 的通货膨胀率，则相对购买力平价就表示为

$$(E_{\$/€,t} - E_{\$/€,t-1})/E_{\$/€,t-1} = \pi_{US,t} - \pi_{E,t}$$

从现实来看，绝对购买力所要求的前提条件是比较严格的，如果各国不是

按照统一的标准来设计商品和服务的篮子，计算价格指数，那么绝对购买力平价将变得毫无意义。但是，绝对购买力平价不成立并不意味着相对购买力平价也不成立，因为相对购买力平价反映的是汇率变动与通货膨胀差异之间的关系，这与各国家计算各自的价格水平所采用的"篮子"关系不大。

购买力平价理论对人民币汇率的适用性问题一直存在较大争议。从现实来看，新中国成立初期的国民经济恢复时期，汇率的制定以"物价对比法"作为计算的基础，其实就是遵循的购买力平价思想。"解放初期，中国的外汇牌价是依据人民币对内对外购买力的变化情况，参照进出口商品理论比价和国内外的生活物价指数，我们在汇率上确定奖励出口，兼顾侨汇的汇率方针"。[①] 此后的汇率制定方式是将贸易项目和非贸易项目分开来，分别制定汇率水平，更多的是考虑了激励企业出口增加外汇收入的需要。后来实施的贸易内部结算价和官方价格并存，官方汇率和市场调剂汇率并存的双重汇率制度都反映了以我为主的汇率调整政策。

早期的汇率政策制定似乎缺乏一个正规的理论思想指导。尽管如此，国内外价格水平变化对汇率水平制定的影响实际上一直存在。尤其是改革开放之后，随着中国经济日益融入世界经济，汇率水平成为影响对外经济关系的一个重要变量。随着中国经济的发展和国际经济形势的变换，众多国内外学者和机构愈发关注和研究人民币汇率的购买力平价问题。一些研究结论甚至成为中国与其他国家双边或多边经贸关系摩擦的依据。这些研究通常集中在两个方面：一些学者通过实证方法来解释或验证当代中国特别是改革开放以来人民币汇率变化与购买力平价之间的关联性（韩志萍，2002；胡松明、苑圆渊，2001；胡援成，2003；徐剑刚、唐国兴，2001）；也有学者通过修正的模型和计量方法来计算（估算）汇率水平，比较中国和其他国家间的经济关系变化情况（郭熙保，1998；任若恩，2001；王玲，2002；易纲，范敏，1997；温建东，2005）。

国外也有众多学者和机构采用不同方法估算、检验、分析人民币汇率（主要是对美元）的购买力平价水平（Kravis，1981；Ahmad，1983；Tailor，1986；Maddison，1998；Heston 等，1994；Summers 和 Heston，2003）。但是，这些研究的结论并不一致，甚至差异甚大。多数国内学者认为，传统的购买力平价理论对中国不适用。例如，张晓朴（2000）验证了 1979~1999 年间人民币名义汇率、中国消费物价指数以及美国物价消费指数之间的关系，认为购买力平价不能解释这段时间人民币汇率的实际变动，某些制度性的因素对汇率的决定作用可能更大。

---

① 吴念鲁，陈全庚（2002）。

近年来,"巨无霸指数"(The Big Mac Index)越来越引起人们的兴趣,似乎已成为判断汇率水平的又一重要指标。巨无霸指数是由英国《经济学人》首先提出来,而后被国际经济学界逐渐接受的。这个指标的含义是:麦当劳的巨无霸汉堡包,无论在世界各地,它的用料质量和重量都有同一标准,因此从购买力来看,它的成本应该都是相同的。《经济学人》利用购买力平价理论创造了这个经济游戏,将世界各国(目前约有120个国家在销售这种汉堡)麦当劳里的巨无霸汉堡包价格,根据当时汇率折合成美元,再对比美国麦当劳里的售价,来测量两种货币的购买力。

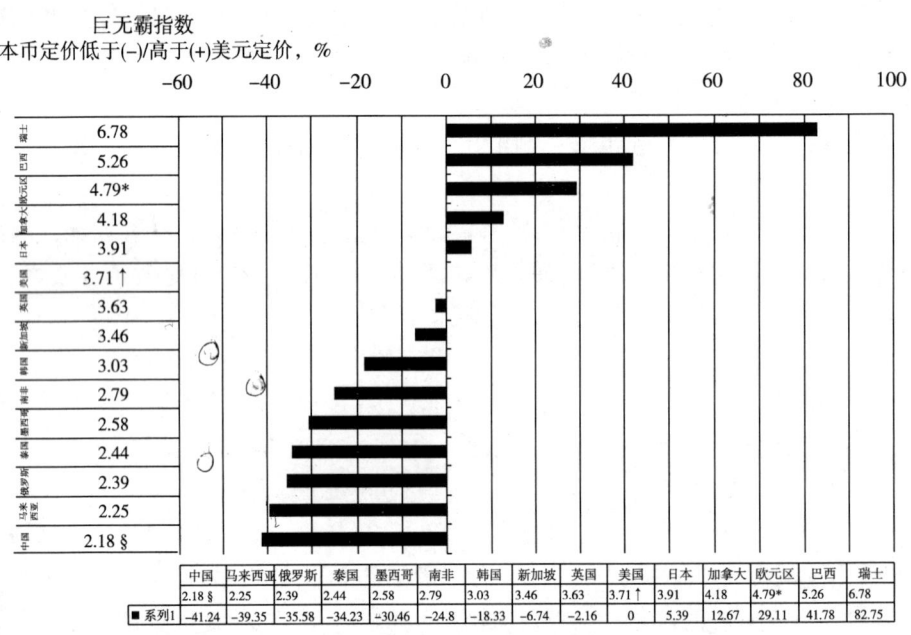

注:*成员国的加权平均,↑四城市均值,以10月13号的市场汇率为基准,§两城市均值。
资料来源:麦当劳;《经济学人》。

图 2-2　2010 年巨无霸指数

巨无霸指数数据显示,2010年底麦当劳的这款经典汉堡在中国的售价相当于 2.18 美元,在香港和美国的售价分别为 1.90 美元和 3.71 美元。根据彭博汇编的数据,2010 年底以来,由于人民币不断小幅度升值,人民币兑美元的被低估的幅度从 41% 降低至 40%。国外许多人据此认为人民币汇率被严重低估,应该大幅度升值。巨无霸指数似乎是购买力平价理论的一个极好的现实应用案例,但是一个汉堡的价格是否就能代表两个国家间的总体价格水平,并进而可以借此衡量两国的汇率水平,似乎把复杂的经济问题过于简单化了。

2.4.2 利率平价

利率平价理论解释了利率与汇率之间的关系。凯恩斯等人通过分析国际间的利率差异引起套补（或非套补）套利资金流动，进而引起外汇市场汇率的变动，提出利率平价思想来说明远期汇率的决定。在两国存在利率差异的情况下，资本将从利率低的国家流向利率高的国家套利。投资者在进行跨国套利的过程中，除了考虑两种货币资产的收益率，还要考虑两种货币之间汇率变动给投资带来的影响。因此，投资者还往往会通过套利交易来避免汇率风险。交易的结果是，低利率货币的现汇汇率下浮，期汇汇率上浮；而高利率货币的现汇汇率上浮，期汇汇率下浮。

远期差价为期汇汇率与现汇汇率的差额，由此低利率国家货币会出现远期升水而货值下降，而高利率国家货币远期贴水。随着套补套利的不断进行，远期差价会不断缩小，直到两种资产的收益率相等，这时套补行为停止，远期差价正好等于两国利差，利率平价成立。利率平价理论分为套补的利率平价和非套补的利率平价。

套补利率平价（Covered Interest – rate Parity，CIP）阐释的是当在远期外汇市场可以进行套补交易的情况下；当以同一货币计算，两种不同的外国资产的利差为零。不考虑交易成本，CIP 成立的条件通常可以表示为

$$F/e = (1+i)/(1+i^*) \tag{1}$$

其中，i 和 i^* 分别代表同种资产国内外的收益率，e 为即期汇率（直接标价法），F 为远期汇率。之所以说这是一个平衡条件，是因为，如果有因素导致（1）式偏离，那么就会产生套利行为，最终回归平衡。例如，如果国内利率偏低，导致

$$1 < (F/e)(1+i^*)/(1+i) \tag{2}$$

这会产生无风险收益的套利行为。投资者会借入本国货币，转而在即期外汇市场换成外汇并借出，同时在远期外汇市场上卖出外汇投资收益（包括本金加利息）换回本币。这种套利行为将导致 i 上升，i^* 下降，e 上升，F 下降，最终恢复平衡状态（1）。所以套补利率平价的基本含义就是汇率的远期变动取决于两国货币利率之差，如果国内利率高于外国利率，则远期汇率必定升水，意味着本币在远期将贬值；如果国内利率低于外国利率，则远期汇率必定贴水，意味着本币在远期将升值。

非套补利率平价（Uncovered Interest – rate Parity）阐释了一些风险中性的投资者愿意在预期的基础上选择非抛补的方式持有外汇资产头寸。其均衡条件就是

$$E_f/e = (1+i)/(1+i^*) \tag{3}$$

其中，E_f表示投资者预期的远期汇率。其表达的含义是预期的远期汇率变动取决于两国货币利率之差。如果本国利率高于外国利率，则意味着市场预期本币在远期将贬值。

对于利率平价理论对人民币汇率的适用性问题，其实存在一个比较直观的判断。那就是到目前为止，中国的金融制度环境无法满足利率平价理论实现所需要的基本假设条件。中国的人民币是有条件兑换的，特别是资本项目所涉及的资本流动受到严格地限制；中国的利率市场化改革仍然没有实质性的进展；中国的金融市场尤其是外汇市场发展还不成熟。因此，人民币的利率平价问题长期以来并没有引起很多关注。

不过，近年来，还是有国内学者从不同角度进行了一些探索性的研究。江春、刘春华（2007），杜金珉、郑凌云（2001），赵华（2007）等对中美两国利率差异与人民币对美元汇率变动关系使用不同方法进行检验与分析，认为现阶段人民币汇率的决定很难直接而有效地适用于利率平价理论。傅勇（2008），孙明春、张萍（1997）分析认为在中国金融体制向市场化迈进的过程中，现行金融体制的不完善使人民币汇率、利率与资本流动之间存在不协调关系。刘威、吴宏（2010）对中美两国利率与汇率间的关系进行实证评估后认为，中国国内利率是美元兑人民币汇率和美国国内利率变化的 Granger 原因，但中国利率政策变动对美元兑人民币汇率和美国利率政策的影响仍然较小，美国利率政策变动对美元兑人民币汇率和中国利率政策变动的影响相对较大。

利率平价对人民币汇率的解释力显然比购买力平价要弱得多，其实也根本不需要所谓的实证检验。因为就相应的制度环境来说，一方面中国的资本账户仍实行严格的管制，各种短期套利资本的跨境流动受到极大约束；另一方面，中国的资本市场也仍然缺乏相当的有效性，利率市场化改革长期得不到有效推进，短时间似乎也难以预期具体的市场化改革措施实施。

2.4.3 货币分析法

货币分析法解释货币市场对汇率决定的影响。货币市场失衡之后，国内的商品市场和证券市场都会受到冲击；在开放的国际经济环境下，国际间的套购套利机制会发挥作用，汇率随之发生变动，以符合货币市场恢复均衡的要求。在由不均衡到均衡的调节过程中，商品市场的套购机制和金融市场的套利机制是否同时迅速反应，存在不同的观点。因此，货币分析法又分为弹性价格货币分析法与汇率超调模式。

2.4.3.1 弹性价格货币分析法

该分析方法是由弗兰克尔（Frenkel, 1976）、穆萨（Mussa, 1976、1979）、比尔森（Bilson, 1978）等人建立起来的。模型认为既然汇率为两种货币的相对价格，那么两种货币的相对供给和需求就对汇率具有决定作用。假设本国和外国货币市场的均衡条件相同，即

$$M_s = M_d = kPy^\alpha i^{-\beta} \quad (1)$$

其中，M_s 和 M_d 分别代表货币供给和货币需求；P 表示价格水平，y 是代表国民收入水平，i 代表利率；k，α，$-\beta$ 分别表示以货币形式持有收入的比例、货币需求的收入弹性和利率弹性。带 * 号的表示外国。取自然对数后本国的货币市场均衡可表示为

$$\ln M_s - \ln P = \ln k - \beta \ln i + \alpha \ln y \quad (2)$$

外国的货币市场均衡为

$$\ln M_s^* - \ln P^* = \ln k - \beta \ln i^* + \alpha \ln y^* \quad (3)$$

假设购买力平价成立：

$$eP^* = P \quad (4)$$

取对数并整理得到

$$\ln e = \ln P - \ln P^* \quad (5)$$

将（2）式和（3）式代入（5）式得到弹性货币分析法基本模型：

$$\ln e = \alpha(\ln y^* - \ln y) + \beta(\ln i - \ln i^*) + (\ln Ms - \ln Ms^*) \quad (6)$$

模型表明，当本国货币供给增加时，本币将贬值；当外国货币供给增加时，本币升值。另外需要明确的是，两国的利率和收入变动，只是通过对货币需求的影响进而影响汇率。汇率变动与本国收入相对于外国的收入变化呈反向变动，即本国收入上升，会导致本币升值；外国收入增加，本币贬值。汇率变动与本国利率变动成正比，与外国利率变动成反比；本国利率上升，本币贬值，外国利率上升，本币升值。弹性货币分析法实际上是国际收支货币论在浮动货币体制下的延伸，是在购买力平价理论的基础上，采用现代货币学派的货币供求理论来进一步解释国内外价格变动，进而汇率变动的现实。

2.4.3.2 汇率超调模型

该模型也称为粘性价格货币模型（Stick - price Monetary Model）。该模型最早由鲁迪格·多恩布什（Rudiger Dornbusch, 1976）提出来。多恩布什认为，货币市场失衡后，商品市场价格调整具有"粘性"，而证券市场反应灵敏，利率将迅速作出反应，使货币市场恢复均衡。正是由于价格短期呈现"粘性"，货币市场的均衡完全由证券市场来实现，因此，利率在短时间内必定会出现超调，即波动的幅度要超出其长期均衡水平。

在资本自由流动的前提下,利率的大幅度变动将引起大量套利行为,也由此引起汇率大幅度波动。与利率的短期超调相适应,汇率的波动幅度也会超过其长期均衡水平,即也呈现超调特征。

因此,多恩布什认为弹性价格理论无法解释短期汇率的波动,可用于解释长期汇率波动。货币市场失衡后,汇率首先由证券市场的调整过程来决定,达到一个短期的均衡点;当商品市场价格开始调整,并逐渐向长期均衡过渡时,汇率水平就由商品市场与货币市场的相互作用决定。当商品市场也实现长期均衡时调整过程结束,汇率水平也达到长期均衡水平。因此,汇率超调模型是一种动态调整模式,它揭示了汇率如何由于货币市场的失衡而发生短时间的超调,又如何从短期均衡水平达到长期均衡水平。这一思想可以用图2-3解释。

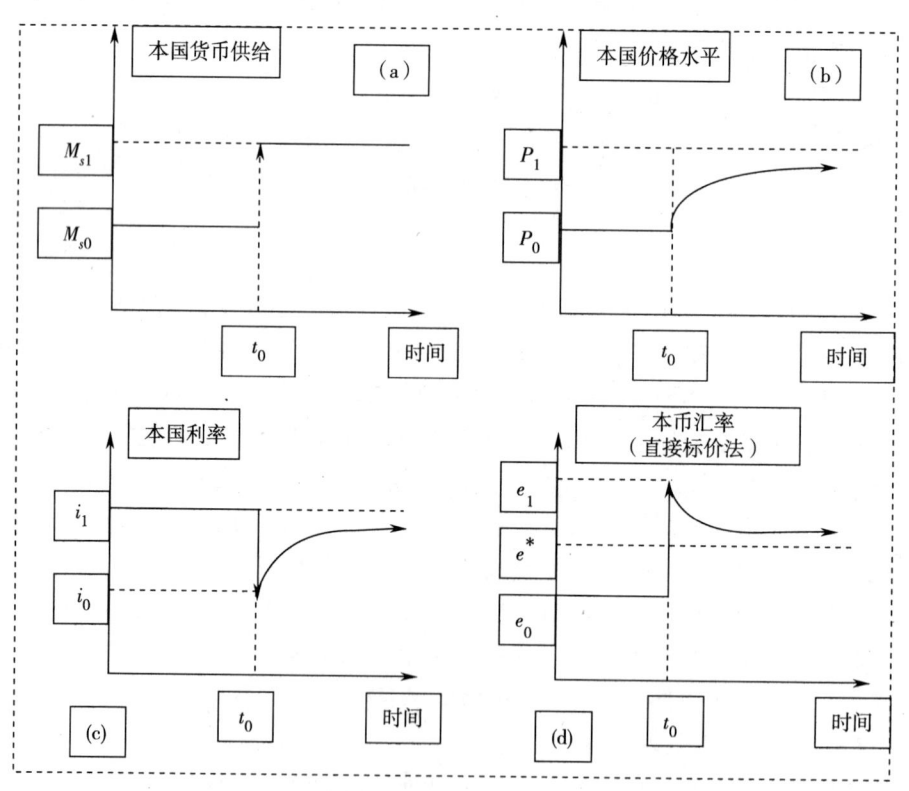

图2-3 汇率超调模型中本国货币供给增加后的调整过程

图2-3中,(a)表明在某一时刻(t_0)本国货币供给发生了增量变化;(b)表明货币供给增加后商品市场价格的调整趋势——由于"粘性"作用,价格缓慢趋向长期均衡点;(c)表明的调整趋势,货币供给增加后,利率迅速下降,然后再向长期均衡点运动;(d)表明汇率的超调以及调整趋势。货币供给

增加后，汇率短时间发生大幅度波动——超调，随后在商品市场和货币市场的共同作用下向长期均衡点运动。

2.4.4 巴拉萨—萨缪尔森分析法与 Penn 效应

巴拉萨—萨缪尔森分析法其实是 Peen 效应的理论抽象。历史上，购买力平价理论一直是人们分析理解实际汇率问题的基本指导理论。该理论认为，以同种货币换算计量的相同产品在不同国家价格应该是相等的。但是第二次世界大战后，宾夕法尼亚大学的研究团队通过研究却发现不同的事实：即使通过汇率进行调整，富裕国家本土生产的商品的价格通常都要高于贫穷国家生产的商品，而不是相等。也就是说，购买力平价理论在现实检验出现了偏离。他们的研究结果被称为"Penn 效应"。Penn 效应的基本成因后来由巴拉萨—萨缪尔森进行了系统的理论解释，于是人们便将他们两人的理论解释称为巴拉萨—萨缪尔森分析法（或巴拉萨—萨缪尔森效应）。他们依据劳动生产率增长部门间的差异性等关键假设，解释了富裕国家和贫穷国家之间的 Penn 效应问题，并提出一国在经济快速增长过程中会伴随本币实际汇率升值趋势，这一思想为探究开放经济条件下，经济快速发展与实际汇率走势的关系提供了一个理论视角。巴拉萨（1964）借鉴李嘉图两部门划分以及生产率差异的分析思路，采用竞争性市场结构和国内劳动力流动等基本假设，分析认为购买力平价作为均衡汇率决定理论具有内在的系统偏差。购买力平价理论在实证检验上面临的一个困境是，经过汇率调整后的国际价格水平与现实不一致，并且呈现出某种规律性，即当换算为一种货币来衡量价格时，不同国家的价格水平与实际人均收入成正比，或者说贫穷国家的价格水平规律性地低于富裕国家。

巴拉萨和萨缪尔森从理论上说明，由于劳动生产率存在部门差异，国际相对价格与劳动生产率之间存在系统联系。在经济发展的不同阶段以及发达程度差异较大情况下，国家间的相对价格不一致是一种正常状况，并且在一国经济发展过程中，实际汇率也会随着劳动生产率的不断提高而上升。巴拉萨和萨缪尔森认为，可贸易部门的劳动生产率国家间差异较大，贫穷国家的劳动生产率要远低于富裕国家；而不可贸易部门的劳动生产率国家间差异较小，甚至可以忽略不计。国际贸易使可贸易商品间的价格具有可比性，由于贫穷国家劳动生产率低，导致其贸易部门相对较低的工资水平。

然而，一国劳动力跨部门的流动使国内贸易部门和非贸易部门的工资水平产生趋同效应，结果是虽然不可贸易部门劳动生产率与国外差异不大，由于工资水平与可贸易部门大致相当，也远远低于富裕国家水平，使非贸易部门的产品价格也相应低于外国水平。由于一篮子商品价格包括贸易部门和非贸易部门的产品,因此,贫穷国家非贸易品价格相对国外偏低,导致一般物价水平也相对国外偏低。

由此可见,巴拉萨—萨缪尔森分析法实际上包含以下重要的假设和推论:一是国家间的可贸易商品满足一价定律的基本条件,不考虑资本流动对国家收支的影响。二是部门间的劳动生产率差异明显,可贸易品部门劳动生产率要高于非贸易部门,因而贫穷国家和发达国家可贸易部门劳动生差率差异远远大于非贸易部门。三是在单个生产要素和充分竞争市场条件下,贸易品部门劳动边际产品决定工资和价格。四是国内劳动力市场的融合性,保证贸易品和非贸易品生产部门工资大致相等。给定如上结构性假定,贫穷国家与富裕国家之间的价格水平必然出现偏差,因而购买力平价理论作为均衡汇率理论也就必然存在偏差。巴拉萨通过对12个国家1960年的有关数据检验发现,人居收入代表的生产率水平与相对价格之间存在明显的正向关系,这为他们的理论假说提供了初步的经验支持。

就巴拉萨—萨缪尔森分析法在中国的适用性问题,国内一些学者近几年也进行了一些探讨。卢锋(2006a,2006b)测算了改革开放之后中国可贸易与不可贸易部门劳动生产率、工资、单位劳动生产成本的变动情况,并与若干发达国家进行比较,从巴拉萨—萨缪尔森分析法角度考察人民币实际汇率变动趋势及其特征。研究认为,人民币实际汇率的演变过程可以用巴拉萨—萨缪尔森分析法来解释,不过具有明显的中国特色,中国经济的快速发展内生地推动人民币升值的趋势,但是由于政策方面的原因使人民币处于人为低估状态。

姜波克、莫涛(2009)根据中国的现实对巴拉萨—萨缪尔森分析法进行修正,提出了所谓竞争性商品和非竞争性商品的概念,并且把服务业商品也视做可贸易品,也参与国际交换;并认为只有有形竞争性商品的交换才存在一价定律,有形非竞争性商品的交换不遵循一价定律。

俞萌(2001)结合东亚一些国家与中国汇率变动的实际数据,分析了新兴市场国家经济增长与汇率变动之间的关系,认为中国90年代汇率并轨以来实际汇率的变动趋势与经济增长之间的相关性明显。人民币汇率不存在高估现象,符合经济发展趋势,具有较为典型的巴拉萨—萨缪尔森效应。

陈科、吕剑(2008)使用中国和美国的数据,通过检验分析认为,即使在目前典型的二元经济结构条件下,巴拉萨—萨缪尔森效应仍具有较强的解释力。

可见,多数学者认为巴拉萨—萨缪尔森分析法对中国当前经济发展阶段人民币汇率的变动趋势有一定的解释力。但是,由于中国仍然处于整体经济体制的不断变革和完善过程中,中国特色决定了简单理论模型对中国问题的一般局限性。

2.4.5 汇率决定模型的一些最新发展

本节简单介绍近几十年来汇率决定理论的一些最新发展，即 FEER——基本要素均衡汇率、BEER——行为均衡汇率和 ERER——实际均衡汇率。

2.4.5.1 基本要素均衡汇率理论

基本要素均衡汇率理论由威廉姆森（Williamson）于 1983 年首先提出。该理论将均衡汇率定义为同宏观经济均衡一致时的实际有效汇率。而宏观经济均衡，包括内部均衡和外部均衡两个方面。内部均衡被认为是同充分就业和低通胀率相对应的生产水平。外部均衡是指各国维持内部均衡时也存在自由的可维持的基础资本净流动，也就是说，假定该国可以按照世界利率无限制地借款或贷款，那么存在收益率高于这一利率的投资机会而国内储蓄又不能满足时，符合理性的行为就是在国际金融市场上借款以使本国投资大于国内储蓄，该国出现经常账户赤字。

FEER 模型的理论依据是宏观经济均衡方法，强调经常项目等于资本项目，将分析的重点集中在经常账户的决定上。一国经常账户余额会受到贸易条件、失业率和实际汇率的影响。在经济周期内平均失业率和平均贸易条件的约束下，使经常账户余额等于基础资本流动的实际汇率即为基本因素均衡汇率。这就是与宏观经济均衡相适应的汇率，即威廉姆森所说的基本要素均衡汇率。

可见，在给定经常项目模型参数，尤其是在经常项目对实际有效汇率较为敏感的条件下，利用外生的可持续资本流动净额就可以计算出 FEER。需要说明的是，FEER 只是一种计算均衡汇率的方法，而不是汇率决定理论。由于计算时隐含假定现实的实际有效汇率会逐渐地收敛于 FEER，所以体现在 FEER 方法中的汇率决定理论是汇率的经常项目决定理论。

FEER 方法用一些经济变量来测算汇率，它抽象掉了短期周期性和暂时性因素，基于基本的经济因素。可以认为 FEER 方法测度的是规范性的概念。FEER 的突出优点在于，依据得到的均衡实际汇率水平，可以更深入分析导致实际汇率偏离的原因，包括经济因素、政策因素以及随机扰动等。但该理论的难点在于均衡实际汇率难以观测，并且要根据经济理论来确定解释变量，经济变量和政策变量不能直接使用，而又要求出其可持续值，常常会出现根据理论选择的变量可能并不是现实中实际汇率的决定因素的情况；此外，FEER 方法总体上说是一个流量理论，没有考虑长期的存量均衡。

2.4.5.2 行为均衡汇率理论

行为均衡汇率理论由克拉克（Peter. B. Clark）和麦克唐纳德（Ronald MacDonald）（1998）等人提出，该分析法弥补了基本要素均衡汇率模型（FEER）

中没有体现影响汇率的实际行为变量的不足。

我们知道，FEER理论下的均衡汇率是在充分就业情况下，经常项目与可持续的资本流动相适应时的汇率。这种分析和测量方式没有体现影响汇率的实际行为变量效应。在此方法下，只要内外均衡状态不受干扰，汇率就可以保持稳定。但是在行为意义上，汇率是否处于均衡不是很清楚，即这一汇率水平是否反映了中期决定汇率因素的效应并不清楚。BEER方法试图弥补这方面的不足，它加入了对实际有效汇率产生影响的行为变量的经济分析。在BEER方法下，均衡汇率不是从宏观经济均衡模型中导出的，而是由一组相应的解释变量决定的。实际汇率在行为意义上处于均衡状态，是指从统计意义上看，现实汇率的变动反映了与之相关的经济因素的变动。该方法不是计算同时实现内部均衡和外部均衡时的实际汇率，而是用实际汇率的决定因素来估计BEER，即在模型中嵌入一些在实际汇率和其决定因素之间具有系统联系的行为变量，来估计实际汇率与其决定因素之间的内在联系，获得实际汇率的长期均衡运行路径，进而求得实际均衡汇率。

该模型的核心是将实际有效汇率解释为长期基本经济因素向量、中期基本经济因素向量、短期暂时性经济因素向量以及随机扰动项的函数。在任何时期，汇率失衡可以被分解为暂时性因素效应、随机扰动效应以及基本经济因素偏离程度等三个方面。可见，行为均衡汇率方法既可用于测算均衡汇率，又可以用于解释现实汇率的周期性变动。根据克拉克和麦克唐纳德的分析，长期均衡汇率主要是贸易条件、巴拉萨—萨缪尔森效应和净外国资产三个变量的函数。因此，行为均衡汇率（BEER）可以看成是国内外实际利率差异、国内外政府债务相对供给、贸易条件、巴拉萨—萨缪尔森效应和净外国资产等变量函数的模型。克拉克和麦克唐纳德（1998）利用该模型，对美元、德国马克和日元的实际有效汇率进行了实证分析，表明BEER方法具有较好的解释力。

BEER方法没有直接地考虑内外部同时平衡问题。对外部平衡没有相应的对策，原因在于：第一，模型以非抵补利率平价为基础假定，不可能对外部不平衡下的资本流动进行限制；第二，模型反映了这样的调节机制，即通过同政府债务水平和净外国资产相适应的实际汇率的均衡变化，来实现外部平衡，至少从长期来看是如此。这是BEER方法的缺憾之处。不过，BEER方法在试图解释相关经济变量影响下实际汇率的波动方面提供了较好的计算方法，并且从实证分析结果来看，该方法也具有较好的解释力。

2.4.5.3　均衡实际汇率理论

均衡实际汇率理论最早由爱德华兹（Sebastian Edwards，1989）提出来，后经爱德华兹（1994）和埃巴达维（Ibrahim A. Elbadawi，1992）等人的进一步深入研究而逐步完善。爱德华兹（1989）的均衡实际汇率（ERER）概念就是指非贸易品和贸易品的相对价格。假如其他相关变量如税收、国际贸易条件、经济政策、资本流动和技术等在一定时间内是稳定的，那么在这一汇率水平上将会实现内外部的同时均衡。当非贸易品市场出清，经济实现内部均衡；当经常账户平衡同长期的资本流动状况相一致时，经济实现外部均衡。

均衡实际汇率思想不同于传统的 PPP 思想，均衡实际汇率不仅受到基本经济因素的现实影响，而且受到预期的影响。ERER 模型由塞尔特·斯旺（Salter - Swan）的非贸易商品模型发展而来，后者是一个小国或依附型经济模型，模型中小国家不能影响自己的贸易条件（Salter，1959；Swan，1960）。在此模型基础上发展起来的 ERER 模型也主要探讨发展中国家均衡汇率问题。

多数发展中国家经济发展中的重要特征是，存在外汇管制、贸易壁垒以及多重汇率等问题。在一系列假定基础上，爱德华兹构建了包括资产决定、需求部门、供给部门、政府部门和外部部门五个部分的 16 个方程。当非贸易品市场出清、外部部门实现均衡（即国际储备变动、经常项目差额和货币存量变动分别相等且等于零）、财政政策可持续（即政府支出等于无扭曲的税收收入）以及资产组合实现均衡这四个条件同时成立时，经济处于稳定状态。此时的汇率达到了长期均衡状态。爱德华兹发现，长期均衡实际汇率是贸易条件、资本流动、关税水平、劳动生产率和政府消费等基本经济因素的函数。在短期内，货币变量等的变化也将影响实际汇率的变化。

爱德华兹（1989）具体分析了实际扰动对均衡实际汇率的影响：（1）贸易条件与均衡实际汇率。贸易条件改善会产生收入和替代两种效应，一般情况下，贸易条件改善会导致均衡实际汇率升值，贸易条件恶化会导致汇率贬值。（2）关税与均衡实际汇率。如果马歇尔—纳勒条件成立，那么降低关税会导致均衡实际汇率贬值。不过，关税降低的类型不同对均衡实际汇率的影响结果也不同，如果是短期降低关税，则会加深贬值程度；如果是长期降低关税，对均衡实际汇率的影响相对要平稳一些。如果是预期降低关税，则可能会出现相反的结果。（3）外资流入与均衡实际汇率。一般来说，在短期内外资流入就会导致均衡实际汇率升值；从长期看，如果外资是以借债的形式流入，且全部进入消费部门而不创造任何生产力，会导致均衡实际汇率贬值，如果是进入投资部门，则会导致均衡实际汇率升值。如果外资是以产业投资的形式流入的，特别是投资于外向型部门，则会导致均衡实际汇率升值。（4）技术进步与均衡实际汇率。

由于存在巴拉萨—萨缪尔森效应（Balassa - Samulson's Effect），贸易部门的技术进步速度比非贸易部门相对更快，所以随着时间推移，贸易品与非贸易品的相对价格会逐步降低，因而在正常情况下技术进步会导致均衡实际汇率升值。

由于均衡实际汇率主要受以上基本经济因素的影响，因此可以认为，实际汇率是贸易条件、政府消费的非贸易品与国内生产总值（GDP）的比率、关税、技术进步、资本流动以及投资与GDP的比率等变量的函数。

爱德华兹进一步利用12个发展中国家的数据验证了该模型的重要含义：一是从短期看，实际汇率波动既受到实际经济因素的影响，也受到货币供给变动的影响；二是从长期看，均衡实际汇率波动仅仅受实际经济因素的影响；三是不连续的扩张性的宏观经济政策将会导致实际汇率短期的失调。爱德华兹（1994）还在长期均衡实际汇率模型的基础上，构造了实际汇率波动的结构动力学方程。该方程表明，实际汇率的波动主要受四个力量的影响：一是汇率的自动调整机制，即在其他条件不变的情况下现实实际汇率向均衡实际汇率逐渐调整的状况；二是政策调整机制，即货币政策和财政政策对均衡实际汇率可持续水平调整的影响；三是名义汇率的滞后调节机制，它反映了名义贬值率；四是不同外汇市场之间汇率差异逐步缩小的调整机制。

ERER模型充分考虑了发展中国家经济发展过程中的特点，比较适合对发展中国家均衡汇率的测度和现实汇率评价。近年来有不少中国学者借鉴以上几种汇率模型来分析人民币的均衡汇率问题。其中，多数学者更倾向于使用BEER模型（赵西亮、赵景文，2006；王相宁等，2010；胡再勇，2007；孙刚、赵新，2006；陈容，2007；孙奕，2010），少数学者使用FEER模型来分析人民币汇率的偏离或失衡问题（林伯强，2002；张晓朴，1999）。

其他两种模型应用的很少。因为就模型的实用性来说，多数学者认为BEER模型更适合分析中国的汇率问题，不管是短期的汇率波动，还是中长期汇率走势，都可以通过修正或简单修正的BEER模型来解释或判断人民币汇率。FEER模型过于理想化，偏离中国的经济现实太远，尤其是中国远不是一个资本项目可自由流动的国家。NATREX模型对资本高度自由流动的假设很显然也不符合中国的经济现实。ERER模型虽然是针对发展中的经济体的分析模型，但是这一"小国"模型也基本不适合中国的现状，中国是一个发展中的大经济体。

参 考 文 献

[1] 陈彪如. 国际货币体系 [M]. 上海：华东师范大学出版社，1990.

[2] 陈岱孙，厉以宁主编. 国际金融学说史 [M]. 北京：中国金融出版社，1991.

[3] 陈学彬. 近期人民币实际汇率变动态势分析 [J]. 经济研

究，1999（1）．

［4］陈科，吕剑．人民币实际汇率变动趋势分析——基于巴拉萨—萨缪尔森效应［J］．财经科学，2008（3）．

［5］陈容．人民币均衡实际汇率失调程度分析［J］．统计与决策，2007（2）．

［6］杜金珉，郑凌云．利率平价理论对我国汇率决定的适用性探讨［J］．学术研究，2001（3）．

［7］傅勇．利率平价理论为何在中国失灵了［N］．上海证券报，2008-05-14（A08）．

［8］郭熙保．购买力平价与我国收入水平估计——兼评克拉维斯对中国收入的估计结果这［J］．管理世界，1998（4）．

［9］胡再勇．人民币行为均衡汇率及错位程度的测算研究［J］．世界经济研究，2007（10）．

［10］韩志萍．购买力平价理论的实证检验法综述［J］．中央财经大学学报，2002（12）．

［11］胡松明，宛圆渊．多国购买力平价模型及其对人民币长期均衡汇率的实证分析［J］．经济科学，2001（5）．

［12］胡援成．人民币实际汇率与购买力平价［J］．当代财经，2003（2）．

［13］江春，刘春华．利率平价理论的分析与探讨［J］．经济管理，2007（10）．

［14］姜波克，莫涛．巴拉萨汇率理论的一个修正［J］．金融研究，2009（10）．

［15］克鲁格曼，奥伯斯法尔德．国际经济学——理论与政策（下）［M］，中文6版，北京，中国人民大学出版社，2006．

［16］刘威，吴宏．中美两国利率与汇率相互影响效应的评估研究——基于抛补利率平价理论的实证检验［J］．世界经济研究，2010（2）．

［17］卢锋．解读人民币实际汇率之谜（1978~2005）——人民币实际汇率长期走势研究之五［A］．北京大学中国经济研究中心《中文讨论稿》，No. C2006012. 2006-06-01．

［18］卢锋，韩晓亚．长期经济成长与实际汇率演变［J］．经济研究，2006（7）．

［19］林毅夫．关于人民币汇率问题的思考与政策建议［J］．世界经济，2007（3）．

［20］任若恩．国际可比国内生产总值和购买力平价估计及在经济研究中的应用［J］．统计与精算，2001（1）．

［21］孙明春，张萍．人民币汇率、利率与套利资本流动［J］．金融研究，1997（8）．

［22］孙奕．均衡汇率决定理论——基于 BEER 模型对人民币汇率的实证分析［J］．当代经济，2010（5）．

［23］王玲．基于购买力平价的中外经济实力比较［J］．世界经济，2002（7）．

［24］温建东．人民币购买力平价研究［J］．金融研究，2005（4）．

［25］吴念鲁，陈全庚．人民币汇率研究（修订本）［M］．北京：中国金融出版社，2002．

［26］王相宁，李敏，缪柏其．基于 BEER 模型的人民币均衡汇率——来自状态空间理论的新证据［J］．系统工程，2010，5．

［27］徐剑刚，唐国兴．购买力平价的群体单位根检验［J］．复旦学报（自然科学版），2001（6）．

［28］易纲，范敏．人民币汇率的决定因素及走势分析［J］．经济研究，1997（10）．

［29］易纲，张磊．国际金融［M］．上海：上海人民出版社，1999．

［30］俞乔．亚洲金融危机与中国汇率政策［J］．经济研究，1998（10）．

［31］俞乔．论中国汇率政策与国内经济目标的冲突及协调［J］．经济研究，1999（7）．

［32］杨希天等．中国金融通史（第六卷）［M］．北京：中国金融出版社，2002．

［33］俞萌．人民币实际汇率的巴拉萨—萨缪尔森效应分析［J］．世界经济，2001（5）．

［34］赵西亮，赵景文．人民币均衡汇率分析：BEER 方法［J］．数量经济技术经济研究，2006（12）．

［35］赵华．人民币汇率与利率之间的价格和波动溢出效应研究［J］．金融研究，2007（3）．

［36］张晓朴．人民币均衡汇率的理论与模型［J］．经济研究，1999（12）．

［37］Allen, R. P. 1997. "The Economic and Policy Implications of the NATREX Approach", In Stein, J. and Allen, P. R., et al. Fundamental Determinants of Exchange Rates. Oxford: Oxford University Press.

[38] Ahmad, Sultan. 1983. "International Comparison of Chinese Prices", Unpublished working paper, Economic Analysis and Projections Department, World Bank.

[39] Artis, Michael J. and Taylor, M. P. 1993. " DEER Hunting: Misalignment, Debt Accumulation, and Desired EquilibriumExchange Rates", Working Paper No. WP/ 93/ 48. Washington: IMF (June).

[40] Balassa B. 1964. "The Purchasing Power Parity: A Reappraisal", *Journal of Political Economy*. 72 (6): 584 – 596.

[41] Church, Keith B. 1992. "Properties of Fundamental Equilibrium Exchange Rate Models of the UK Economy", *NationalInstitute Economic Review* (August). 62 – 67.

[42] Clark, Peter B. and MacDonald, R. 1999. " Ex change Rates and Economic Fundamentals: A Methodological Comparison of Beers and Feers", In MacDonald, R. and Stein, J. L.. Equilibrium Ex change Rates. Massachusetts: Kluwer Academic Publishers.

[43] Connolly, M. and Devereux, J. 1997. "The Equilibrium Real Exchange Rate: Theory and Evidence forLatin America", In Stein, J. and Allen, P. R. et al. Fundamental Determinants of Exchange Rates. Oxford: Oxford University Press.

[44] Dornbusch R. 1986. "Special Exchange Rates for Capital Account Transations", *World Bank Economic Review* (September): 3 – 33.

[45] Dooley, D., Folkerts, L. D. and Garber, P. 2003. "An Essay on the Revived Bretton Woods System", *NBER Working Paper*, W9971, September.

[46] Dooley, D., Folkerts, L. D. and Garber, P. 2008. "That Old – time Religion: It's Good Enough for Me. Asia, Interest Rates, and the Dollar", Deutsche Bank, Second Edition March 12, 63 – 70.

[47] Dooley, D., Folkerts, L. D and Garber, P. 2004. "The Revived Bretton Woods System: The Effects of Periphery Intervention and Reserve Management on Interest Rates and Exchange Rates in Center Countries", *NBER Working Paper* w10332, March.

[48] Dooley, D., Folkerts, L. D. and Garber, P. 2008. "The US Current Account Deficit and Economic Development: Collateral for a Total Return Swap", Asia, Interest Rates, and the Dollar", Deutsche Bank, Second Edition March 12, 27 – 34.

[49] Dooley, D., Folkerts, L. D. and Garber, P. 2008. " Asia, Interest

Rates, and the Dollar. Deutsche Bank, Second Edition March 12, 36 - 62.

[50] Dooley, D., Folkerts, L. D. and Garber, P. 2008. Asia, Interest Rates, and the Dollar. Deutsche Bank, Second Edition March 12, 59.

[51] Dooley, D., Folkerts, L. D. and Garber, P. 2004. "Direct Investment, Rising Real Wages and the Absorption of Excess Labor in the Periphery", *NBER Working Paper*, w10626.

[52] Dooley, D., Folkerts, L. D. and Garber, P. 2004. "The Revived Bretton Woods System: Alive and Well", Deutsche Bank Global Markets Research.

[53] Dooley, D., Folkerts, L. D. and Garber, P. 2004. "The US Current Account Deficit and Economic Development", *NBER Working Paper* w10727.

[54] Dooley, D., Folkerts, L. D. and Garber, P. 2008. "Asia, Interest Rates, and the Dollar", Deutsche Bank, Second Edition March 12, 37 - 60.

[55] Dooley, D., Folkerts, L. D. and Garber, P. 2005. "Savings Gluts and Interest Rates: The Missing Link to Europe", *NBER Working Paper*, w11520.

[56] Dooley, D., Folkerts, L. D. and Garber, P. 2005. "Living with Bretton Woods II", Deutsche Bank Global Markets Research, September 20.

[57] Dornbusch, R. 1976. "Expectation and Exchange Rate Dynamics", *Journal of Political Economy*, 84, 1161 - 1176.

[58] Edwards, S. 1988. "Exchange Rate Misalignment in Developing Countries", Baltimore: Johns Hopkins University Press.

[59] Edwards, S. and Wijnbergen, S. W. 1987. "Tariffs, the Real Exchange Rate and the Terms of Trade", Oxford Economic Papers 39: 458 - 564.

[60] Elbadawi I. A. 1994. "Estimating Long - Run Equilibrium Real Exchange Rates", In Williamson, John. ed., Estimating Equilibrium Exchange Rates. Washington, D. C., Institute for International Economics.

[61] Faruqee, H., Isard, P. and Masson, R. P. 1999. "Macroeconomic Balance Framework for Estimating Equilibrium Exchange Rates", In MacDonald, R. and Stein, J. L.. Equilibrium Exchange Rates. Massachusetts: Kluwer Academic Publishers.

[62] Guay, C. L. and Jerome, S. L. 1997. "The Dynamics of the Real Exchange Rate and Current Account in a Small Open Economy: Australia", In Stein, J. and P. R. Allen et al. Fundamental Determinants of Exchange Rates. Oxford: Oxford University Press.

[63] Heston, A., Summers, R and Nuxoll, D. 1994. "The Differential Pro-

ductivity Hypothesis and Purchasing Power Parities", *Review of International Economics*. October.

[64] Heston, A., Summers, R. and Nuxoll, D. 1994. Penn World Table (PWT)

[65] Kravis, I. B. 1981. "An Approximation of the Relative Real Per Capita GDP of the People's Republic of China", *Journal of Comparative Economics*, No. 5, 60-78.

[66] Khan, M. 1986. "Developing Country Exchange Rate Policy Responses to Exogenous Shocks", *American Economic Review*, 76 (May), 84-87.

[67] Liliane L., Veyrac, C and Saint, M. M. 1997. "The Natural Real Exchange Rate between the French Franc and the Deutschmark: Implications for Monetary Union", In Stein, J. and P. R. Allen et al. Fundamental Determinants of Ex change Rates. Oxford. Oxford University Press.

[68] Samuelson, P. A. 1964. "Theoretical Notes on Trade Problems", *Review of Economics and Statistics*, 1964, 46: 145-154.

[69] Stein, J. L. 1994. " The Natural Real Ex change Rates of the US Dollar and Determinants of Capital Flows", In Williamson, John. ed., Estimating Equilibrium Exchange Rates. Washington, D. C. Institute for International Economics.

[70] Stein, J. L. 1997. "The Natural Real Exchange Rate of the United States Dollar, and Determinants of Capital Flows ", In Stein, J. and P. R. Allen et al. Fundamental Determinants of Exchange Rates. Oxford: Oxford University Press.

[71] Williamson, J. 1965. "The Crawling Peg", Essays in International Finance, No. 50, Princeton University, Department of Economics, International Finance Section.

[72] Williamson, J. 1983. "The Exchange Rate System", Policy Analyses in International Economics 5 (rev. ed., 1985). Washington: Institute for International Economics.

[73] Williamson, J. 1994. "Estimates of FEERs", In Williamson, John. ed., Estimating Equilibrium Exchange Rates. Washington, D. C.: Institute for International Economics.

第三章 人民币汇率制度的演进

3.1 引言

本章通过人民币汇率的形成过程及其在各个历史阶段的表现,来评价这种演进的规律与当前汇率改革原则的联系及其深刻的政治和历史原因,从而为当前人民币汇率制度的改革和其未来趋向寻找历史依据。

人民币的发行始于 1948 年 12 月 1 日,和这个新生货币同时出现的是新的中央银行——中国人民银行的成立。在人民币汇率制度形成以后相对短暂的历史上,人民币汇率从来没有像今天这样引起如此广泛的关注。

自布雷顿森林货币体系崩溃以来,国际货币基金组织给予成员国自主选择汇率制度的权利。国际学术界关于浮动汇率制度和固定汇率制度的优劣之争从未停息,唯一可以达成共识的是:没有任何一种汇率制度适合所有的国家或经济体,即使选择同样的汇率制度,由于各国政治制度、经济基础、对外贸易、自然禀赋等都有很大的差异,在具体汇率制度安排上不可能也没有必要是完全相同的(Frankel,1999)。

正因为如此,一国汇率制度的选择和演变过程不仅仅是一种经济现象,也体现了该国经济状况、政治体制、外交地位、法律体系、历史轨迹、社会环境,甚至决策者对现实经济与政治环境的理解。汇率制度演进中的每一步都会受到国内外特定的经济条件和政治环境制约,并且要适应这些条件和环境的变化而不断改革。

中国国内和国际学术界对人民币的估值和人民币汇率制度的改革争议已久。争论的主要问题包括:人民币是否应该升值?什么是人民币汇率的合理水平?人民币汇率的变化对中国经济与其主要贸易伙伴国甚至整个世界经济将会带来什么样的影响?人民币汇率制度的选择和改革的主要依据是什么?

围绕着这些问题,出现了很多的研究文章和专著,采用不同的方法,从不同的侧面探讨这些问题的答案,尽管没有一致的结论,有很多观点甚至是完全对立的，但是，至少对我们有很多的启示。这些已有的研究是本章和本书写作的基础。

人民币汇率问题所引起的关注表明，中国经济已经从1949年中华人民共和国成立初期的闭关自守状态逐渐转入市场经济的轨道，在正在崛起的新兴国家中，成为引人注目的发展中大国，在世界经济格局的变动中异军突起，并在国际经济与政治事务中发挥着越来越重要的作用。

在最近的国际金融危机发生后，世界经济尤其是发达国家的经济复苏缓慢，贸易保护主义卷土重来，危及全球贸易的增长，使本已脆弱的复苏更加乏力。而包括中国和印度在内的东亚经济则显示了新的活力，成为世界经济多级增长中的一个源头。在这种背景下，在人民币汇率政策问题上，似乎中国政府的一举一动都会产生所谓的"蝴蝶效应"。有关人民币汇率制度的讨论在更大程度上被推上中国进一步改革的议程。

汇率的调整不仅仅包含一国和其贸易伙伴的经济利益及其变动，也涉及政治利益和社会利益。同样保持稳定不变的人民币汇率在1997年亚洲金融危机发生时备受世界推崇，而今日却饱受责难，原因就在于汇率政策具有明显的非中性，特定的汇率政策给不同利益集团所带来的结果和利益不同，汇率制度的选择不仅是经济力量更是政治力量博弈的结果，这是纯粹的经济学原理所无法完全解释的（栗志，2008）。

因此，当我们考察一国汇率制度的选择时，不仅要分析各个时期的国内外经济条件的变化，也需要观察该国所处的国内外政治环境，这是本章的分析角度。

本章从决定汇率制度选择的基本要素出发，通过人民币诞生和人民币汇率形成过程及其在各个历史阶段的表现，来探究这种演进的经济与政治及社会原因，从而为当前人民币汇率制度的改革和未来趋向寻找历史依据。

本章的第二部分从中国目前的现实出发，讨论决定汇率制度改革的基本原则。第三部分以1978年中国的改革开放和2005年中国开始实施有管理的浮动汇率制度这两个年份为界，分别探讨几个重要的历史时期人民币汇率制度改革的特殊政治经济背景，分析各个历史时期人民币汇率政策制定所考虑的因素与当今汇率制度改革的关系。第四部分围绕本世纪中国汇率制度与汇率政策的讨论解读人民币汇率改革的进程与近期的走向。第五部分为本章的结论。

3.2　中国改革人民币汇率制度的原则

中国政府汇率政策的制定体现了独立自主的特色。中国国务院总理温家宝于 2005 年 6 月 26 日在第六届欧亚财长会议上首次提出关于人民币汇率制度改革的三项原则,即主动性、可控性和渐进性[①]。强调中国将以负责任的态度和做法推进改革。

三项原则的基调在此前各种场合已有表露。2005 年 5 月 16 日,温家宝在北京会见美国商会代表团时曾经谈到,中国是负责任的国家,人民币汇率改革要考虑到对周边国家、地区以至世界经济金融的影响。人民币汇率改革是中国的主权,每个国家完全有权选择适合本国国情的汇率制度和合理的汇率水平。汇率政策的制定与改革将遵循市场经济规律,但不屈从外界的压力,任何压力和炒作,把经济问题政治化,都无助于问题的解决。只要条件具备,没有外界压力中国也会主动推进汇率改革;相反如果条件不具备,即使外界施加巨大压力,中国也不会贸然行事。

2005 年 7 月 26 日,中国人民银行对人民币汇率改革有关问题发表声明:第一,人民币汇率初始调整水平升值 2%,是指在人民币汇率形成机制改革的初始时刻就作一调整,调整水平为 2%。并不是指人民币汇率第一步调整 2%,事后还会有进一步的调整。第二,人民币汇率水平升值 2% 是根据汇率合理均衡水平测算出来的。这一调整幅度主要是从中国贸易顺差程度和结构调整的需要来确定的,同时也考虑了国内企业的承受能力和结构调整的适应能力。第三,渐进性是人民币汇率形成机制改革的一个重要原则。渐进性是指人民币汇率形成机制改革的渐进性,而不是指人民币汇率水平调整的渐进性。人民币汇率制度改革重在人民币汇率形成机制的改革,而非人民币汇率水平在数量上的增减。

对人民币汇率制度改革的三项原则,本章从历史角度给予如下的解释:

可控性体现了中国政府一贯坚持的独立自主的决策过程,即自主性。无论国内外政治与经济环境如何变化,无论面对什么样的压力,中国关于汇率制度的决策总是建立在可以掌控其变动方向和幅度并且可控制其风险的基础上。汇率制度的改革旨在维持一国宏观经济的内外平衡,如果附加政治因素、利益集团的压力等其他因素,汇率作为经济杠杆的结果就可能会被扭曲。

主动性体现了一种实用主义的政策模式,即灵活性。在每个时期,根据当时的经济政治条件和发展的需要,选择汇率制度和相应的汇率政策。尤其是在现阶段,更是要根据客观经济和内外部环境的变化而调整,既能推进改革,又能避免出现金融市场的动荡和贸易乃至整个经济的巨大波动。

例如,从双重汇率制度的选择和实施(1985~1993 年)这两个角度来观察,中国决策者是奉行实用主义理念的。在既定的条件下,可接受的理论必须是可

---

① 中国人民银行货币政策司(2005)。

行的。换言之，实践是检验真理的标准。这种实用主义的理念不仅体现在建立和维持人民币汇率制度及其改革过程中的独立性和可控性，还体现在认可中央银行在外汇市场中的重要角色，即为对外贸易企业营造一个宽松的环境和尽可能多的机会，以吸引外来直接投资，促进经济增长和进步。

渐进性是将当前的需要与长远的发展结合起来，有步骤地逼近预定的目标。在现阶段，就是要根据经济改革与发展的需要决定汇率改革方式、内容与实际，尤其要充分考虑汇率改革对经济增长、就业、宏观经济稳定以及外部经济平衡的影响。此外，汇率的改革还涉及其他层面的问题，如金融体系的状况和金融监管水平，企业承受能力和对外贸易、投资以及对世界经济金融的影响。

通过以下各部分深入观察和分析人民币汇率制度演变的历史，我们可以清晰地看到，这三项原则植根于这段历史，尽管在各个历史阶段有着不同的表现方式。

3.3 1949年以来人民币汇率制度的演变和汇率政策选择

对于中国自1949年至今50余年人民币汇率制度演进阶段的划分（见表3-1），是以不同阶段经济、政治、国内外环境急剧变化后所表现的不同特征为基础的。

表3-1　　　　人民币汇率制度演变史（1948~2010年）

时期	年份	汇率政策目标	对外贸易制度	人民币汇率制度的特征
经济体制改革前	1949~1952	奖出限入，考虑侨汇利益	以私人贸易公司为主	联系国内外物价制定汇率（物价对比法）；变动频繁
	1953~1972	长期稳定；外汇收入与支出平衡	国有专业进出口公司主导	钉住美元；非贸易汇率——与前苏联以及其他社会主义国家的协定汇率；1968年后采用人民币标价和结算
	1973~1978	保持人民币趋强，外汇收入与支出平衡	国有专业进出口公司主导	钉住货币篮子

续表

时期	年份	汇率政策目标	对外贸易制度	人民币汇率制度的特征
经济体制改革中第一阶段（1978～1994）	1979～1984	奖出限入	外贸公司专业承包合同制	钉住货币篮子；双重汇率制度（官方汇率与内部结算价格）
	1985～1993	奖出限入	鼓励外来直接投资，培育国内出口企业竞争环境	双重汇率制度（官方汇率与外汇调节价格）
经济体制改革中第二阶段（1995～2010）	1994～2004	保持汇率稳定；服务于经济增长	出口企业竞争	单一传统钉住汇率制度；汇率稳中有升
	2005～2008	以市场供求为基础改善汇率形成机制	出口企业竞争	有管理的浮动汇率制度；汇率逐步上调
	2008～2010	保持汇率稳定，抵御金融危机的影响	出口企业竞争	回归钉住美元
	2010	增强汇率体制的灵活性和货币政策的有效性	出口企业竞争	有管理的浮动汇率制度；更灵活的汇率制度

本章将中国 1949 年以来的汇率制度演变过程分为三个阶段。

第一阶段为新中国成立初期到 1978 年改革开放之前。这一时期中国所处的政治环境可用内忧外患来形容。中国与主要发达国家由于意识形态的分歧而处于敌对状态。在国内，由于政治运动频繁而经济不振，经济体制和贸易体制都沿用的是前苏联的体制——高度集中统一的计划经济。其主要贸易伙伴分布在前苏联和东欧以及周边的社会主义国家，并以和这些国家的贸易协定汇率为标准来进行贸易结算，汇率制定的基础是由中国和主要贸易货币国对特定产品的物价对比指数来确定的。

第二阶段以中国实施对内改革对外开放政策的 1978 年开始至 1994 年的汇率并轨。这一阶段的国内外政治环境都比较宽松。中国政府积极扩大对外经贸关系，引进外资，进行外汇管理体制和外贸经营体制的改革。为了解决外汇短缺的问题，中国政府实施了不同形式的双重汇率制度，在一定程度上达到了奖出限入的目的，也付出了管理双重甚至多重汇率制度的高额成本。

第三阶段为 1994 年并轨至今，中国经济持续多年增长，在世界经济中发挥着越来越重要的作用，在各大国际政治和经济组织中的话语权也逐渐提升。目前国内已经创造了对外贸易自由竞争的良好环境，然而期间不乏与世界主要贸易伙伴国尤其是发达国家之间的贸易和货币摩擦。总体而言，中国从传统地钉住汇率制度转向有管理的浮动汇率制度，经受了亚洲金融危机和美国次贷危机的考验，人民币汇率制度及其汇率形成机制的改革逐渐走向成熟，向着更灵活的汇率制度转变。

3.3.1 改革开放之前的人民币汇率制度（1949~1978年）

在1978年中国实施经济体制改革和对外开放政策之前，传统的计划经济体制占统治地位，人民币汇率由国家实行严格的管理和控制，在不同时期不同程度上受到国家宏观经济政策调控的影响。

在这一时期，根据不同阶段的经济发展需要和政治环境的变化，中国的汇率体制经历了新中国成立初期的单一浮动汇率制（1949~1952年）、单一固定汇率制（1953~1972年）和布雷顿森林体系后以"一篮子货币"计算的单一浮动汇率制（1973~1978年）[①]。

3.3.1.1 单一浮动汇率制（1949~1952年）

（1）政治背景

第二次世界大战后的国际货币体系——布雷顿森林货币体系在1944年以美英为首的主导下建立。几年后诞生的新中国却处于各种政治、经济利益冲突矛盾交错的时期，由于历史的原因暂没有参与国际货币基金组织（International Monetary Fund，IMF）。

当时，以美国为首的西方国家对新中国采取政治上的"孤立"与"遏制"，经济上"封锁"与"禁运"的政策。随后，中国又经历了东西方的"冷战"时期。

当时的中国政府强调政治和经济上的独立自主和自力更生，这和上述特定的国际压力有直接的关系。如果说最初是迫于外界压力而作出一些不得已的选择，那么，经过多年的积淀，自主性则演变为面对外界压力时一种根深蒂固的特征，而且积累了丰富的经验。

这段历史记载了西方国家所建立的巴黎统筹委员会在政治上和经济上对中国的封锁和限制。在1949年末至1953年初短短几年的时间里，美国政府所颁布的相关法令有9项之多，参与对中国禁运的国家达到45个[②]，破坏和中断了中国传统的对外贸易关系，当时的中国经济面临着极大的困难。

面对严重的战争创伤和恶性通货膨胀的局面，中国财政收支难以平衡，国

[①] 中国人民银行网站（2010）。
[②] 《中华人民共和国经济档案》（1949~1952）。

内物价波动,百废待兴,建立统一的人民币市场就是其中之一。

(2) 中国人民银行的成立与人民币的发行

根据曾参与中国人民银行筹备工作的石雷回忆,成立中国人民银行和发行人民币,是中共中央于1947年根据当时经济发展的需要提出来的,并经过了一年多的筹备而实现①。

抗日战争和解放战争结束后,在中国境内尚未形成统一的银行体系和统一的货币。根据中共中央华北财政办事处的设想,计划分三个步骤实现统一的银行体系和货币的目标。

第一步,各地区以不同的货币按固定比价混合流通;第二步,在此基础上,于1948年12月1日成立中国人民银行,开始发行人民币,逐步以人民币收回其他货币。第三步,人民币以国家法定货币的资格逐步在全国发行,实现货币统一。

(3) 关于人民币定值的争议

1948年,中国人民银行发行人民币时宣布人民币与黄金脱离关系。由于中国尚未恢复在国际货币基金组织的合法地位,不受其条款的约束。人民币价值的决定和国际货币基金组织后来倡导的黄金非货币化取向并无直接关联,却是一个偶然的巧合,原因也许是相似的:黄金储备不足。

在当时的理论界对人民币的价值基础存在争议,即黄金派和非黄金派②。黄金派认为货币实体就是特殊商品的黄金,人民币只有代表黄金才能行使货币职能;而非黄金派坚持人民币发行时脱离黄金的客观事实,人民币仅仅是一种纸币,直接代表黄金价值。这种争议对人民币价值的确定并不产生直接影响。

在1998年纪念中国人民银行和人民币发行50周年时,石雷(1998)撰书认为,从50年的实践及世界货币发展史来看,人民币不实行金本位是正确的。除了黄金储量不足,无法达到人民币发行准备金所需要的标准以外,还有三条理由支持人民币的非金本位制。第一,在人民币非金本位制度下,人民币价值的稳定仅仅取决于商品价格,可免除黄金价格波动的困扰。第二,无须多虑金银供应是否充分,有无黄金做发行准备,人民币币值仍然可以保持稳定。第三,人民币与黄金脱钩符合货币发展规律。不足值金币的流通发展到出现了有含金量可兑换的纸币,再到取消纸币所代表的含金量,发行不兑换的信用货币,含金量说明纸币本身没有内在价值,在流通中也是一种信用纸币。这一过程也是从金本位制到金汇兑本位制再到信用货币的发展历程,而布雷顿森林货币体系

---

① 石雷(1998)。
② 吴念鲁,陈全庚(2002)。

的解体,也说明世界各国货币都变为实实在在的信用货币了①。

(4) 最初的人民币汇率特征

中国政府颁布了一系列外汇管理条令,指定中国银行(the Bank of China)为唯一办理外汇业务的专业银行,成功地建立了人民币统一市场。

这一时期的人民币汇率特征是:波动频繁,外汇牌价不统一。

实际上,此时的人民币汇率在全国各地区存在着差异,外汇牌价并不统一,最初与美元的汇率是根据"购买力平价"方式确定。初期,恶性通货膨胀的蔓延造成外币对人民币汇率不断上升,从1949年1月18日1美元兑换80元人民币(旧币)②,调低至1950年3月13日的1美元兑换42000元人民币(旧币)。

从1950年3月至1952年底,随着国内物价由上涨转变为下降以及朝鲜战争引起美国及其盟国接连宣布一系列对中国的"封锁禁运"的措施,中国为推动本国进口亟须的物资,逐步调高人民币汇价,到1952年12月份,人民币汇价已经调高至1美元=26170元人民币(旧币)。

(5) 人民币汇率制度及确定人民币汇率的参考依据

中国此时的人民币汇率制度是单一浮动汇率制,但它和理论上的纯粹浮动汇率制不能同义而语。此时中国的浮动汇率制的真正含义是:人民币汇率制定的依据是物价水平及其变动,看似是 种比较市场化的汇率安排,但这个市场仅仅是国内市场,与国际市场隔绝,交易范围有限。其间人民币汇率变动频繁,一年中多达52次,而且波幅很大。比如,人民币汇率从1949年的1美元兑换80元人民币旧币跌至1950年3月的42000元人民币旧币,跌幅达524%。后升至1952年底的26170元人民币旧币,升幅达60.5%③。

由于人民币没有规定含金量,对西方国家的汇率也不是按布雷顿森林货币体系要求的两国货币的黄金平价来确定,而是以"物价对比法"为基础计算。外汇牌价依据人民币对内外购买力情况,参照进出口商品理论比价和国内外生活物价指数,即天津、山东、上海和福建四大口岸定期计算的进出口商品理论比价及福建、广东计算的华侨购买力比价作为确定汇率的重要参考依据④。

$$出口商品理论比价 e_x r = \sum_{i=1}^{n} \left[\frac{TCX_i}{P_{FOB}} \times \frac{W_{it}}{\sum W_{it}} \right]$$

---

① 石雷(1998)。
② 1955年3月1日,中国人民银行发行了第二套人民币,新人民币按照折合比率1:10000兑换旧人民币。
③ 李平,杨清仿(1999)。
④ 吴念鲁,陈全庚(2002)。

其中，e_xr 表示出口商品的理论比价；TCX_i 表示出口商品 i 的国内总成本。P_{FOB} 是出口商品 i 的离岸价格；W_i 是指出口商品 i 在全部出口金额中所占的比重，$\sum W_i$ 是所选商品总的权重。

$$进口商品理论比价 e_mr = \sum_{i=1}^{n}\left[\frac{TCM_j - TF}{P_{CIF}} \times \frac{W_{jt}}{\sum W_{jt}}\right]$$

其中，e_mr 表示出口商品的理论比价；TCM_j 表示进口商品 j 的国内总成本，TF 是指国内各项费用；P_{CIF} 表示进口商品 j 的离岸价格；W_{jt} 是指进口商品 j 在全部进口金额中所占的比重，$\sum W_{jt}$ 是所选商品总的权重。

$$侨汇购买力比价\ ORPP = \frac{P_{de}}{P_{fe}} \times e_0$$

其中，$ORPP$ 表示侨汇购买力比价；P_{de} 是指国内侨眷生活费指数。P_{fe} 是同期国外侨眷生活费指数；e_0 是当时公布的外汇牌价。

在实际汇率决定过程中，上述三种比价分别占有一定权重，按综合加权平均计算出人民币的汇率。至于三种比价各自占有比重的大小与变化，要依据当时的经济形势和相应的政策确定。

(6) 对外贸易的统一经营体制

在统制对外贸易的原则下，经营对外贸易的主体是私营企业。为了恢复和发展国民经济，积累外汇资金，中国确定的人民币汇率政策导向是奖出限入（即鼓励出口，限制进口），照顾侨汇。基于当时的历史条件和具体国情看来，强调刺激出口的政策由于国际市场物价的上涨与国际政治环境对中国的制约而变得不现实，随后调整为进出口兼顾。

3.3.1.2 单一固定汇率制（1953～1972年）

(1) 政治环境的恶化对经济的影响

对中国而言，这一时期内忧外患不断。西方国家的禁运和封锁有增无减。再加上20世纪50年代后期中国内部的政治斗争和60年代中期的"文化大革命"，中国经济受到严重打击。几乎与此同时，中国与前苏联的关系发生了根本的变化，政治上的分歧导致两国经济关系的恶化。

1953年至1957年是中国第一个五年计划时期。中国借鉴苏联模式，实行高度集中的计划经济体制，人力、物力和财力由中央政府集中调配进行重点的大规模建设。对外贸易和物价则由国家统一控制，一般物价水平和进出口价格都表现出强烈的计划色彩。人民币汇率对商品进出口不起调节作用，而是用于对外贸易专业公司作为内部核算和编制计划及非贸易外汇兑换与结算。1953年至60年代初，中国与苏联的关系破裂之前，中国主要贸易伙伴为苏联和其他东欧国家①。

(2) 人民币汇率的变化

1955年3月1日,中国人民银行发行了第二套人民币,新人民币按照折合比率1:10000兑换旧人民币,人民币汇率也随着大幅调整至1美元兑换2.4618元新人民币左右,这一比价一直延续到1971年。

这一时期与国际货币体系中的布雷顿森林货币体系实施的阶段是重叠期,实施以美元为中心的固定汇率,恢复和发展国际货币基金组织各成员国的经济和贸易,是一个全球性的趋势。

在20世纪60年代和70年代,中国经济尽管曾出现过通货膨胀,但是人民币兑美元的汇率一直相对稳定,这主要是因为当时国内是高度计划的经济体制,几乎所有的物价都是受到严格计划控制的,人民币汇率也是如此。

此时,进出口由中国对外贸易部所属的外贸专业公司根据国家规定的计划统一经营,统负盈亏。从1964年开始还采取了对一部分进口商品加成的办法,即外贸部为使用外汇的部门的进口商品作价,按进口成本加价103%,以进口盈利弥补出口亏损,不再需要用外汇调节进出口贸易。另一方面,非贸易外汇兑换按国内外消费物价对比来结算,外汇价格适当照顾了侨汇和其他非贸易收入,也无须再做调整。

随着布雷顿森林货币体系的解体和美元的贬值,人民币汇率相应上调为1美元兑换2.2673元人民币。

(3) 人民币与苏联和东欧国家货币的比价

这一时期人民币汇率制度的特色是人民币对苏联卢布的汇率通过套算间接钉住美元并基本稳定,并一度产生贸易汇率和非贸易汇率的复汇率制度,以及人民币计价结算制度和人民币远期汇率。外汇管理的原则是"量入为出,略有节余"。

1958年前后,中国与苏联、越南、朝鲜以及东欧一些社会主义国家相继签订了双边的非贸易协定,确定了双方间的非贸易支付项目,并参照中苏之间选定的商品,加权对比计算这些商品的各国零售价,以此为基础确定人民币与这些国家的非贸易汇率(见表3-2),其中,有部分国家分别在三个不同的时期调整过汇率。在中国1978年实施改革开放政策之前,中国和这些主要贸易伙伴国的非贸易项目的支付一直沿用这些汇率。

---

① 孟宪章(1991)。

表 3-2 人民币对卢布和其他货币的比价

国家	每百元人民币兑换外币		每百元外币兑换人民币		实施期
	1958~1963	1964~1978	1958~1963	1964~1978	
阿尔巴尼亚	6000.00 雷克		1.67	15.40	1965年1月1日前
阿尔巴尼亚		6489.91		648.99	1965年1月1日后
保加利亚	53.40 列弗	60.47	18.73		1962年1月1日前
保加利亚	53.40 列弗		187.30	165.38	1962年1月1日后
越南	184.80 盾	148.84	54.11	67.19	
匈牙利	840.00 福林	1016.28	11.90	9.84	
东德	230.20 东德马克	248.06	43.44	40.31	
朝鲜	105.00 韩元	111.63	93.23	89.58	
蒙古	272.73 图格里克	324.03 Tugrik	36.67	30.86	
波兰	900.00 兹罗提	1186.05	11.11	8.43	
罗马尼亚	581.88 里欧	643.41	17.18	15.54	
捷克	695.89 克朗	746.06	14.37	13.37	
苏联	600.00 卢比		16.67		1961年1月1日前
苏联	60.00 卢比	77.52	166.67	129.00	1961年1月1日后

注:实施期一项中所表明的日期是在1958~1963年和1964~1978年这两个时间段中,部分国家对实施期的具体规定。苏联在第一阶段中的1961年另有一次变动,故单列。空格表示整个时期无变动。

资料来源:转引自吴念鲁、陈全庚,《人民币汇率研究》,182~183页,中国金融出版社,2002。

3.3.1.3 以一篮子货币计算的单一浮动汇率制(1973~1978年)

当布雷顿森林货币体系在20世纪70年代初被牙买加体系取而代之时,各国可自主选择汇率制度,从而开启了主要发达国家实施浮动汇率制的新时代。1971年10月26日,在美国总统国家安全事务助理基辛格博士秘密访华不久又再度访华的途中,联合国第二十六届大会通过表决,恢复中国在联合国的合法权利。中美联合公报打开了中国封闭的大门。同时,中国国内在经济贸易领域里,"文化大革命"痕迹犹在,教条主义盛行,对外贸易依然由国有企业垄断。

此时,正值能源危机发端的时期,石油价格猛涨,西方国家通货膨胀加剧,各国货币汇率随着市场供求关系涨落而变动频繁。

随着国际货币环境的变动,中国制定人民币汇率的依据和方法做了相应的改变,参照国货币市场的浮动汇率,选用一篮子货币加权平均的方法经常调整汇率,即选择中国对外贸易往来中,经常使用的若干种货币,按其重要程度和政策上的需要确定权重,根据这些货币在国际市场的升降幅度,加权计算出人民币汇率。其间，选用的货币篮子中的货币和权重变动过数次。

人民币汇率调整的原则是：（1）坚持人民币汇率水平稳定的方针；（2）在对外经济贸易往来平等互利的基础上使人民币汇率有利于中外双方的贸易和经济往来——互利互惠；（3）参照国际货币市场的行市及时调整人民币汇率。[①]

依据上述原则，针对美元危机不断发生且汇率持续下浮的状况，为降低中国出口收汇的损失，从1968年起，中国推行使用人民币计价结算，到70年代逐步扩大。人民币汇率水平的高低直接影响对外贸易。原则上，既要便利贸易，保障外汇收入，同时国外贸易商又可以接受。根据上述调整的原则，参照国际货币市场的行情，选择有代表性的、币值相对稳定的几种外币，按照它们的重要程度和政策的需要确定其在一篮子货币中的权重，加权计算其上升与下降的平均幅度，作为调整人民币汇率的参考。这一时期，人民币汇率变动较为频繁，并呈逐渐升值之势。从1972年的1美元兑换2.24元人民币升值为1973年的1美元兑换2.005元人民币，进而升至1977年的1美元兑换1.755元人民币。出于推行人民币计价结算的目的，即保值，因此，人民币定值偏高。

3.3.2 人民币汇率制度的改革——双重汇率制度的实施（1979~1993年）

3.3.2.1 中国改革开放的国内外政治环境

20世纪70年代上半期，布雷顿森林体系解体，发达国家普遍实行了浮动汇率制，而且按照国际货币基金组织1976年的修正条款，各国可以根据自己的经济需要，选择适合于本国的汇率制度。尽管中国当时尚未恢复国际货币基金组织成员国的地位，但整个世界发生的这种变化对人民币汇率的调整产生了影响。

这一时期，国内外的政治环境都相对变得宽松。东西方"冷战"的局面渐渐改变。中国国内政治稳定，1978年召开十一届三中全会，确定以经济建设为中心，开始提倡解放思想，进行管理体制、政府职能等多方面的改革，目的在于解放生产力。在这一过程中，内部改革最突出的表现是在农村经济体制和国有企业的改革上，鼓励创新，强调充分用国内国外两个市场和两种资源；对外开放最重要的表现是引进外资，开办经济特区，积极发展对外贸易，而后者和汇率体制的改革是分不开的。

3.3.2.2 人民币汇率制度的初步改革

前述人民币与苏联及其他国家的非贸易汇率于1978年基本废除，中国与这些国家以及其他国家的非贸易项目的交易改由自有外汇即美元、英镑等货币

---

① 吴念鲁，陈全庚（2002）。

结算。

与人民币汇率制度改革相关的一些措施主要体现在外汇管理方式的改变。1979年以后，伴随着改革开放政策的逐步实施，对外经济交易也逐步活跃起来。政府适时地恢复和调整外汇管理制度，外汇管理的方式也为了适应市场经济建设的需要，逐步由高度集中的计划管理转变为更多依靠间接市场调控的方式。1979年3月，经中国国务院批准设立了国家外汇管理总局，统一负责外汇管理。

1979年之前由中国银行垄断外汇经营业务的局面逐渐被打破。1979年10月成立的中国国际信托投资公司一开始就拥有经营外汇业务的权利。随后，中国陆续批准成立了有外汇业务经营权的信托投资公司、财务公司、租赁公司等。1985年，国务院在经济特区批准设立了一些经营外汇业务的外资银行和合资银行，同时开始允许各专业银行业务交叉，开办外汇业务。一些全国性和区域性的银行如深圳发展银行、中信实业银行、交通银行等也被允许开办外汇业务。

3.3.2.3 外汇短缺时期的外汇留成制度

改革开放之初，一切均在探索之中，经济转型能推进到何等程度有很大的不确定性。因此，改革派与保守派之争从未停息，而且关于改革的方法和速度也存有分歧。但是，考虑到中国当时外汇短缺的状况，又急需扩大出口，于是，出现了以增加出口为动因的经济特区，同时也出现了外商投资企业的产品在国内市场的竞争态势。

1981年3月，外汇管理总局颁布了《中华人民共和国外汇管理暂行条例》；随后，又公布了一系列外汇管理的实施细则及其他外汇管理办法，进一步健全和完善了外汇管理制度。1982年，国家外汇管理总局改称为国家外汇管理局，划归中国人民银行领导。为了强化对外汇收入和使用的管理，中国政府于1991年取消外贸补贴，把按地区、部门确定的留成比例改为按大类商品确定留成比例，外贸企业留成比例为40%。

改革开放的整体思路在人民币汇率制度包括外汇管理制度上也逐渐体现出来。1979年8月，国务院颁发了《关于大力发展对外贸易增加外汇收入若干问题的规定》，开始实施具有中国特色的外汇留成制度。

在外汇由国家集中管理、统一平衡、保证重点的同时，实行贸易和非贸易外汇留成，即区别不同行业和不同产品，创汇的国有企业和地方企业包括对外贸易企业和出口生产企业将收入的外汇卖给国家后，国家按一定的比例给这些企业一定比例的外汇留成（即允许创汇企业留下一个比例，比如全部创汇数额的20%，作为企业自用的外汇，按比例留下的外汇额即俗称的"额度"），以解决发展生产、扩大业务所需要的物资进口。外汇留成的对象和比例由国家规定。

留成外汇的用途须符合国家的要求。有留成外汇的单位如果本身不需用外汇，可以通过外汇调剂市场出售给需用外汇的国有企业或地方企业使用。此后的留成比例一般是以1978年外汇收购额（即国家对企业按出口计划的收汇）为基数，对中央部委管辖企业的外汇留成为20%，地方管辖企业的外汇留成为40%。

实际上，外汇留成是使用外汇的一种权利。企业留成的外汇额度可以到国家指定的银行按照国家公布的外汇牌价买到外汇。实施外汇留成制度对国家和企业的利益是多方面的。首先，按一定的比例留成，意味着创汇越多则留成越多，调动了外贸企业和出口生产企业创汇的积极性。其次，有外汇留成的企业可以自行支配和使用这部分额度，提供了用汇便利。

3.3.2.4 人民币双重汇率制度的雏形——官方牌价与内部结算价格（1981~1984年）

中国共产党十一届三中全会以后，中国进入了向社会主义市场经济过渡的改革开放新时期。为鼓励外贸企业出口的积极性，汇率体制从单一汇率制转为双重汇率制。经历了官方汇率与贸易外汇内部结算价并存（1981~1984年）和官方汇率与外汇调剂价格并存（1985~1993年）两个汇率双轨制时期。

由于1981年以前中国国内的物价一直由国家计划控制，存在严重的价格失调，形成了国内外市场价格相差悬殊，外贸企业亏损的局面，这就使人民币汇价不能同时照顾到贸易和非贸易两个方面。为了加强经济核算并适应外贸体制改革的需要，国务院决定从1981年起实行人民币两种汇价制度，即另外制定贸易外汇内部结算价，并继续保留官方牌价用作非贸易外汇结算价。这就是所谓的"双重汇率制"或"汇率双轨制"。

中国银行公布的外汇牌价为官方汇率，依然保持前述中的一篮子货币加权计算方式。另外，以出口商品换汇成本为基准评估对外贸易内部结算价，意在配合"奖出限入"的对外贸易政策并且具有贬值的取向。

确定内部结算价的基准是出口换汇成本。出口商品换汇成本是以某种商品的出口总成本与出口所得的外汇净收入之比得出换取一美元外汇所需的人民币，计算公式为

出口商品换汇成本 = 出口总成本（人民币）/出口销售外汇净收入（美元）

如果出口商品换汇成本高于中国银行的外汇牌价即官方汇率，出口即为亏损，反之为盈利。比如，1979年中国每出口1美元商品的全国平均换汇成本为2.40元人民币，而出口企业收入的外汇按官方牌价只能得到1.50元人民币，出口越多亏损越大，而经营进口反而盈利，这种不合理的现象对扩大出口极为不利。于是出现了贸易汇率和非贸易汇率的双轨制。

确定贸易汇率旨在鼓励出口和适当限制进口，加强经济核算和改善经营管

理，促进对外贸易的发展，防止国际市场价格波动冲击国内的生产和市场价格的稳定。在这些原则基础上按全国出口商品平均成本加适当的利润确定汇率水平，并在换汇成本上下波动幅度超过10%时作必要的调整[①]。

1981年，国家制定了一个贸易外汇内部结算价，按当时全国出口商品平均换汇成本加10%利润计算，定为1美元合2.8元人民币，适用于进出口贸易的结算。同时继续使用官方汇率，1美元合1.5元人民币，沿用原来的"一篮子货币"计算和调整，用于非贸易外汇的结算。两种汇率对鼓励出口和照顾非贸易利益起到了一定作用，但是，也给外汇核算和外汇管理带来不少复杂的问题。随着国际市场美元汇率的上升，中国逐步下调官方汇率，到1984年底，官方汇率已接近贸易外汇内部结算价。1985年1月1日取消内部结算价，重新实行单一汇率，汇率为1美元合2.8元人民币。

非贸易汇率是人民币牌价的延续，此间实施非贸易汇率的目的主要是为了增加外汇供给而不是限制外汇支出。非贸易汇率水平确定后，对非贸易项下的各种外汇收支项目的直接影响有所不同。

在贸易汇率与非贸易汇率并存的政策下，汇率对鼓励出口和照顾非贸易利益起到了一定作用，但在使用范围上出现了混乱，使得外汇核算和外汇管理变得更为复杂。

3.3.2.5 人民币双重汇率制度——官方汇率和市场调剂汇率并存（1985～1993年）

由于20世纪80年代中国国内物价水平波动较大，在1985～1990年间，人民币汇率依国内物价的变化多次做过大幅度调整，由1985年1月1日的1美元合2.8元人民币，逐步调整至1990年11月17日的1美元合5.22元人民币。

(1) 外汇调剂市场产生的背景

始于20世纪80年代初的外汇留成制度使企业之间产生了调剂外汇余缺的需要，为了满足这种需要，1980年国家外汇管理总局和人民银行颁布了《外汇调剂暂行办法》，开始办理外汇调剂业务。1981年和1986年又先后发布了《关于外汇额度调剂工作暂行办法》和《办理留成外汇的几项规定》，允许企业之间调剂外汇。外汇调剂实际上是指企业、事业单位之间外汇使用权的一种有偿转让。有外汇收入的单位可以把自己的留成外汇按外汇调剂价格卖给外汇调剂中心，用汇单位也可以向外汇调剂中心申请购买。外汇调剂中心在外汇在二者之间调剂外汇余缺，以使有限的外汇资金得到更充分的利用，由此产生了外汇调剂市场和外汇调剂市场汇率。

---

① 吴念鲁，陈全庚（2002）。

(2) 外汇调节中心的形成

为了适应外贸体制改革的需要,经国家批准,1988年3月起各地先后设立了外汇调剂中心,外汇调剂量逐步增加,形成了官方汇率和调剂市场汇率并存的汇率制度。从深圳开始,各地相继出现外汇调剂中心(无形市场)。交易中介为中国银行(1980~1985年,当时唯一合法经营外汇的银行,限于中资企业的外汇额度调剂)和国家外汇管理局(1986年以后,经济特区和沿海开放城市外资企业间的现汇调剂)。并行市场——额度与现汇。1988年,上海创设"外汇调剂公开市场"。1993年底,汇率双轨合并,将分布于各地、分散定价的外汇调剂中心整合成统一竞价的外汇市场,即中国外汇交易中心,也称全国银行间同业拆借中心,为中国人民银行直属事业单位。其主要功能是:提供银行间外汇交易、人民币同业拆借、债券交易系统并组织市场交易;办理外汇交易的资金结算与交割,提供人民币同业拆借及债券交易的清算提示服务;提供外汇市场、债券市场和货币市场的信息服务;开展经中国人民银行批准的其他业务[①]。

(3) 参与外汇调节的主体

调剂外汇的对象和范围在初期只限于国有企业和集体企业,以后扩大到外商投资企业,以及国外捐赠的外汇和国内居民的外汇。1986年,国家允许外资企业之间相互调剂外汇。到1993年底,全国已有80%的外汇资源由外汇市场配置(见表3-3),通过市场调剂的外汇额度总汇达241.51亿美元。

应当指出,1980~1985年,外汇调剂市场的参与者是中国国有公司和集体所有制企业。1986年以后,在全国各地尤其是沿海开放城市中,如雨后春笋般相继出现了大量的经济特区或高新技术产业开发区,外商投资企业云集在此,这些企业也被允许进入外汇调剂市场参与交易。

表3-3　　　　　1993年底外汇调剂市场与额度总汇　　　　单位:百万美元

调剂市场	调剂额度	调剂市场	调剂额度	调剂市场	调剂额度
北京	Na.	浙江	1939.38	汕头	679.91
天津	415.63	宁波	90.77	海南	Na.
河北	255.57	温州	103.55	成都	146.00
陕西	Na.	安徽	192.83	重庆	170.08
内蒙古	52.49	福建	416.32	贵州	41.25
辽宁	1233.49	山东	776.86	云南	270.86
大连	89.94	青岛	312.88	陕西	Na.

① 中国货币网站 (2010)。

续表

调剂市场	调剂额度	调剂市场	调剂额度	调剂市场	调剂额度
沈阳	98.86	河南	300.00	西安	Na.
吉林	124.71	湖北	680.81	甘肃	62.54
黑龙江	121.94	武汉	405.65	宁夏	61.47
哈尔滨	63.08	广东	8325.57	新疆	Na.
江苏	2576.56	广州	1068.22		Na.
南京	105.47	深圳	2568.82	总计	24151.50

资料来源：《中国金融年鉴》，1994。

由表3-3可见，在双重汇率并轨之前，几乎每个省会城市都设有外汇调节市场，各市场调剂额度大小反映了各省市经济规模和开放程度。

（4）外汇调剂市场的特征与调剂价格

初期外汇调剂业务的主要特征是：第一，外汇调剂业务由中国银行在北京、上海等12个大中城市办理。第二，运用行政手段限制外汇调剂价格。规定外汇调剂价格在贸易外汇内部结算价格1美元兑2.8元人民币加5%~10%的幅度内变动，即每美元现汇价格最高不得超过3.08元人民币。第三，只允许现汇交易，如果要卖出外汇额度，必须先把外汇额度换成现汇，后来也允许买卖外汇额度。

表3-4　　　　　　　　1988~1993年全国外汇市场调剂平均价

单位：元人民币/美元

月份	1988年	1989年	1990年	1991年	1992年	1993年
1	5.73	6.58	5.95	5.69	5.97	7.76
2	5.73	6.65	5.95	5.72	5.95	8.38
3	5.90	6.67	5.91	5.74	5.96	8.09
4	6.70	6.70	5.91	5.78	6.07	8.11
5	6.75	6.70	5.89	5.83	6.21	8.14
6	6.75	6.75	5.87	5.87	6.38	10.61
7	6.75	6.71	5.72	5.86	6.69	8.89
8	6.80	6.52	5.77	5.81	7.10	8.82
9	6.75	6.23	5.72	5.84	6.95	8.74
10	6.44	6.06	5.64	5.79	6.96	8.70
11	5.65	5.80	5.59	5.85	7.08	8.69
12	6.59	5.81	5.68	5.87	7.37	8.69
年平均	6.45	6.43	5.80	5.80	6.56	8.64

注：各地外汇市场调节价格的数据最集中反映在1988~1993年，故归纳于表3-4中。

资料来源：转引自刘光灿，孙鲁军，管涛．中国外汇体制与人民币自由兑换［M］．北京：中国财政经济出版社，1997。

第三章 人民币汇率制度的演进　　71

　　表 3-4 反映的是 1988 年至 1993 年中国外汇市场人民币对美元的调剂价格。第一列表示月份，对应的行表示的是当月汇率平均价，最下边一行是对应年份年度平均汇率水平。从数据中我们可以看出，自 1988 年 3 月取消对外汇调剂价格的限制，允许根据市场供求关系调节后，年度内汇率水平波动并不是很大。但是，如果同当年的官方汇率水平相比，差异还是很大的。1988~1993 年官方汇率水平分别为：1988 年 3.72，1989 年 3.77，1990 年 4.78，1991 年 5.32，1992 年 5.52，1993 年 5.76。分别与当年的年均调剂市场汇率相差 2.73，2.66，1.02，0.48，1.04，2.88。

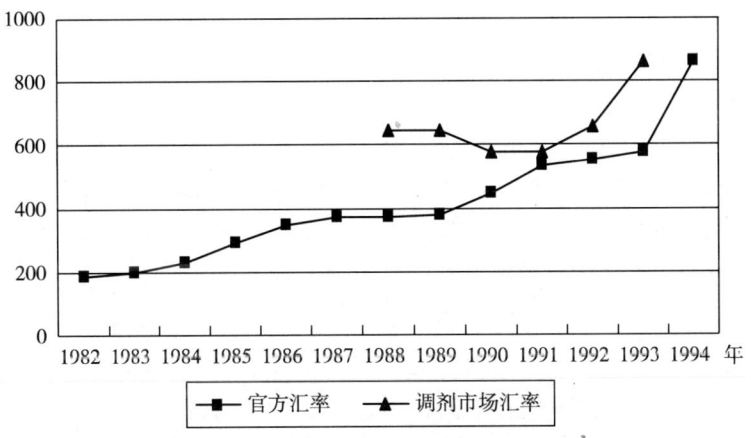

资料来源：根据《中国金融年鉴》1989~1995 年的数据描绘。

图 3-1　人民币双重汇率趋势图（1982~1994 年）

　　从图 3-1 可见，1988~1993 年官方汇率和外汇调剂市场汇率有一个差额。从 1991 年 4 月 9 日起，对官方汇率的调整由以前大幅度、一次性调整的方式转为逐步、缓慢调整的方式，即实行有管理的浮动。至 1993 年底官方汇率调至 1 美元合 5.72 元人民币，比 1990 年 11 月 17 日下调了 9%。同时，放开外汇调剂市场汇率，汇率水平由市场供求关系来决定。1 美元兑换人民币从 1985 年初的 2.80 元①逐步升至年底的 4.20 元，1988 年升至 5.70 元，1993 年已经升至 8.70 元。当官方汇率和外汇市场调剂汇率差距太大或汇率波动较大时，由中国人民银行入市干预。

---

① 根据中国人民银行的规定，1981 年调剂价格的上限为 1 美元兑换 2.80 元人民币，外加按内部结算汇率价格（2.08 元人民币）的 10%。

3.3.2.6 特定历史时期的产物——外汇兑换券

从中国改革开放初期直到1994年汇率并轨,在中国货币市场上出现了一种特殊货币,流通了长达15年之久,这就是外汇兑换券,简称外汇券,是一种含有外汇价值的人民币代用券。它只能在指定的范围内与人民币等值使用,但不是另一种货币。它可以单独使用,有购买能力,而且购买力与当时的人民币钞票不同。1980年4月1日起,中国银行发行外汇兑换券,外汇券以人民币为面额。外国人、华侨、港澳台同胞、外国使领馆、代表团人员可以用外汇按银行外汇牌价兑换成外汇券并须用外汇券在指定的商店、飞机场购买商品和支付劳务及服务费用。未用完的外汇券可以携带出境,也可以在不超过原兑换数额的50%以内兑回外汇。收取外汇券的单位须经国家外汇管理局批准,并须把收入的外汇券存入银行,按收支两条线进行管理。收券单位把外汇券兑换给银行的,可以按规定给予外汇留成。

据国家外汇管理局在解释这段历史时称"外汇兑换券的发行和管理是为了便利旅客,防止外币在国内流通和套汇、套购物资"。这反映了改革开放初期商品紧俏、外汇短缺的局面。为了满足境外人士在境内的商品需求,中国在涉外饭店和商场提供稀缺商品,外汇券的持有者可在这些特殊的场所购买一些用人民币买不到的商品。而且在当时的中国人以持有这种特殊的货币为荣,既满足了持有外汇券者的精神需求,又满足了用外汇券可获取稀缺商品的物质欲望,从而客观上抬高了这种特殊货币的价值,其实际价值远远超过原本等同于人民币的面值。由此产生了外汇券的黑市交易并日渐盛行。其结果是,在涉外饭店、商场、宾馆与免税店等场所出现了外汇券的和人民币的双重标价,同种商品尤其是紧俏商品的人民币标价远高于外汇券的标价,人民币相对贬值。可以想象,此时的人民币汇率在不同市场上的表现不仅仅是贸易汇率和非贸易汇率的双重汇率,或官方汇率和外汇调节市场的调剂汇率,而且黑市交易中形成了人民币与外汇交易、人民币与外汇券交易的不同汇率,更增加了管理的难度和成本。

1994年11月21日,中国人民银行正式发布《关于外汇兑换券停止流通和限期兑换的公告》。公告规定,从1995年1月1日起,外汇兑换券停止在市场上流通,境内机构、外商投资企业以及来华的外国人、华侨、港澳台同胞和境内居民均不得再用外汇兑换券标价、收付和结算,外汇兑换券持有者可以在指定的外汇券收兑期限内到中国银行兑换。兑换期后来延长到1996年6月30日方停止办理。至此,在中华人民共和国使用达15年之久的外汇兑换券全部退出流通,结束了其历史使命。而今外汇兑换券已成为备受收藏者青睐的收藏品。

正如Lin和Ronald(2003)所指出的,20世纪70年代末,中国国内决策者与经济学家对人民币汇率的适当水平有着激烈的争议,而双重汇率的选择在很大程度上是这些争议的一种折中。

从双重汇率制度的选择和实施来观察，中国决策者是奉行实用主义理念的。在既定的条件下，可接受的理论必须是可行的。换言之，实践是检验真理的标准。这种实用主义的理念不仅体现在建立和维持人民币汇率制度过程中的独立性和可控性，而且认可中央银行在外汇市场的重要角色，即为对外贸易企业营造一个宽松的氛围和尽可能多的机会，改善环境以吸引外来直接投资，促进经济增长和进步。

以外汇留成制为基础的外汇调剂市场的发展，对促进企业出口创汇、外商投资企业的外汇收支平衡和中央银行调节货币流通均起到了积极的作用。但随着改革开放的不断深入，官方汇率与外汇调剂价格并存的人民币双轨制的弊端逐渐显现出来。一方面多种汇率的并存，造成了外汇市场秩序混乱，助长了投机；另一方面，长期外汇黑市的存在不利于人民币汇率的稳定和人民币的信誉[1]。而且使得外汇业务的核算与管理越来愈复杂化。不同汇率在应用的范围上造成了许多混淆。这一切突出了人民币汇率制度和外汇管理体制改革的迫切性，汇率并轨势在必行。

双重汇率制度终结于1993年底。中国国家外汇管理局宣布取消外汇留成制度，不再实施外汇收入和支出的强制计划，但要求国内企业将所有的外汇收入到指定的经营外汇业务的银行结算。同时，禁止在中国境内采用外汇标价、结算和流通，在上海外汇交易中心建立了银行间外汇市场以取代外汇调剂市场。

3.3.3 双重汇率并轨后的人民币汇率制度（1994~2005年）

3.3.3.1 汇率并轨的背景分析

如前所述，汇率并轨主要是中国国内经济发展和外汇管理制度改革的需要。就国际环境而言，中国恢复在关贸总协定（GATT）地位的谈判并不顺利。自1986年7月中国正式提出恢复在关贸总协定缔约国地位的申请后，本预计于1989年底结束。1989年春夏之交中国发生的政治风波成为主要发达国家对中国实行经济制裁的口实，阻止中国恢复在关贸总协定中的合法地位作为经济制裁的主要内容。直至1992年初，中国当时的领导人邓小平发表南方谈话，同年11月，中共十四大召开，推动了新一轮的改革开放。国际国内形势的发展都需放松外汇管制，进行市场化改革，采取弹性的汇率制度。

1994年，人民币汇率并轨形成单一汇率，符合国际货币基金组织的要求。同年实现了经常项目的人民币有条件可兑换，1996年12月，中国接受《国际货

---

[1] 中国人民银行网站（2010）。

币基金协定》第八条款，实现经常项目下人民币可自由兑换。

1994年人民币汇率并轨之前，实际上至少存在着三种汇率价格，即官方汇价，调剂价格和黑市价格。外汇调剂市场是官方管制较少的市场，更多地是由市场的供需关系决定，近似于市场汇率。官方牌价与调剂价格并存，二者之间的差额是外汇额度的价格。

外汇额度是外汇使用权，经过行政审批，进出口公司可用外汇额度加人民币在国家指定的银行按官方牌价购买外汇。当时各省主要城市都有规模不一的外汇调剂市场，即国内企业、外资企业和金融机构之间的"场外"交易，当时电子网络尚未建立，各个外汇调剂市场的价格在时间和空间上都存在差异。这种差异加上由于国家外汇管理局管制条件下的外汇调剂汇率与市场汇率的差异，形成了外汇黑市和黑市汇率。

此外，外汇调剂市场价格远远高于官方汇率且差距越来越大，其结果是官方外汇市场萎缩。

因此，并轨的经济原因是为了增加官方外汇储备，缩小外汇调剂市场与官方汇价的差距。"改革外汇管理体制，建立以市场为基础的、有管理的浮动汇率和统一规范的外汇市场，逐步使人民币成为可兑换货币"。[①]

3.3.3.2 并轨过程

中国人民银行于1993年12月28日公布了《进一步改革外汇管理体制的公告》，其中对汇率制度改革规定：人民币官方汇率由1993年12月31日的5.72元人民币兑1美元下浮至1994年1月日的8.70元人民币兑1美元，人民币对美元贬值33.33%。汇率的形成以市场供求状况为基础，改变了以行政命令决定或调节汇率的方式，发挥了市场机制对汇率的调节作用。

在人民币汇率并轨的同时，取消外汇收支的指令性计划，禁止外币在境内计价、结算和流通，建立银行间外汇交易市场，改革汇率形成机制。这次汇率并轨后，中国建立的是以市场供求为基础的、单一的、有管理的浮动汇率制度。

银行结售汇制度是1994年外汇管理体制改革的重要内容。自1994年1月1日起，国家取消各类外汇留成、上缴和额度管理制度，对境内机构经常项目下的外汇收支实行银行结汇和售汇制度。银行结售汇制度规定境内所有企事业单位的外汇收入（外商投资企业于1996年被纳入该规定），均须按银行挂牌汇率全部结售给外汇指定银行。结汇是指外汇收入所有者将外汇卖给外汇指定银行，外汇指定银行根据交易行为发生之日的人民币汇率支付等值人民币的行为；售

---

① 《中国金融年鉴》（1994）。

汇是指外汇指定银行将外汇卖给外汇使用者,并根据交易行为发生之日的人民币汇率收取等值人民币的行为[①]。

中国人民银行运用经济手段在外汇市场调节外汇供求,稳定汇率,允许汇率水平在人民银行公布的基准汇率的一定范围内浮动,即外汇指定银行之间的外汇买卖可以在公布的基准汇率 $\pm 0.3\%$ 的幅度内浮动[②]。

通常,中国人民银行根据前一营业日银行间外汇市场上形成的加权平均价,公布当日人民币对美元、日元和港元的基准汇率。所有贸易、非贸易以及资本项目的对外支付和结算都以基准汇率为标准。为了维持外汇市场汇率的稳定性和流动性,中国人民银行对外汇指定银行实行结售汇周转头寸外汇限额管理,银行用于结售汇业务周转的外汇资金不得超过核定的区间,否则须进入银行间外汇市场进行平补,即外汇指定银行在办理结售汇过程中出现的超买或超卖的外汇,必须在外汇市场上套补。中国人民银行根据货币政策目标,在外汇市场上买卖外汇,调节供求,维持汇率稳定。

1996年,中国人民银行宣布中国接受《国际货币基金协定》第八条款的义务,即国际收支平衡表经常账目项下的外汇收支实施自由兑换[③]。

1997年亚洲金融危机对中国经济同样造成了很大的冲击,但中国人民银行履行保持人民币汇率基本稳定的承诺,主动缩小人民币波动区间,并将人民币汇率由1997年8月的每美元兑8.28元人民币调至年底的8.27元人民币,尽管在危机中周边国家的货币大幅度贬值,中国依然坚持人民币汇率的稳定,这一汇价一直维持到2005年7月21日人民币再度升值时。

3.3.3.3 单一汇率制的实际运行效果

汇率并轨之后,所有的贸易、非贸易项目以及资本项目的对外支付与结算均使用统一汇率。

单一汇率制度的运行基本达到了以下既定目标:

首先,改变了汇率形成机制,增加了汇率政策的透明度,既可消除国际社会的非议,又符合中国从计划经济过渡到社会主义市场经济的总体目标。

其次,对外贸易由逆差转为顺差,外资不断流入,外汇储备有大幅度增加(见图3-2),增强了中国人民银行利用汇率政策作为货币政策的一部分进行宏观调控的能力。

[①] 见中国国家外汇管理局《知识书刊》"名词解释"。

[②] 自1996年7月1日起,扩大了人民币兑日元、港元交易价格的浮动幅度,即由原先在中国人民银行公布的基准汇率 $\pm 0.3\%$ 的幅度内浮动,扩大为 $\pm 1\%$ 以内。

[③] 中国人民银行网站,《中国金融年鉴》(1995)。

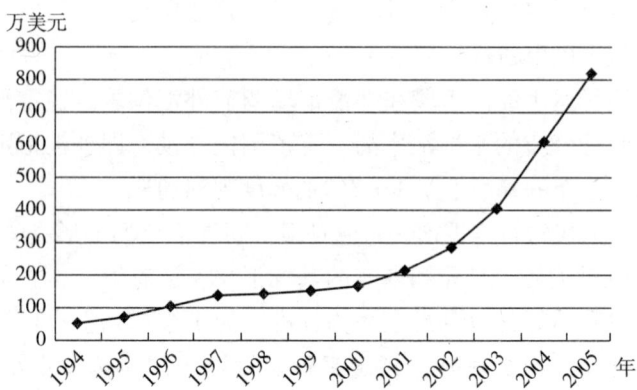

资料来源：国家外汇管理局统计数据。

图3-2 汇率并轨后中国外汇储备的变化

最后，创造了公平竞争的环境。在汇率并轨之前的外汇留成制度中，出口企业承担创汇的指令性计划指标，并为此不计成本，急功近利，采取竞相压价、亏损出口的方式完成创汇指标获取留成额度，其结果产生了负效应：出口越多，企业亏损越大。并轨后取消留成制度和对企业出口的其他许多优惠措施，既减轻了企业指令性计划的负担，也创造了公平竞争的环境。包括国有企业和外商投资企业在内的创汇企业，作为市场的主体，以价格为信号，按统一的市场汇率购买或出售外汇，即结售汇制，扩大了用汇企业的自主权，提高了企业经营观念和责任感。而且手续的简化加快了资金运转，有利于外贸企业准确核算成本。同时，汇率并轨后，外贸企业面临的汇率风险增加。

多元汇率的并轨同时包含了汇率水平的重估。并轨后统一汇率由当时的官方汇率从1美元兑换5.72元人民币向外汇调剂市场的平均汇率水平靠拢，即1美元兑换8.70元人民币，这种调整意味着人民币汇率大幅度贬值，为此后中国对外贸易的稳定增长奠定了良好的基础。既然外汇调剂市场汇率更能反映外汇市场的供求关系，按外汇调剂市场的汇率重估人民币汇率水平就顺理成章了。

3.3.3.4 并轨后的人民币汇率制度特征分析

1994年汇率并轨后，官方对外公布实施盯住一篮子货币的有管理的浮动汇率制度。人民币汇率走势呈现缓慢升值和明显波动的特征，从并轨后最初的1美元兑8.70元人民币升值为1美元兑8.28元人民币。1997年以前，人民币汇率稳中有升，国际社会对人民币的信心不断增强。

1997年亚洲金融危机的爆发，亚洲诸多国家货币贬值，很快扩展并波及其他国家。尽管人民币也面临着贬值的压力，处于对稳定亚洲地区形势防止地区

第三章 人民币汇率制度的演进

内竞相贬值的局面,中国政府作出承诺,宣布人民币不贬值,保持人民币汇率的稳定,主动缩小人民币汇率浮动区间,转变为实际上的钉住美元。

中国在此次亚洲金融危机中的表现,在很大程度上体现了中国在人民币汇率政策问题上的主动性和可控性。

中国的汇率并轨呈现了几方面的特征:

(1) 以工资成本较低的优势为汇率并轨创造条件。

从当时的国内外宏观经济条件来分析,中国周边的亚洲国家货币贬值之后,理论上说应该有利于这些国家的出口。但是,由于遭受危机的亚洲国家被迫紧缩货币政策与财政政策,进行经济结构的调整。而利率水平的提高增加了企业生产成本,从而恶化了企业经营环境,在一定程度上抵消了汇率贬值所带来出口激励。

中国工资成本较低,仍具有比较优势,出口能力并未受到太大影响。随着金融危机的影响逐渐减弱,中国经济保持持续稳定的发展(见图3-3),经济体制改革不断深化,金融领域改革取得了新的进展,外汇管制放宽,外汇市场不断完善,为进一步改革人民币汇率形成机制创造了条件。

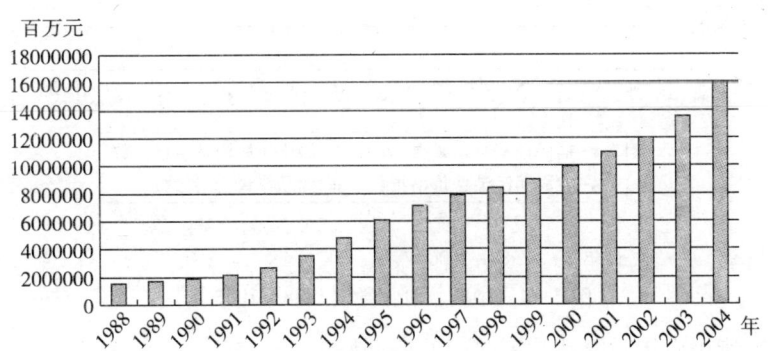

资料来源:《中国统计年鉴》,1988~2005年。

图3-3 国民生产总值(1988~2004年)

(2) 统一调剂市场发挥了良好作用。

Huang 和 Wong(1996)认为,中国1994年的汇率并轨与其他发展中国家相比较表现了其独特性。在有些非洲国家,并轨引致预算赤字的大量增加,国内货币供应增加,最终引发通货膨胀。在这些国家,广义货币与价格水平增长率在并轨后第一年就达到40%~60%,而中国此间广义货币M_2和通货膨胀率只分别增长了33%和22%,且在并轨后保持稳定的水平(见图3-4)。因为统一调剂市场(银行间市场)自始至终都在有效地运行,保证了中国没有出现其他并轨国家常见的大幅度赤字和恶性通货膨胀现象。

黄陈和张敬国（1995）在解释这一时期的通货膨胀状况及其治理方法时提到，1994年是中国物价调整（主要是放开价格）幅度较大的时期，物价水平明显上升，工资上调拉动了物价水平，税制的改革增加了企业的税收负担，并通过提高价格来转嫁税负，再加上固定资产投资的膨胀和对通货膨胀的预期，整体的物价水平在提高。汇率并轨使人民币汇率贬值，无疑使中国经济面临更大的通货膨胀压力。这在一国经济转轨过程中难以避免。货币当局选择了软着陆的方式治理通货膨胀，实施一定程度上的紧缩财政政策与货币政策，同时确保国家重点工程项目和农业收购所需要的资金，从而有效地防止了恶性通货膨胀的发生和经济滑坡。

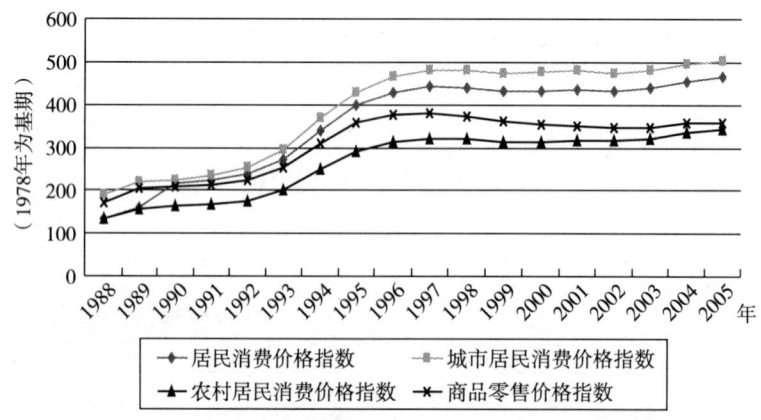

资料来源：《中国统计年鉴》，1988~2006年。

图3-4　中国物价指数（1988~2005年）

（3）货币政策与财政政策之间的协调

尽管以银行为主体的金融结构建立起来，但还不确定是否并轨真正成功。如果中央银行通过管理工具严格管理市场汇率，那么完全可兑换会产生比调剂市场时更严重的问题，假如没有调剂市场来调节过度的外汇需求，黑市就会再度出现，改革的可信度就会受损，引致资本外逃的风险。

最终，并轨是否成功取决于在政府取消市场进入的限制以及在走向更大程度可兑换性的过程中决策者在协调货币政策或财政政策方面是否有所作为。

3.3.4　人民币汇率制度的灵活性与市场化（2005年至今）

2001年底，中国加入世界贸易组织（WTO），来自国外的压力逐渐增大。Benassy – Quere和Lahreche – Revil（2003）认为，中国资本市场管制是长期实施钉住美元的很重要的决定因素。然而，加入世界贸易组织之后，将加速并在一定时期实现资本流动自由化，而外汇储备的累积会触发金融摩擦，中国官方重估人民币价值的政治压力增强，因此，最终将增加汇率政策的灵活性并由市场来决定人民币汇率。改革建议很多，其范围从引进汇率的灵活性向不同的钉住汇率转变，比如货币篮子。

无论做何种选择，潜在的汇率变化都将影响到亚洲其他国家汇率的变化，这是由于中国和亚洲国家之间对经合组织（OECD）国家的出口存在着竞争关系。同时，亚洲国家通过对第三方市场的竞争和相关的地区劳动力互补性而相互依赖。比如，Benassy – Quere 和 Lahreche – Revil（2003）从多边贸易的角度来观察亚洲国家的出口规模和地理分布的影响因素，结果发现，汇率制度是决定亚洲出口的显著因素，而亚洲国家对 OECD 国家的贸易比亚洲内部贸易更重要。

因此，如果人民币贬值，亚洲国家就有追随中国货币贬值的动机，相反，如果人民币升值，则其他国家按兵不动。中国实施固定汇率的动机胜于实行浮动汇率。

从1994年中国的双重汇率并轨后的大约十年时间里，中国一直保持国际收支经常项目和资本项目的双顺差，2005年的官方储备累积到7110亿美元，由此加深了中国同主要贸易伙伴国尤其是美国之间的贸易摩擦。

经常项目和资本项目双顺差的持续扩大，外汇储备快速积累，加剧了国际收支的失衡和贸易摩擦。从中国经济发展的需要和自身利益考虑，进一步改革人民币汇率形成机制，调整人民币汇率水平，有利于推行扩大内需为主的可持续经济发展战略，优化资源配置，增强货币政策的独立性，提高金融调控的主动性和有效性。从国际经济关系考虑，调整人民币汇率水平有利于保持国际收支的适度平衡，减少贸易摩擦。通过改善贸易条件，改变经济增长过分依赖出口的增长模式，提高国际竞争力和抗风险能力。

3.3.4.1 新一轮汇率制度改革的内容

2005年7月21日，中国启动了新一轮汇率制度改革，实行以市场供求为基础、参考一篮子货币进行调节、有管理的浮动汇率制度。人民币汇率不再钉住单一美元，而是按照中国对外经济发展的实际情况，选择若干种主要货币，赋予相应的权重，组成一个货币篮子。

同时，根据国内外经济金融形势，以市场供求为基础，参考一篮子货币计算人民币多边汇率指数的变化，对人民币汇率进行管理和调节，维护人民币汇率在合理均衡水平上的基本稳定。

参考一篮子货币表明外币之间的汇率变化会影响人民币汇率，但参考一篮子货币不等于钉住一篮子货币，它还需要将市场供求关系作为另一重要依据，据此形成有管理的浮动汇率。

中国人民银行于每个工作日闭市后公布当日银行间外汇市场美元等交易货币对人民币汇率的收盘价，作为下一个工作日该货币对人民币交易的中间价格。银行间外汇市场人民币对美元买卖价在中国人民银行公布的市场交易中间价上下0.3%的幅度内浮动，欧元、日元、港元等非美元货币对人民币交易价浮动幅度为上下3%。

外汇指定银行在规定的浮动范围内确定挂牌汇率，对客户买卖外汇。银行对客户美元挂牌汇价实行价差幅度管理，美元现汇卖出价与买入价之差不得超过交易中间价的1%，现钞卖出价与买入价之差不得超过交易中间价的4%。银行可在规定价差幅度内自行调整当日美元挂牌价格。银行可自行制定非美元对人民币价格。银行可与客户议定所有挂牌货币的现汇和现钞买卖价格。

3.3.4.2 2005年中期以来的人民币汇率制度特征

由于1997年亚洲金融危机的爆发，中国政府出于负责任的大国的考虑，承诺人民币保持稳定。因此，在实际执行过程中演变为事实上的钉住美元。但货币当局从未承诺实行固定汇率制度。

2005年的又一次汇率制度改革是对1994年改革初衷的一个回归。

关于一篮子货币中货币的币种及比重的确定，中国人民银行货币政策司做了说明[①]。人民币汇率不再盯住单一美元，按照中国对外经济发展的实际情况，选择若干种主要货币，赋予相应的权重，组成一个货币篮子，在此基础上测算人民币多边汇率水平的变化。根据国内外经济金融形势，以市场供求为基础，参考一篮子货币计算人民币多边汇率指数的变化，对人民币汇率进行管理和调节，维护人民币汇率的正常浮动和在合理均衡水平上的基本稳定。

作为人民币汇率调节的一个参考，在篮子货币的选取以及权重的确定时主要遵循的基本原则是：综合考虑在对外贸易、外债（付息）、外商直接投资（分红）等外经贸活动中占较大比重的主要国家、地区的货币，组成一个货币篮子，并分别赋予其在篮子中相应的权重。

（1）根据中国国情，商品和服务贸易是经常项目的主体，因此以对外贸易权重为主。将主要贸易伙伴美国、欧元区、日本、韩国等国的货币即美元、欧元、日元、韩元等作为主要的篮子货币。此外，新加坡、英国、马来西亚、俄罗斯、澳大利亚、泰国、加拿大等国家的货币也占有一定的比重。如果双边贸易额超过100亿美元，在考虑权重时是不能忽略的。

（2）适当考虑外债来源的币种结构。中国对外开放程度的不断提高，外债金额越来越大，外债来源呈现多样化。多数情况下，外债需用人民币兑换为具

---

① 中国人民银行网站（2011）。

体的计价货币进行还本付息,从而在外汇市场上对计价货币会产生明显的需求,成为确定篮子货币权重的一个重要因素。

(3) 适当考虑外商直接投资的因素。外商直接投资及其扩大是中国 GDP 增长的重要因素之一,这些投资中有很多是采用投资来源国自身的货币,而且将来通过分红取得投资收益时也要兑换为相应的外币汇出。因此,在篮子货币中需要考虑外商直接投资的影响。

(4) 适当考虑经常项目中一些无偿转移类项目的收支。虽然这类项目收支所占比重相对小一些,但其币种构成也会对各篮子货币的权重产生一定影响。

3.3.5 2005 年中国汇率制度改革的争议

中国 2005 年汇率制度的进一步改革被美国一些经济学家称为"分期付款"(Down Payment),而不是美国华盛顿国际经济研究所(IIE)等人所主张的一步到位(One Shot)。中国加入了 WTO 后,国际社会谈论人民币汇率问题以是否触犯 WTO 规则为标准来判断,有些经济学家视中国汇率政策等同于贸易保护主义。其他相关的争议主要在于中国贸易伙伴国能否提供明确的证据指责中国违反对 WTO 的承诺。

Cheung,Ma 和 McCauley(2010)在评估 2005 年后中国的汇率制度时提出独特的观点,2006 年至 2008 年间,人民币汇率制度不仅仅是爬行钉住,而是实施了新加坡元汇率制度管理相类似的做法,按贸易权重设定货币篮子的基础上有管理的浮动汇率制度。中国人民银行引用国际清算银行(BIS)实际有效汇率作为人民币变动的依据,说明中国人民银行对在人民币管理中更加重视人民币实际有效汇率。在同一时间段,实际上美元的实际有效汇率与人民币的实际有效汇率大部分时间里是向着相反的方向变动,说明人民币有效汇率在这一时期摆脱了美元的影响。

Ma 和 McCauley(2010)采用计量经济模型得出的实证结果表明,在这两年的时间里,人民币有效汇率呈现出回归爬行到钉住贸易加权货币篮子币值的平均数。更确切地说,人民币有效汇率看起来是在上下 2% 的幅度内波动,而每年爬行幅度为升值 2%。

由于美国次贷危机的爆发,人民币于 2008 年 7 月转向紧钉美元,其结果是有效汇率随美元的坚挺而大幅度升值。Ma 和 McCauley(2010)[1] 提出了强有力的证据说明人民币的汇率管理政策在 2008 年夏季发生变化。表面看起来,全球金融危机深化所带来的经济难题打断了按货币篮子模式管理人民币汇率的两年

---

[1] Ma 和 McCauley(2010)。

实验，美元的逆转至稳定状态意味着人民币有效汇率突破了预估幅度的上限而急剧升值。2008年后半期美元显著走强，假如当时中国当局为保持人民币有效汇率的稳定，就可能不得不允许人民币兑美元有相当大幅度的贬值。

实际上，自2005年7月21日，人民币对美元升值2.1个百分点，达到1美元兑换8.11元人民币。官方宣布实施新的"管理浮动汇率制度"，包括参照一篮子货币确定汇率。这种类似于钉住美元向上爬行的汇率政策于2008~2009年全球金融危机的中期即2008年7月终止，人民币汇率再次回到钉住美元的轨道。这次反复被认为是中国货币当局操纵汇率，甚至被指责为引起中美乃至世界贸易失衡的原因。

面对国际保护主义情绪和来自其他政府的压力，中国人民银行于2010年6月19日发表声明，进一步改革人民币汇率制度并提高人民币汇率弹性，标志着中国回归到2005年所采用的"管理浮动汇率制度"。人民币汇率渐进的有秩序升值的政策改变尽管受到赞许，但依旧被认为这种政策改变太小、太慢。问题的症结在于，人们对人民币公允价值的争议还没有一个非常确定的标准，关于这一问题的论证详见本书的第五章。

在经过一段相对平稳的时期后，2005年中国人民银行再次调整人民币汇率，这一次是相反的方向，即人民币汇率对美元上浮，与此同时，在美元贬值的情况下，其他主要货币在升值，人民币汇率所依据的货币篮子中美元的权重下降，人民币与其他主要贸易伙伴的货币汇率反而呈下浮的态势，这也是为什么人民币对美元汇率贬值却没能改善中美贸易不平衡状况的原因之一。

在2009年的国际货币基金组织的汇率安排报告中将中国此间实施的汇率制度划归为爬行钉住制度。这与中国人民银行所宣布的管理浮动汇率制度是有差距的，也可以理解为是货币当局宣布的汇率制度与实际实施汇率的差别。

我们可以从这些观点的讨论中推断：中国是在试探性地走向更加灵活和富有竞争力的浮动汇率制度。所以重要的不是目前的汇率水平，而是汇率制度调整的方向。这是一个渐进过程，"休克疗法"是不可取的。

如果我们将一些我们本章所关注的变量放在图3-5中，我们可以观察到人民币汇率改革相关的一些变量之间的关系。官方储备经历了从最初的短缺到21世纪初十年间大量累积。一个重要的现象是，尽管从2005年以来人民币汇率在持续升值，并未出现人民币预期的官方储备和贸易的逆转。图中显示，进出口贸易总额、外国直接投资和外汇储备一直在持续增长。进出口贸易额和外国直接投资在2007年全球金融危机蔓延后受到一定的负面影响，均出现了下滑，但很快回升并继续累积。

这说明，一方面汇率的变动即人民币的升值并不是调整贸易平衡唯一的因素;另一方面,汇率变动之后,有一个时滞,调整生产和贸易结构需要时间,这并非人民币汇率目前需要持续上浮的一个理由或证据。

显然,解决全球经济贸易不平衡的问题需要另寻途径,关键在于储蓄和投资结构的调整,中国正处在努力调整的过程中。

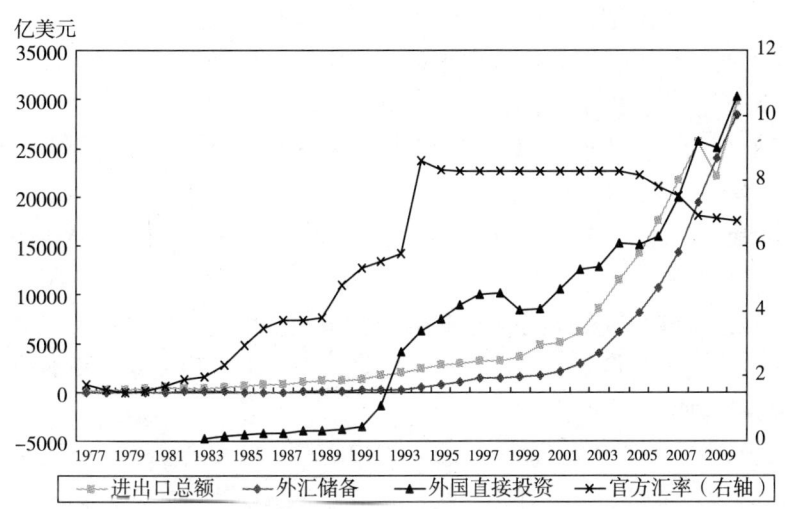

资料来源:《中国金融年鉴》,1984~2010 年。

图 3-5 中国国际储备、进出口总额和外国直接投资的变化(1977~2009 年)

3.3.6 人民币衍生品市场的发展

在 2005 年人民币汇率形成机制改革启动之前,人民币外汇交易市场基本处于汇率相对稳定的环境中,既没有外汇风险意识,更缺乏外汇风险管理的经验和技术。加之人民币在资本项目下还存在一定程度的管制,所以,与人民币相关的衍生产品交易市场在没有需求的情况下很难发展起来。

如前所述,中国于 1994 年在上海建立了全国统一的外汇市场——中国外汇交易中心,提供结售汇头寸交易服务。1996 年下半年将外商投资企业的外汇买卖纳入结售汇体系。从 1997 年到 2003 年,逐步放开企业经常项目账户下的限制。2004 年将企业可保留经常项目现汇的比例提高到 30% 或 50%,2005 年 8 月将这一比例提高到 50% 或 80%。

1997 年开办的远期结售汇业务与结售汇制度有关。远期结售汇业务,是指外汇指定银行与境内机构签订远期合同,约定将来办理结汇或售汇的外汇币种、金额、汇率和日期,到期时按照合同约定的币种、金额、汇率办理结汇或售汇业务。1994年4月1日，人民币远期结售业务首先在国有的中国银行试点，直到2003年推广到四大国有银行①的另外三家银行。2004年以后，部分股份制银行如招商银行、民生银行和中信银行也先后获得经营此类业务的牌照。远期结售汇业务已经扩大至所有具有即期结售汇资格的银行。交易期限从7天至12个月共分14个档次，并允许择期交易和展期交易。交易币种包括美元、欧元、日元等九个币种。远期结售汇的范围扩展至经常项目和部分资本项目，其中包括用于偿还自身的境内外汇贷款和经国家外汇管理局登记的境外借款。

远期结售汇业务给企业提供了一个规避汇率风险的工具，但是由于人民币汇率长期盯住美元，造成远期结售汇业务规模偏小。以最早开展远期结售汇交易且交易量最大的中国银行为例，2000年、2001年和2002年远期结售汇交易额分别为115亿美元、86亿美元和43亿美元，呈萎缩状态，而且资本项目下的远期结售汇受到限制。在中国人民银行2005年8月9号的通知中②，进一步完善了远期结售汇业务的规定，取消原有的一些限制，以利于培养和建立真正的远期外汇市场，人民币将来有可能在更宽的区间内波动，促使企业更有效地利用这一工具进行外汇保值。

人民币无本金交割远期汇率交易（NDF）从1996年开始出现于新加坡，1997年亚洲金融危机后交易日趋活跃。所谓无本金交割指的是以人民币为标的，以美元为结算货币的产品，由于其交割并不涉及人民币，故此称为无本金交割。目前，新加坡、中国香港是人民币NDF交易的主要市场。市场的主要参与者是大银行和投资机构，而这些大银行和投资机构的客户主要是一些在中国有大量人民币收入的跨国公司，通过参与人民币无本金交割远期汇率交易来规避人民币收入和利润的汇率风险（张光平，2006）③。

2005年8月10日，中国人民银行决定推出促进银行间外汇市场发展的重要举措，其中包括允许符合条件的市场主体开展远期外汇交易，并允许具备一定资格的主体开展掉期交易④。在此之前，中国的一些银行已经"私自"开展了人民币与外币的掉期业务，出现了不少的问题。规范人民币掉期业务是对一些既定事实给予认可，也为下一步发展外汇衍生产品做好了铺垫。

人民币对外币的衍生产品市场的发展，对改革结售汇周转头寸管理提出了

---

① 另外三大国有银行分别为中国工商银行、中国建设银行和中国农业银行。
② 中国人民银行网站。
③ 张光平（2006）。
④ 人民币对外币的掉期交易是指买卖双方同时约定某一种外币对人民币的两笔兑换交易，两笔交易的外币或人民币金额相同、交割日不同、方向相反，其中交割日在前的为近端交易，交割日在后的为远端交易。

新的要求。中国国家外汇管理局于 2005 年 9 月发布了《国家外汇管理局关于调整银行结售汇头寸管理办法的通知》，将结售汇周转头寸涵盖范围扩展为外汇指定银行持有的因人民币与外币间交易而形成的外汇头寸，并实行结售汇综合头寸管理。该头寸包括由银行办理符合外汇管理规定的对客户结售汇业务、自身结售汇业务和参与银行间外汇市场交易而形成的外汇头寸。结售汇综合头寸限额的管理区间下限为零，上限为国家外汇管理局核定的限额，银行体系的总限额有较大幅度提高。

新的结售汇头寸管理方法在制度设计上旨在为人民币对外币衍生产品市场的发展以及外汇市场的功能深化预留管理空间。同时，对中外资银行实行统一管理政策和限额核定标准，促进银行间的公平竞争。

然而，在人民币衍生品市场的实际发展过程中，又产生了新的矛盾，高杨、何帆（2005）在人民币对外汇的远期交易的讨论中提出，由于受到综合头寸限额管理和实行实需原则的限制，人民币外汇远期结售汇交易的定价方式和计算方法不够合理，远期汇率不能反映市场参与者的真实预期，也不能作为未来即期汇率的有效预测，因此交易量相对较小。

总体上说，人民币外汇衍生品交易市场不够活跃，人民币与外汇的交易品种单调、缺乏丰富灵活的业务品种，难以满足企业规避汇率风险的需求。目前在境外存在的人民币外汇衍生产品市场上除人民币无本金交割远期（NDF）外，还有人民币无本金交割期权（NDO）、掉期（NDS）、与 NDF 挂钩的存款、人民币结构性票据等多个交易品种。

2006 年 8 月 28 日，人民币期货与期权产品在美国芝加哥商品交易所（CME）正式面世。人民币期货包括对美元、欧元和日元三种。在人民币汇率市场化程度偏低以及汇率制度尚未明朗化的情况下，CME 市场设置了每日最高价格波动限制与头寸限制，旨在避免过度投机引起的价格异常波动，以防出现操纵市场行为。

人民币期权是以人民币期货为基础资产的美式期权，购买者可在合约有效期内的任何时间要求出售者履约。

从市场交易情况看，人民币衍生品的交易尚未获得市场主体的普遍认可，这一市场未来发展空间的大小与汇率形成的市场化程度和人民币自由兑换度的高低有直接关系。

近年来，外汇市场的改革措施为人民币衍生品的创新奠定了良好基础，鉴于人民币汇率制度改革加快，汇率波动幅度增大，引起汇率波动的不确定性因素也在增加，中国国内金融机构和相关企业面临越来越复杂的国际金融环境，但目前人民币衍生品市场的发展依然滞后，无法满足汇率风险管理的基本需求，需要加快完善人民币衍生品市场，为微观主体提供适当的和有效的汇率风险管理工具。这也是人民币逐渐走向国际化的客观要求。

2007年6月，中国人民银行允许内地金融机构在港发行人民币债券，从而启动了香港的离岸人民币债券市场的发展。目前，香港离岸市场的参与主体还是以内资机构为主。在人民币的升值预期下，希望到中国本土发行人民币债券的外资机构也不可能很多，特别是与香港的离岸债券市场比起来，在中国内地发行人民币债券还要面对更多的管制和监督，发行和利率成本也更高。所以，香港的离岸人民币市场有更广阔的发展空间。关于这个问题，本书的第六章将做详细分析。

3.4 21世纪围绕中国汇率制度与汇率政策的讨论

2001年中国成为世界贸易组织的正式成员国之后，有关人民币汇率制度和汇率政策的改革时常会作为一些发达国家和中国贸易争端和谈判的一个筹码。尤其是在中美贸易关系中，这种迹象更为明显。

3.4.1 人民币汇率升值能否解决中美贸易不平衡问题

自2005年以来，尽管美国官员和经济学家不断争论中国政府是否操纵人民币汇率的问题，也有来自政界或学术界的呼吁，要求采取行动向中国施加压力，迫使人民币升值。但是，迄今为止，美国尚未采取实质性的行动。2011年2月4日的美国财政部报告像往常一样，拒绝将中国列入汇率操纵国。这是自奥巴马政府执政以来第4次作出类似的决定。毕竟，中国目前是美国最大的债权国。美国对中国的贸易逆差并非人民币升值所能改变的。美国如果对中国实行贸易制裁，最终伤害到的可能是美国自身。比如，中国在减少出口商品的同时也会减少这些出口商品的中间投入品的进口，而这些进口品主要来源于美国。此外，在中国进行直接投资的众多美国公司也将因人民币升值增加生产和销售成本，从而蒙受损失。

这是因为，美国期待人民币汇率的升值能够解决美国自身的就业和其他经济问题。但是，这在很多情况下都是一厢情愿。

首先，人民币升值对美国进出口商品价格的传递程度。由于J曲线效应作用的结果，传递过程有一定的时滞。

其次，中美双方市场对人民币升值后进出口价格所做出的反映。很明显，这要取决于双方进出口结构和市场需求，从而价格需求弹性的大小将起着重要的作用。

最后，美国进口市场结构中中国商品被替代的程度。如果美国制造业的空心化是一个不可改变的事实，那么，中国制造业商品出口在美国市场的份额部分被其他具有劳动力成本优势的发展中国家替代，改变的仅仅是贸易伙伴，而不是美国贸易赤字的改善。而且，如果其他国家仿效中国而改变汇率政策，对美国的影响将更加深远。经验和实证分析都证明，尽管货币汇率的变化在一定程度上会立竿见影，但生产和出口结构乃至价格的调整尚需时日。

另外，汇率仅仅是影响双边贸易平衡的因素之一，而不是唯一的因素。宏观经济因素也会通过不同的渠道影响到国际收支的变化。

实际上，21世纪中美之间的汇率之争带有浓厚的政治色彩。20世纪的80～90年代，日本曾是美国国会抨击的主要目标，最终，"广场协议"迫使日元升值，而美国经常账户的逆差没有很大的改善，但是，日本经济却因为日元的大幅度升值，导致出口不振和超过十年的经济萧条（McKinnon，2006；Wyplosz，2010）。中国目前的境遇和日本当年的处境在很多方面是相似的，当然，也有很多差异。这个话题超出了本章的范围。

3.4.2 对目前人民币汇率制度的识别

事实上的人民币汇率制度到底划归何种制度，在国内外学术界至今仍有较大的分歧。

按照国际货币基金组织的划分标准，自2003年至2006年间，人民币汇率制度划归传统的钉住汇率制度（钉住单一货币或货币篮子），即钉住美元的汇率制度。尽管中国在2005年采取了一系列措施发展金融市场，在人民币汇率价值的决定上体现市场力量，在2005年7月曾经上调人民币汇率，并以市场供求为基础参照货币篮子而允许人民币有一定程度的浮动，但是人民币对美元汇率的波幅依然在2%以下，按照国际货币基金组织的"事实划分标准"指标，中国还是归类于钉住汇率制度，直至2008年2月国际货币基金组织公布的汇率安排分类，中国才被划归为爬行钉住，即政府当局经常按一定时间间隔以事先宣布的百分比对汇率平价作小幅度的调整，直至达到均衡[①]。

2010年，全球经济逐步复苏，中国国内的经济基础进一步巩固，经济运行趋于平稳，中国人民银行决定继续推进人民币汇率形成机制的改革，增强人民币汇率的弹性。重点强调坚持以市场供求为基础，参考一篮子货币进行调节。继续按照已公布的外汇市场汇率浮动区间，对人民币汇率浮动进行动态管理和

---

① 国际货币基金组织（2008）。

调节①。考虑到 2005 年至 2010 年间所进行的改革和调整，人民币汇率制度是"有管理的浮动汇率制度"。

对人民币的走势争论已久。就经济学角度而言，在升值与贬值的论证上并没有得出一致的结论。例如，许多学者经过实证分析，倾向于人民币汇率被低估，如 Bernanke（2005），Roubini 和 Setser（2005），Frankel（2005），Bergsten（2004，2006），Krugman（2010）。同样是通过实证分析，中国部分学者得出的结论是，自 2005 年 7 月汇率体制改革至 2010 年初，人民币名义有效汇率升值了 14.6%（巴曙松，2010）。另据 Hu 和 Chen（2010）的研究表明，2005~2010 年，无论是人民币对美元的名义汇率还是实际有效汇率都有明显地升值，其结果是，2008 年全球金融危机爆发以前，东部沿海已有数千家企业倒闭，大批工人失业。与此同时，众多的学者还在不断地推出人民币需要进一步升值的结论。

人民币汇率失衡这个问题如同一个迷思。即使是同一种既定的方法，例如通常采用的均衡汇率模型，哪怕是微小的模型规格、解释变量定义和样本区间的变化，都可能导致差异非常大的失衡评估结果。如果采用不同方法，得出的结果分歧可能会更大——人民币被高估到被低估的范围可以在上下各 30% 左右不等（参见本书第五章）。这说明与实证有关汇率建模的复杂性和难度令有关人民币汇率偏离其实际价值的幅度很难达成共识（Cheung 等，2007、2009、2010）。

另一种观点认为，从货币与金融的角度来看，中国有足够的理由稳定人民币与美元之间的汇率。只要固定汇率，就可以由稳定的货币政策名义锚来锚定国内物价。如果迫于美国压力而使人民币稳步升值，"单向赌博"（one - way - bet）就会引起热钱流入，使本已居高的国际储备堆积的更多。中国人民银行控制货币政策的能力和人民币远期交易市场将受到重创。2008 年美元的突然升值时期，中国人民银行曾试图将人民币汇率的变动与美元脱钩，结果造成信用膨胀。中国在 2008 年 11 月宣布的一揽子财政刺激方案只有在人民币汇率稳定的情况下才更加有效（Mckinnon 等，2010）。

3.4.3 中国汇率制度进一步改革需要追加考虑的问题

中国正在调整其增长模式，人民币汇率制度的进一步改革是调整过程的一部分。然而，过于强劲与无秩序的升值将严重影响到中国的经济增长。例如，日本曾以强烈的货币升值减少出口盈余，但导致日本的动态增长停顿，从而酿成了代价高昂的金融危机。为避免历史再现，更合意的场景是，中国经济转变

---

① 中国人民银行网站。

为通过增加进口刺激世界其他地区的发展，而进口的增加更多地通过收入效应（快速经济增长和实际工资的提高）而非替代效应（强劲的汇率升值）来实现（Vos，2010）。

诚然，中国对人民币汇率制度的走向可以有多种选择，从其升值的长期趋势来看，可以选择大幅升值一步到位，或小幅升值，逐渐达到由市场外汇供求因素来决定均衡汇率。但是，在选择在过程中，应当考虑中国的长期可持续经济增长和中国目前经济所面临的风险。

就外部风险而言，尽管资本账户尚未开放，但中国的国内市场同样在一定程度上遭受国际市场外部需求的冲击和国际危机的传染效应以及经济与政治摩擦。就内部风险而言，中国目前的银行体系还很脆弱，而且面临着通货膨胀的巨大压力和贫富差距扩大所引起的社会矛盾。中国需要稳定环境来继续其市场经济改革政策，从而优化对内外部风险冲击的能力——人民币汇率政策是其中的一个重要的组成部分。

在理解人民币汇率演变和实施人民币汇率政策的问题上，不得不将中国对资本流动控制因素考虑在内。在资本管制政策下，中国可以选择人民币汇率的小幅升值，并在较小幅度内波动。这样一来，可能会引致货币投机者对人民币不断升值的预期，从而引起与热钱流入相关的经济问题。但是，这种政策可以提供一个相对自主的货币政策和较为稳定的汇率。在没有资本管制政策的情况下，人民币汇率可能出现较大的波动，对贸易进出口产生直接的影响。在两种选择都具风险的情况下，两劣取其轻不失为明智的选择。

一步到位的汇率改革方向有太多的不确定性，涉及的层面将是非常广泛的，中国必须将可能出现的风险控制在目前宏观政策可以驾驭的范围之内，并且是经济与金融体系中观或微观层面可以承受的限度之内。这正是人民币汇率制度改革所坚持的主动性、可控性与渐进性政策的由来。

中国的这种汇率制度安排为中国市场经济体制改革的顺利进行提供了保障，比如，为中国进出口总额的快速增长提供了有力的政策支持，也保证了中国国民经济的快速、健康、稳步发展，使中国没有遭受国际游资的冲击，因而也没有发生与东南亚金融危机相类似的灾难性事件，而且使中国在东南亚金融危机时能够坚持人民币不贬值。

但是，这种汇率制度虽然在短期内可以保持人民币汇率的稳定，却以货币当局积累大量的外汇储备为代价，而且不能满足人民币汇率中长期保持灵活性的要求。一方面，如果为了平抑在商品市场上的人民币汇率所受到的冲击，对外汇市场和资本市场的管制就无法解除，中央银行不得不经常入市干预。另一方面，会出现汇率运动与基本面脱节的情况。因此，中国人民币汇率体制安排的改进或者说人民币汇率政策取向绝不是一个简单的升值或贬值的问题。

在设计或选择中长期人民币汇率制度时，无论什么主张，需要确认一个事实，即国际投机力量攻击人民币汇率的可能性，有必要考虑从汇率体制上努力防范国际投机力量的攻击。对任何汇率制度改革主张评价需要加上一条新的标准，即这种汇率制度能否或能在多大程度上防范或经受国际投机力量的攻击。

中国目前仍然实行资本项目管制，这使得货币当局还未正式面临"三难抉择"的窘境。但是，从长期来看，资本自由流动是大势所趋，而中国国情决定不可能放弃货币政策的独立自主性，因而最有可能调整和"牺牲"的是汇率目标和汇率制度。从这个意义上讲，选择适当的人民币汇率制度，尽可能地将国际投机力量攻击产生的不良影响减少到最低程度，就显得更为紧迫。

根据蒙代尔—弗莱明模型的分析（Mundell，1963），在没有资本流动时，货币政策在固定汇率下可有效影响与改变一国的收入，浮动汇率效果更佳；在资本有限流动时，政策效应基本没有改变；而在资本完全流动的条件下，固定汇率下货币政策对于改变一国收入无能为力，但浮动汇率下则是有效的。也就是说"蒙代尔不可能三角定理"，它说明独立货币政策、资本的完全自由流动与稳定汇率三个政策目标不可能同时三者兼得。

这一定理也许对那些采用钉住汇率的小国是适用的，但尚未证明说明对像中国这样的发展中大国也同样适用。

此外，不可能三角定理强调了极端选择下的三者不可兼得，但是，并没有说明介于三顶端之间的中间地带是否在一定程度上兼得的情形。比如，当选择传统钉住、爬行钉住和汇率带的汇率安排时，实际上是程度不同地实施稳定汇率的政策。同时有选择地管制资本项目，即非完全的资本自由流动，货币当局拥有独立的货币政策。这种情况下，在一定程度上同时达到三个政策目标，这正是中国自1978年改革开放以来逐步达到的状态。

3.4.4 从历史的角度解读近期内人民币汇率改革的方向

中国的改革尤其是金融体制改革依然任重道远，未来的中国将面临更大的挑战。无论如何，渐进主义的主张依然是最佳的选择。重压之下，中国还是要走自己的路，当然要权衡自身的需要和各种选择可能对国内国际经济产生的影响。例如，人民币所面临的压力一直没有缓解。

从客观需要和主观愿望而言，人民币汇率的改革和调整都在日程之中，但是，所有的行动都应当取决于中国宏观经济形势的稳定，市场机制的发展与平衡，以及中国金融体系应对和处理外来冲击的能力。

3.4.4.1 中国自身的条件

目前,中国国内甚至没有建立起用于规避和减少外汇风险所需要的金融期货和期权等工具及交易市场,企业和银行都将难以承受汇率频繁急剧波动可能带来的风险。只要先决条件没有准备好,任何外来的单方面设定的所谓最后期限以及将人民币汇率调整政治化都是具有高风险的政策行为,其负面效应将会影响到中国经济与社会的稳定,也会影响到世界经济体系的发展。

中国人民币汇率体制改革准备的是否充分以及人民币升值的适当时机的确定是中国应当视中国经济改革的需要和条件而自主决定的事情,因为最终承受人民币升值后果的毕竟主要是中国的生产者和消费者。

关于目前人民币汇率走向,中国人民币汇率问题专家吴念鲁认为,人民币汇率调整必须在有管理浮动的框架下进行,需要以跟踪外汇市场的变化以及相关国家经济复苏状况跟踪研究为基础,并将中国和这些国家的经济关系考虑在内,确定今后人民币汇率调整的方向。

3.4.4.2 向钉住一篮子货币的过渡

自2008年中期全球金融危机爆发之后,人民币汇率又基本上恢复为钉住美元,因此,应该重新回归以市场供求为基础参照一篮子货币的汇率制度,随后逐渐过渡到钉住·篮子货币①。

这种观点与Cheung等(2010)、Ma和McCaule(2010)所研究的结论是一致的。Ma和McCaule(2010)② 的文章指出,传统观点认为,自2005年7月以来,人民币汇率的管理呈现了向上的爬行钉住或依旧是人民币钉住美元,如果说初期可以这样认定,那么至少在2008年的中期至2010年中期这两年的时间内,人民币有效汇率是在一个相当狭窄的幅度内波动,尤其是人民币与美元的双边汇率的日常波动幅度很窄,人民币对以贸易为权重货币篮子的有效汇率依然是升值的,说明中国货币当局一直在试图远离钉住美元的汇率制度,并于2010年中期转向以篮子货币为参考的有管理的浮动汇率制度。

当然,这种转变也有利于中国一直在努力推动的以人民币标价的海外资产管理(Cheung等,2011)。总之,人民币汇率机制改革的方向是采取更加灵活的汇率机制。

中国经济回升的基础尚不牢固,国内通货膨胀压力大,面对的国外贸易保护主义势力抬头,贸易摩擦加重。渐进货币和资本账户放开政策能提供一个稳定的经济环境去解决这些内部问题。从这个角度来看,人民币汇率机制需要调

---

① 吴念鲁(2010)。

② Ma和McCauley(2010)。

整，但在同一时间，中国是有理由采取在一个有管理浮动的框架下进行人民币汇率机制改革政策。

3.5 结论

人民币汇率制度自1949年以来的演变可以归结为三个主要的历史时期，每个大的历史时期又分为不同的阶段，随着中国内外政治环境和经济条件的变化而改变。这一过程以独立性、实用性和渐进性为主要特征。

3.5.1 独立自主的选择

从本章人民币汇率制度演变的历史进程可以看出，中国已经习惯于独立地开辟自己的路，Ramo（2004）称之为"北京共识"。他在同一命题的文章中分析了中国二十余年来的经济改革成就之后提出，"中国正在发生的变化不仅创造了一个适合中国发展的模式，而且提供了观察国际发展、经济学、社会乃至政治领域的全新的视角"。

Ramo根据个人的深入观察，认为中国既是一个自力推进的国家，同时又在国际社会中发挥着越来越重要的作用，在与中国打交道时无论其他国家出于什么目的，也无论在关于中国的争议中属于哪一派，在政策领域所达到的效果几乎没有差别。

对于正在探索的其他国家，中国展示的途径是，不仅要发展本国经济，而且可以按照自己独立的方式参与到国际经济秩序中。此外，Ramo还强调，在关乎中国国力的一些重大问题上比如货币或其他棘手的问题，试图从外部推拉都会变得无效。中国将按照自己的方式使人民币汇率走向自由化。一些传统的观点诸如将中国只是作为一个可开发的市场或者作为一个可以遏制的国家，都是一种极大的偏见。

Stiglitz（2004）在阐述"新兴共识"的要素时曾强调，"一刀切"的政策注定会失败。在一个国家有效的政策对另外的国家未必适用；对某些领域，经济科学尚未提供足够的理论依据和经验证据就一些国家应当采取何种行动来达成广泛共识。而新兴的共识则是：各个国家可以自己试验，自己判断，去探索最适合自己的发展战略。

中国的人民币汇率制度的演变和改革是验证这些观点的一个很典型的实例。

3.5.2 人民币"适当"价格确定的灵活性和实用性

从人民币汇率制度演变和改革的历史经验来看，实用主义贯穿始终。邓小平曾经有一句话:"无论白猫黑猫,抓住老鼠便是好猫。"这也可以说是中国文化和政治的特征。在其他条件相同的情况下,一种理论要获得认同必须首先是可以付诸实施的,这就是所谓务实的验证。

在1949年中国尚未对世界开放之前,官方制定汇率政策时更多地不是以复杂的经济理论或模型作为基础或背景,但同样是根据国内外经济条件和政治环境及其变化来考虑和确定人民币的"适用"价格。

1979年以来的汇率制度改革和汇率政策的制定最初是以贸易体制的改革为契机的,重在解决外汇短缺等紧迫的问题。实际上,内部结算价格是立足于贸易和非贸易品划分的基础上为保持经常项目的收支平衡而采用的价格。

而实施双重汇率和建立人民币调剂市场在分配外汇资源的集中使用上起到了很重要的作用,也是很独特的做法,尽管这种安排造成了价格的极大扭曲,但不能因此抹杀其在特定历史时期的意义。

2005年启动的有管理的浮动汇率制度正是为纠正这一扭曲的安排,同时也是为了履行2001年中国成为世界贸易组织正式成员国后的一些承诺。但是,中国国内的金融部门的改革严重滞后于整个经济体制的改革,其自身的脆弱性也是官方无法强力推进人民币汇率制度走向更灵活的汇率制度的主要原因,也可以说是主要的制约因素。

3.5.3 汇率制度变革的渐进主义模式

中国自1978年改革开放伊始,所有相关的政策措施都反映了渐进主义的哲学思想。中国始终强调各国发展经验的多元性和中国的国情,在由计划经济体制向市场经济体制转轨的过程中,在进入世界体系的漫长过程中和加入国际经济组织的艰难谈判中,都有着浓重的中国特色。对中国而言,所经历的选择在这个特定的国家和特定的历史条件下无疑是最优而不是像一些学者判断的次优选择。

自然科学的实验中,结果与理想的差异可以用无数次变量的矫正实验来纠正,直到取得满意的结果,而且不至于造成难以预见的损失和传染效应。随着计量经济技术的发展,社会科学也可以在一定程度和一定范围进行这种实验。经济改革是一场社会的革命,结果可以距离理想很近也可能很远,但它的传染效应则是即时快速和难以挽回的。那么最佳的选择是"摸着石头过河",小范围实验,假如成功,可以推广,反之也不会造成太多的损失。

在确定人民币汇率这一问题上,无论人民币的上浮或下浮都各有利弊,也会有不同的利益攸关者在权衡这些利弊。

以人民币升值的短期效应来看,一方面,中国的消费者和进口商显然会因进口商品价格低廉而从中受益,然而却伤害了中国的出口企业及与进口相关联的企业,造成部分企业的破产倒闭和大量的失业,甚至会波及中国的整体经济的增长。另一方面,主要贸易伙伴国尤其是美国的出口商期待从人民币升值中获利。美国政府希望通过人民币升值增加外部需求,缓解国内失业的压力。然而,美国的消费者将不得不为人民币的升值付出更大的代价。一些学者强调人民币汇率调整(升值)对于改善全球失衡问题和全球经济的可持续增长的积极意义。

毋庸讳言,人民币汇率的调整不仅仅涉及本国的利益,也涉及贸易伙伴的利益和整个世界经济的平衡。最困难的问题在于,任何汇率政策的选择都要考虑如何在这些利益之间寻求各方都能普遍接受或认可的某种均衡。当然,中国首先要考虑到本国国民的利益,就像美国和其他国家所做的那样。

从长远来看,为了使中国经济达到内外均衡,中国应当建立一个更有弹性的汇率机制,推进结构性改革。刺激企业注重提高出口产品的附加值和技术含量来参与国际市场的竞争,而不是完全依靠价格和数量的竞争。此外,中国国内具有广阔的和潜在的消费市场,经济的可持续增长应该更多地依赖于内部的消费,减少对外贸易依存度。

增加人民币汇率的弹性也有助于减轻国内通货膨胀的压力,同时,防止过量投机资本的涌入所造成的负面影响。这也是中国目前致力于推进人民币汇率政策改革的动因和推动力。

人民币国际化的过程已经开始,在国际市场上,尤其是中国对周边国家的贸易和投资中,越来越多的试点企业被鼓励采用人民币进行进出口定价、交易与结算,并在香港启动了人民币境外交易市场。对于中国货币当局而言,最重要和最困难的是推进步伐的快慢,这一过程同样是有序渐进的,小范围实验,然后推广成功的经验。这种谨慎不仅是对中国自身负责任的一种表现,也意味着对稳定世界经济和国际市场的一种行为和承诺。

应当指出,人民币汇率弹性的增加是一个双向波动的过程,而不能只强调单边升值。这是一个长期努力的过程,在很多情况下,并不是货币当局的一厢情愿所能左右的,需要国内经济条件的成熟,也不是中国单方面的努力所能达到的,还取决于一个宽松的国际环境。

总之,在改革的过程中,重要的是方向,而途径可以是千差万别的。所有理论和经验的借鉴都是有条件的,适合于自身条件的选择才是最佳的选择,这也许是国际社会推崇中国渐进主义模式的原因所在。

中国模式是自己探索出来的,并不排除在其他国家失败的可能。因为,在一个国家适用的政策用到另外的国家未必有效。因为还有很多其他的因素可以解释中国的成就，但是，希望从中国经验中能有所启迪的国家至少要从历史的角度去看待这一经历。中国的经验与中国国内和世界政治经济格局的特定条件密切相关。中国利用了"冷战"时期出现的新情况和新趋势所提供的国际机遇，选择适合于本国经济与贸易发展的汇率制度，并使之为促进本国贸易增长和经济发展充分发挥作用。

除了人民币汇率调整之外，其他对中国可持续发展至关重要的问题，如金融体制的深化改革、资本项目的全面开放和人民币的可自由兑换，是比以往所有经济问题更为敏感和更需要审慎对待的领域，依国情发展循序渐进的理念是值得坚持的。

本章回顾了自1949年以来人民币的产生和人民币汇率制度的变迁。经过六十余年的调整与改革，人民币汇率的形成机制逐渐市场化。因此，汇率的变动对贸易平衡和经济的稳定起着越来越重要的作用。那么，人民币汇率的调整是否可以消除中国过去二十年累积的贸易顺差？是否可以有效地抑制通货膨胀？汇率的变动在多大程度上以何种方式影响到中国人民银行货币政策的实施？这些问题将在第四章展开讨论。关于人民币汇率政策和确定人民币公允价值的讨论是第五章的内容。随后的第六章详细分析了人民币走向国际化的可行性和最初的实践以及未来的发展趋向。

参 考 文 献

[1] 巴曙松. 当前人民币汇率争议及汇率形成机制改革方向：文献综述[J]. 浙江金融，2010（8）.

[2] 丁志杰，张海冰. 人民币衍生品面世美国[J]. 银行家，2006（9）.

[3] 高杨，何帆. 中国外汇衍生品市场发展的次序[J]. 财贸经济，2005（10）.

[4] 李平，杨清仿. 人民币汇率——理论、历史、现状及其发展趋势[M]. 北京：经济科学出版社，1999.

[5] 黄陈，张敬国. 1994年我国通货膨胀问题研究述评[J]. 金融研究，1995（7）.

[6] 孟宪章. 中苏贸易史资料[M]. 北京：中国对外经济贸易出版社，1991.

[7] 栗志纲. 透视人民币汇率——人民币汇率演变的政治分析[M]. 北京：中国经济出版社，2008.

[8] 石雷. 人民币史话 [M]. 北京：中国金融出版社，1998.

[9] 中国人民银行货币司. 2005 年中国货币政策大事记 [EB/OL]. [2010-07-18]. http://www.pbc.gov.cn/publish/zhengcehuobisi/361/1376/13762/13762_.html.

[10] 中国人民银行网站. [EB/OL]. [2010-07-18]. http://www.pbc.gov.cn/huobizhengce/huobizhengcegongju/huilvzhengce/renminbihuilvtizhi.asp.

[11] 张光平. 人民币产品创新与风险管控 [J]. 国际金融研究，2006 (8).

[12] 曾令美，王布衣. 境外人民币衍生品的发展及其对中国的影响 [J]. 中国货币市场，2008 (6).

[13] 中国人民银行网站. [EB/OL]. [2010-07-18]. http://www.pbc.gov.cn/huobizhengce/huobizhengcegongju/huilvzhengce/renminbihuilvtizhi.asp.

[14] 刘国光等. 中华人民共和国经济档案资料选编对外贸易卷（1949-1952）[M]. 北京：经济管理出版社，1994.

[15] 吴念鲁，陈全庚. 人民币汇率研究 [M]. 北京：中国金融出版社，2002.

[16] 吴念鲁. 人民币汇率形成机制改革的走向 [J]. 中国金融，2010 (7).

[17] 尹艳林. 汇率多轨合并与适度管制 [M]. 北京：中国财政经济出版社，1993.

[18] IMF, Data and Statistics. 2008. "De Facto Classification of Exchange Rate Regimes and Monetary Policy Frameworks", April 31.

[19] AgnesBenassy-Quere and Amina Lahreche-Revil. 2003. "Trade Linkages and Exchange Rates in Asia: The Role of China", CEPII, Working Paper.

[20] Bhala, R. 2008. "Virtues, the Chinese Yuan, and the American Trade Empire", *Hong Kong Law Journal*, Vol. 38, 183.

[21] Cheung, Y.-W., Ma, G-N and McCauley, N. R. 2010. "Renminbising China's Foreign Assets", *Journal of Shandong University*. (1), 8-14.

[22] Cheung, Y.-W., Menzie D. and Fujii, C. E. 2011. "A Note on the Debate over Renminbi Undervaluation", In: *Asia and China in the Global Economy*, edited by Yin-Wong Cheung and Guonan Ma (World Scientific, 2011).

[23] Charles W. Freeman III, Wen J.-Y., 2011. China's Exchange Rate Politics. Decoding the Cleavage Between the Chinese Ministry of Commerce and the People's Bank of China. CSIS, Center for Strategic & International Studies.

[24] Ding, J. P. 1998. "China's Foreign Exchange Black Market and Exchange Flight: Analysis of Exchange Rate Policy", *The Developing Economies*, XXXVI – 1, March, 24 (R) C4.

[25] European Council on Foreign Relations. 2010. "Redbacks for Greenbacks: The Internationallization of the Renminbi".

[26] Funke, M. and Gronwald, M. 2008. "The Undisclosed Renminbi Basket: Are the Markets Telling us Something about where the Renminbi – US Dollar Exchange Rate is Going?", CESIFO Working paper No. 2272.

[27] Garton, P. and Chang, J. 2006. "The Chinese Currency: How Undervalued and How Much Does It Matter?", International Economy Division, the Australian Treasury.

[28] Goldstein, M. and Lardy, N. 2003. "A Modest Proposal for China's Renminbi", Financial Times. Institute for International Economics Op – ed from the August 26. http://www.iie.com/publications/papers/goldstein0803.htm.

[29] Huang, G. – B. and Wong, C. Y. 1996. "Unification China's Foreign Exchange Rate", Contemporary Economic Policy Volume 14, Issue 4, 42 – 57, October.

[30] Hu, C. and Chen, Z. 2010. "Renminbi Already Overappreciated: Evidence from FEERs (1994 – 2008)", *China Economist* 26, 64 – 78.

[31] Jeffrey A. F. 1999. "No Single Currency Regime is Right for All Countries or At All Times", *NBER Working Paper* No. 7338.

[32] Kanamori, T. and Zhao, Z. – J. 2005. "Renminbi Revaluation: Lessons and Experiences", *ADBI Research Policy Brief*, No. 18, PRC.

[33] Lin and Schramm. 2003. "China's Foreign Exchange Policies Since 1979: A Review of Developments and an Assessment", *China Economic Review* 14, 246 – 28.

[34] Laurenceson, J. and Qin, F. – M. 2006. "The Exchange Rate Debate", Discussion Paper Series, Tilburg University.

[35] McKinnon, R. 2007. "Japan's Deflationary Hangover: Wage Stagnation and the Syndrome of the Ever – Weaker Yen", *The Singapore Economic Review* (*SER*), Vol. 52, issue 03, 309 – 334.

[36] Ma, G. – N. and McCauley, R. N. 2010. "The Evolving Renminbi Regime and Implications for Asian Currency Stability", *BIS Working Papers*, No 321.

[37] Mundell, R. A. 1963. "Capital Mobility and Stabilization Policy Under

Fixed and Flexible Exchange Rates", *Canadian Journal of Economic and Political Science* 29 (4): 475 - 485.

[38] McKinnon, R. 2006. "China's Exchange Rate Trap: Japan Redux?", SIEPR Policy Brief, Stanford Institute for Economic Policy Research, April.

[39] Mckinnon, R., Band, L and Wang, D. 2010. "The Global Credit Crisis and China's Exchange Rate", *The Singapore Economic Review*, Vol. 55, No. 2, 253 - 272.

[40] McKinnon, R. 2006. "China's Exchange Rate Appreciation in the Light of the Earlier Japanese Experience", *Pacific Economic Review*, 11: 3, 287 - 290.

[41] McKinnon, R. 2007. "Why China Should Keep Its Dollar Peg ", *International Finance*, 10: 1, 43 - 47.

[42] Morrison, W. M and Labonte, M. 2011. "China's Currency Policy: An Analysis of the Economic Issues", Congressional Research Service, 7 - 5700, www.crs.gov. RS21625, December 19.

[43] Ramo, J. C. 2004. "China has Discovered Its Own Economic Consensus", *Financial Times*, Op - Ed Friday May 8.

[44] René W. H. Linden, V. D. 2010. "The Nature of China's Exchange Rate Regime and the Potential Impact on Its Financial System", Presented at the yearly Wolpertinger Conference of the European Association of University Teachers of Banking and Finance at the Bangor University, Wales, UK, September, 8 - 10.

[45] Robert W. S. and Alan O. S. 2010. "Currency Manipulation and World Trade: A Caution the US - Sino Currency Dispute: New Insights from Economics", Ed. Simon Evenett Politics and Law. A VoxEU.org Publication.

[46] Ramo, J. C. 2004. "The Beijing Consensus", The Foreign Policy Centre, May.

[47] Robert, V. 2010. "Postcrisis Growth and Development", World Bank. 161.

[48] Stiglitz, J. E. 2004. "Post Washington Consensus Consensus", IPD (Initiative policy dialogue) based on Columbia University working paper series, No. 8.

[49] Schwartz, J. A. 2005. "Dealing with Exchange Rate Protectionism", *Cato Journal*, Vol. 25, No. 1 (Winter).

[50] "Schumer - Graham Announce Bipartisan Bill to Level Playing Field on China Trade" For Immediate Release: February 3, 2005. http://schumer.senate.gov/SchumerWebsite/pressroom/press _ releases/2005/PR4111. China020305.html.

[51] United States Government Accountability Office (GAO), Report to Congressional Committees. 2005. " Treasury Assessments Have Not Found Currency Manipulation, but Concerns about Exchange Rates Continue", GAO 05 – 351, 25 – 26.

[52] Williamson, J. 2005. "The Choice of Exchange Rate Regime: The Relevance of International Experience to China's Decision", *China & World Economy/* 17 – 33, Vol. 13, No. 3.

[53] Wyplosz, C. 2010. "Is an undervalued renminbi the source of global imbalances?" In: S. Evenett, ed. *The US – Sino Currency Debate: New Insights from Economics, Politics and Law*. London: VoxEU. org, 2010, 37 – 38.

[54] Williamson, J. 1989. "What Washington Means by Policy Reform", in: Williamson, John (ed.): *Latin American Readjustment: How Much has Happened*, Washington: Institute for International Economics 1989.

第四章 与现行人民币汇率制度相关的几个主要问题

汇率是一国货币的对外价值，作为重要的宏观经济变量，汇率的高低会影响一国贸易、金融与整个经济的各个方面。关于人民币汇率政策的讨论不仅仅涉及贸易平衡的问题，而且同宏观经济稳定，特别是货币政策的有效性有关。本章重点探讨在现行人民币汇率制度下，人民币汇率的变动对中国国际收支和货币政策的影响，以及国内外关于这些问题的争论。

4.1 人民币升值能否消除中国巨额的贸易顺差

自20世纪90年代中国确立了出口导向型经济增长战略后，贸易顺差就成为中国国际收支的常态。尤其在进入21世纪后，中国的贸易收支顺差迅猛增加，与此相对应，中国的经济增速也基本保持在两位数的高水平，居世界前列。在贸易顺差不断扩大、经济高速增长的同时，人民币汇率却始终保持着高度稳定，从1994年人民币汇率改革后到2005年汇率改革前，人民币兑美元汇率基本稳定在8.27的水平上。人民币汇率的稳定与中国巨额贸易顺差的长期并存，推动了国内外关于人民币汇率是否存在被低估从而导致巨额贸易顺差的讨论和研究的兴起，争论的核心在于，人民币升值是否能有效地降低其贸易收支顺差。

据中国商务部最新公布的数据，目前中国99%的贸易顺差都是针对少数发达经济体，欧盟和美国两大经济体构成了当前国际社会施压人民币升值的主力，其中尤以美国的态度最为坚决。美国主张人民币应升值的理由是，人民币汇率存在着严重被低估，这是造成全球贸易失衡、美国制造业衰退和失业严重的重要原因之一，因此强烈主张中国政府应让人民币升值，以推动金融危机后全球经济的再平衡。而欧盟各国由于其经济结构、贸易实力和利益诉求的差异，对人民币汇率态度存在较大差异，相对于美国，欧盟总体态度较为模糊和缓和。虽然目前中国对东盟、日本、韩国、整个非洲和南美洲的贸易处于逆差状态，但后金融危机时代全球经济复苏步伐的不一致，激化了中国和新兴市场经济体的利益分歧，2010

第四章 与现行人民币汇率制度相关的几个主要问题

年以来,巴西、印度等新兴经济体也先后加入了要求人民币升值的行列。

面对着国际社会对人民币问题的批评,中国国内一些学者及中国政府则将中美贸易不平衡归因于两国经济结构的不同,认为中国的贸易顺差是由实体经济因素导致的,与人民币汇率的被低估或被高估无关。人民币升值是否能有效地降低其贸易收支顺差,这一问题的答案对于如何实现后金融危机时代全球经济的再平衡具有至关重要的意义。本节将对改革开放后的人民币汇率与贸易收支的变化趋势进行分析,并对国内外有关人民币汇率与贸易收支关系的争论和研究进行梳理和总结。

4.1.1 改革开放后的人民币汇率变化与贸易收支

图 4-1 绘出了 1982~2009 年人民币兑美元汇率、人民币名义有效汇率(NEER)和实际有效汇率(REER)的走势图。可以看出,人民币有效汇率指数和人民币兑美元名义汇率的走势是一致的——改革开放后一直到 1994 年汇率改革,配合外向型经济增长战略的实施,人民币汇率经历了长期持续贬值,并在此后保持了长期的高度稳定,直到 2005 年人民币汇率制度的改革。2005 年的汇率制度改革拉开了此后长达三年的人民币兑美元名义汇率的小幅稳步升值趋势,至 2008 年中期美国金融危机扩散前,人民币总体升值了 21%。

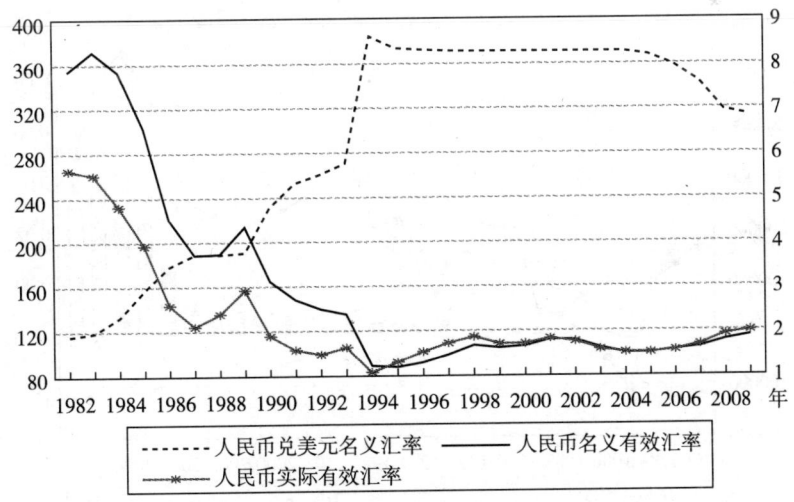

注:左坐标轴是名义和实际有效汇率指数,采用间接标价法,汇率上升,表示人民币升值;右坐标轴是人民币兑美元名义汇率,采用直接标价法,汇率上升,表示人民币贬值。

资料来源:国际货币基金组织的《国际金融统计》,2010 年。

图 4-1 人民币汇率走势图(1982~2009 年)

伴随着人民币汇率由贬值到固定再到升值的历程，中国的贸易收支在改革开放之后则经历了由逆差到稳定小幅顺差再到巨额顺差的发展。20 世纪 80 年代改革开放之初，由于国内储蓄远远不能满足投资需求，投资缺口由外国资源流入进行弥补，整个 80 年代中国对外贸易整体处于小幅逆差状态；进入 20 世纪 90 年代，除 1993 年由于中国投资急剧增加而出现 115 亿美元的贸易逆差外，90 年代的贸易收支整体处于顺差状态；2000~2004 年中国每年的贸易顺差基本保持在二三百亿美元左右。2005 年后，虽然人民币兑美元开始了持续升值的过程，截至 2008 年 8 月人民币累计升值超过 20%，中国的贸易顺差却呈快速上升态势，2008 年的贸易顺差高达 3488.7 亿美元，而中国对美国的贸易顺差则由 2005 年末的 2015.4 亿美元上升至 2008 年末的 2663.33 亿美元。

图 4-2 绘出了 1982~2009 年中国贸易余额（Balance of Trade）及其占 GDP 的比例。该图显示，我国的贸易顺差主要始于 20 世纪 90 年代，2005 年后呈加速发展趋势，其占 GDP 的比率也从 2004 年的 3% 迅速升至 2007 年的 9%。进入 21 世纪后，贸易顺差的快速上升，一方面推动了中国经济两位数以上的高速增长和国际储备规模的连创新高，另一方面也加剧了全球贸易的不平衡和人民币升值的压力。

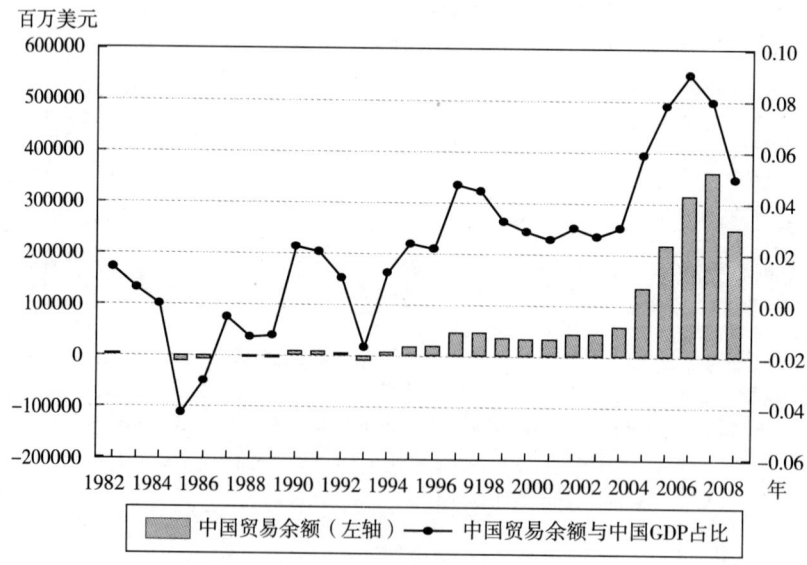

资料来源：国际货币基金组织的《国际金融统计》。

图 4-2 中国贸易余额及其占 GDP 的比例（1982~2009 年）

传统理论认为,在马歇尔—勒纳条件(Marshall - Lerner Condition)① 成立时,本币升值将抑制出口,增加进口,从而减缓国际收支顺差过大带来的压力。而中国近几年的贸易数据却与传统理论相矛盾。自2005年汇率改革以来到2008年,人民币兑美元按年分别升值了2.34%、3.35%、6.9%和6.88%,但中美之间的贸易赤字依然在逐年增加,从2005年的1140亿美元扩大到2008年的1700多亿美元,而中国的全球贸易顺差总额增长更快,2008年达到了2950亿美元,差不多是2005年总额1020亿美元的三倍。而在人民币盯住美元的2009年,贸易顺差总额却缩小到1434亿美元左右,减少了三分之一。

为何马歇尔—勒纳条件在中国不成立?人民币汇率在中国贸易顺差中到底发挥着怎样的作用?人民币升值到底能否改善中美之间的贸易状况?这些问题一直受到国内外政府、企业、研究机构及学者的关注。以下将对国内外有关争论和研究结论进行总结,然后结合我国实际情况对该问题做一汇总评价。

4.1.2 人民币汇率变动与贸易收支关系——争议与事实

中国持续巨额的贸易顺差加剧了中国经济的外部失衡,也增加了中国与贸易伙伴国之间的贸易摩擦,为国际社会施压人民币升值提供了动因。自2001年起,中国开始陆续受到西方发达国家要求人民币升值的压力,2001年9月《日本经济新闻》发表了《对人民币升值的期望》,2003年2月召开的七国集团会议上,日本财长把日本通货紧缩和全球经济不景气归咎于人民币汇率被低估和中国廉价商品的大量出口,并向其他六国提出提案,希望迫使人民币升值。此后,美国和欧洲等国陆续开始要求人民币升值。2003年6月和7月,美国财政部长斯诺和美联储主席格林斯潘先后正式发出了希望人民币更具弹性的呼声,这一问题遂成为国际关注的焦点。

在有关人民币汇率与中国巨额贸易顺差关系的问题上,很多要求人民币升值的诉求都是来自美国一些政府官员、国会议员和智库成员。他们认为人民币被低估是造成全球贸易失衡的重要原因之一,辩称人民币升值可以解决这些问题。图4-3绘出了1980年至2009年中美贸易差额及其占两国贸易总额的比重。图4-4绘出了2003年1月至2010年1月中美贸易额与人民币兑美元实际汇率的走势。

---

① 马歇尔—勒纳条件是由英国经济学家马歇尔和美国经济学家勒纳揭示的关于一国货币贬值与该国贸易收支改善程度的关系——如果进出口品的供给弹性无穷大,那么货币贬值后,只有出口商品的需求弹性和进口商品的需求弹性之和大于1,贸易收支才能改善。

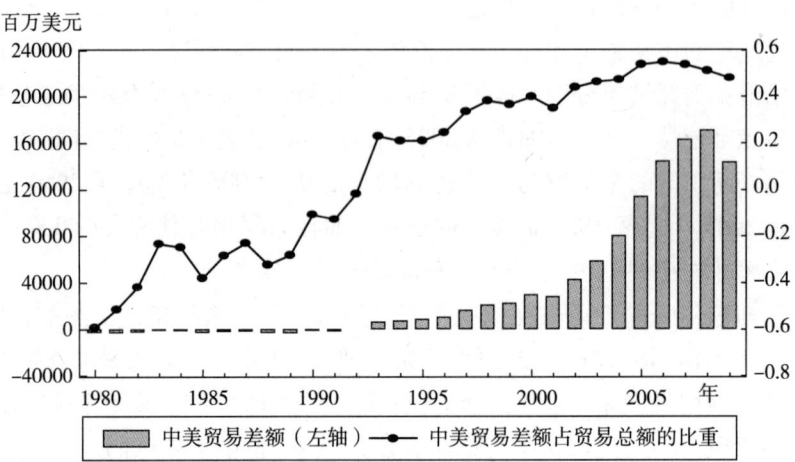

资料来源：国际货币基金组织的《贸易方向统计》，2010年。

图 4-3 中美贸易差额及其占两国贸易总额的比重（1980～2009年）

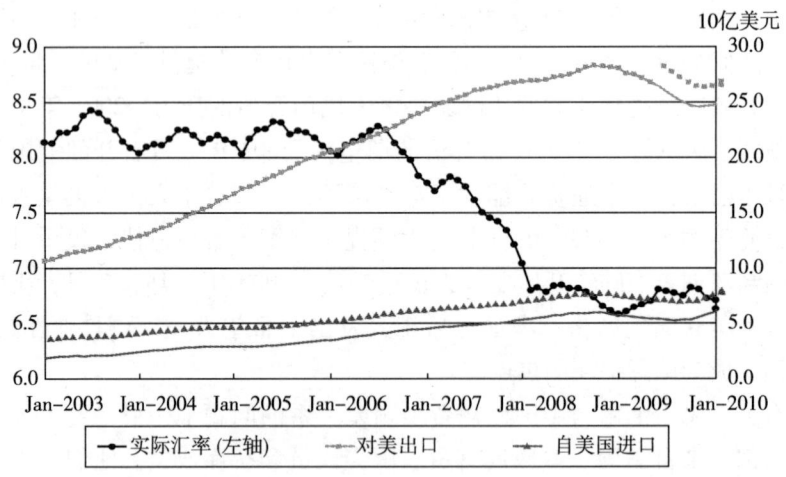

注：进出口数据是12个月的月度数据平均值。
资料来源：美国商务部和OECD。

图 4-4 中美贸易额与人民币兑美元实际汇率走势（2003～2010年）

由图 4-3 可以看出，20 世纪 80 年代直至 90 年代初，中国在与美国的贸易中始终处于逆差状态，逆差额占两国贸易总额的比重均在 20% 以上；从 1992 年起中国对美国的进出口贸易开始出现顺差，并且差额越来越大；进入 21 世纪后，两国贸易不平衡的状况进一步加剧——2005 年中美贸易顺差额首次突破一千亿美元，占两国贸易总额的比重在50%以上。虽然由于统计口径和统计方法的不同，中美官方统计的贸易数据存在差异，但两国之间日益严峻的贸易不平衡却是客观存在的事实。图4-4相关指标的走势图显示，2006年至2008年中，人民币兑美元实际汇率大幅升值，但这似乎并没有效遏制中国对美国的出口；相反，这一时期，中国对美国的出口增速显著大于进口增速，其净效果是，中美贸易逆差不断扩大，从而出现了现实与理论的背离。该事实表明，人民币汇率并非中美贸易逆差的主要影响因素，中美之间长期巨额的贸易失衡是由两经济体内在的经济运行结构决定的，单靠人民币升值是无法解决两国贸易失衡问题的，反而可能对两国经济结构和宏观政策的调整造成阻碍。

尤其自2002年后，美国经济就开始步入高速增长之后的调整期，被衰退的阴影笼罩，贸易赤字和财政赤字不断扩大，国内制造业的失业率不断上升，2003年美国6.4%的失业率中，制造业占到90%[①]。在这种情况下，美国国内以制造业集团以及工会组织为主的利益集团逐渐将美国制造业面临的问题推到了2000年后美国最大逆差国的中国身上，认为人民币的被过度低估造成了美国对中国的巨额贸易逆差以及美国制造业面临的困境，中国应该为美国的制造业下滑以及失业问题负责。正是在这种背景下，美国官方开始要求人民币汇率升值。

随着中国贸易顺差的持续扩大，以美国为首的国际社会对人民币升值的施压不断加强，直到2005年7月中国开始实行以市场供求为基础有管理的浮动汇率制度，人民币对美元一次升值2%，开始了三年多的人民币单边升值历程，国际上要求人民币升值的压力才稍稍减轻。

随着美国次贷危机迅速蔓延，并扩散为全球性金融危机，中国在2008年中暂停了人民币汇率的升值趋势，重回稳定美元汇率机制。期间中国的进出口贸易于2008年11月出现了七年来的首次负增长，直到2009年11月贸易负增长的态势才得以扭转。2009年末，随着中国贸易形势的好转、全球经济步入后危机时代，美国、欧盟等发达国家为提振本国经济、缓解国内严重的就业压力，对人民币汇率掀起新一轮施压浪潮，人民币汇率问题不仅再次成为中美博弈的焦点，更成为后金融危机时代何如恢复全球经济再平衡的争论热点。

2009年11月10日美国总统奥巴马宣称将与中国政府讨论人民币升值问题，2010年更宣称将在一年时间内坚持要求人民币升值。与此相呼应，美方接连对中国产的轮胎、金属丝网、铜版纸、油井管等产品实施贸易保护措施，中美贸易摩擦不断升级。6月19日，中国政府宣布重启汇率改革，增强人民币汇率弹性，但新汇率改革并没有带来人民币汇率的大幅升值。8月份，中美的贸易逆差

---

① 李晓明（2009）。

从7月份的259.2亿美元飙升至280.4亿美元,增幅超过8%,达到历史最高水平,美国总统奥巴马表示将继续就人民币汇率问题向中国施压。

在美国不断加强对人民币升值施压的同时,欧洲在这方面加大了对美国的支持。10月份,欧洲中央银行(European Central Bank)行长特里谢宣称,人民币的弱势威胁到了欧洲的经济复苏,要求中国允许人民币升值。德国也敦促中国放宽对人民币汇率的控制,警告说,那些通过压低本币汇率努力促进出口的国家可能将与中国爆发贸易战。

2011年,巴西、印度等新兴经济体似乎也加入了美国等一些国家呼吁中国加快人民币升值步伐的队伍,支持有关人民币被低估损害中国贸易伙伴及其他新兴经济体利益的观点。在2011年初二十国集团巴黎财长会议上,印度财政部长慕克吉(Pranab Mukherjee)表示,包括人民币在内的货币汇率应该市场化,但各国政府应根据自身独特情况来解决这一问题。巴西财政部长吉多·曼特加(Guido Mantega)表示,并非只有一个国家要对汇率紧张局势和全球经济失衡问题负有责任,理想情况是,所有国家均允许本币小幅升值,以便实现平衡。

针对国际社会关于人民币汇率的指责和施压,中国政府表示汇率在中美双边贸易余额中起到的作用很小,如果人民币大幅升值,中国出口行业可能会受到严重挫伤。2010年10月中国总理温家宝在美国发表演讲时说,中国承受不起人民币的大幅升值,他认为,人民币兑美元升值20%到40%会引发中国工人大量失业、企业大量倒闭,造成严重的社会动荡。2010年11月,中国国家主席胡锦涛在赴首尔出席二十国集团峰会之前,接受韩国媒体联合书面采访时表示,中国将稳步推进人民币汇率形成机制改革。

随着中国贸易顺差的迅猛增长,考察人民币汇率变化与贸易收支的关系的研究也随之兴起。

4.1.2.1 国际学术界研究综述

国外研究大多数认为,人民币升值可以对出口或进口或对二者皆产生影响,从而降低贸易顺差,进而为欧美等发达国家政府施压人民币升值提供了理论和政策依据。

Cerra和Dayal-Gulati(1999)估计了1983~1997年中国进出口品的价格弹性,发现二者皆显著,出口品的价格弹性为-0.3,进口品价格弹性为0.7。Wei(1999)基于1986~1996年中国进出口的月度数据进行了研究,认为人民币实际汇率与中国的贸易收支并不具有长期稳定的关系,但短期贬值会显著影响贸易收支。但Marquez和Schindler(2007)指出,测算早期中国贸易弹性的研究结论值得质疑,一方面是因为研究数据的范围横跨了中央集权的计划经济和市场经济两种不同的经济体制,另一方面则因为早期的名义汇率和实际有效汇率波动很小。

　　由于中国不同行业的贸易结构、产品质量、加工类出口品中的进口要素比重均存在较大差异且随时间而变化，因此利用加总贸易数据来估计价格弹性这一方法存在着较大问题。基于此，很多学者对分类别的贸易数据进行了估计。如 Chou（2000）对中国 1981~1996 年的季度分类数据进行了实证分析，结果表明人民币汇率变动对中国的出口、制造品出口以及矿物燃料出口都具有长期的负面影响。

　　Dees（2001）将中国的进出口品按照是否经过加工分为两类，研究发现，汇率升值减少出口，而且一般贸易品要比加工贸易品对汇率变动更敏感。Lau、Mo 和 Li（2004）使用 1995~2003 年的季度数据估计了中国与 G3 国家进出口的汇率弹性，发现在长期时间，人民币实际有效汇率升值会显著降低出口，但实际有效汇率的变化不会影响加工贸易。Aziz 和 Li（2007）利用 1995~2006 年的季度数据估计中国的出口价格弹性，结果显示，总出口对人民币实际汇率的价格弹性为 -1.5，一般贸易出口品的价格弹性为 -2.25，而加工贸易出口品的价格弹性为 -0.5。

　　1993 年后中国加工贸易结构开始出现大幅转变，1996 年起加工出口品的比重超越一般出口品，因为汇率波动会影响进口中间原材料的成本，所以加工出口品的国际竞争力也会间接受到影响。若进口中间原材料来自于最终产品进口国，则因为汇率波动对最终产品出口收益与中间品进口成本的影响方向相反，将导致汇率波动对产品出口竞争力的影响减弱。如果进口的中间原材料来自其他第三国，则第三国汇率变动对本国加工出口品竞争力的影响方向取决于该国与中国在最终产品出口市场是否存在相互替代关系。

　　一些学者在研究中国的贸易弹性时，将中国进出口结构的这种变化考虑了进来，如，Rahman 和 Thorbecke（2007），Thorbecke 和 Smith（2008），Ahmed（2009）发现人民币单独升值与中间品供给国的联合升值对中国出口可能产生不同影响。Thorbecke 和 Smith（2008）考察了中国对 33 个国家的出口贸易（加工贸易和一般贸易），研究发现，如果人民币单独升值 10%，而其中间品供给国汇率保持不变，那么中国的加工出口贸易会下降 4%；但如果人民币与中间品供给国的汇率联合升值 10%，中国的加工出口贸易会下降更多。Ahmed（2009）估计了过去三年里人民币实际汇率升值对中国出口的影响，结果显示，更大的汇率升值会减缓一般贸易与加工贸易的出口增长。

　　而另一些学者、经济分析师和离任官员对通过人民币升值改善中美贸易不平衡的观点持谨慎态度，有的甚至持反对意见。2003 年 11 月美国国际经济研究所高级研究员拉迪表示，强迫中国实行浮动汇率制以提高人民币汇率的做法，不会解决美国贸易逆差不断上升的问题，美国贸易逆差是一种结构性赤字，与中国汇率制度和贸易保护主义没有关系。蒙代尔也批驳了"人民币升值论"，认为贸易账户顺差与人民币升值之间没有必然的联系。

Davis 和 Weinstein（2002）研究认为，人民币汇率并不是中美贸易失衡的主要原因所在，因此不应过分强调汇率政策。Eckaus（2004）利用 1985～2002 年的年度数据分析，认为汇率的变动对中国向美国的出口没有统计上的明显影响，研究认为，中美双边贸易的失衡，并不表明人民币对美元的汇率出了问题，与中美两国贸易和汇率政策相关的是它们总的贸易平衡，只强调中国贸易与汇率问题是极不正确的。

Nicolaas Groenewold 和 Lei He（2006）研究认为，人民币升值幅度较大时会对中美贸易收支有长期影响，但这种影响不会很大。Cheung、Chinn 和 Fujii（2009）的研究结论与 Lei He（2006）相似，他们利用 1993 年第三季度到 2006 年第二季度的季度数据进行研究发现，尽管人民币实际汇率升值会如预期地减少出口，但效果并不显著。

Garcia - Herrero 和 Koivu（2009）将贸易品分为加工过和未经加工的，利用 1994～2005 年的数据估计了不同类别的贸易弹性，研究发现，未加工的出口品价格弹性在全样本下为 - 2.3，2000～2005 年的子样本下弹性为 - 1.6；加工后的出口品，全样本和子样本下的价格弹性均为 - 1.3。但他们发现，人民币升值非但不会增加中国的进口，反而会将其降低，因此，实际汇率升值未必带来贸易顺差的下降。

4.1.2.2 中国国内学者的观点

国内学者的研究大多认为中国贸易顺差与人民币汇率并无直接关系。厉以宁（1991）通过对中国 1970～1983 年的进出口数据进行分析得出，中国进出口需求弹性的绝对值之和为 0.7377，马歇尔—勒纳条件在中国并不满足。陈彪如（1992）运用 1980～1989 年的进出口价格指数与贸易量指数进行回归分析后得出，中国的进出口需求相对价格弹性的绝对值之和近似于 1，因此人民币汇率变动对改善贸易收支的影响并不显著。谢建国和陈漓高（2002）采用协整分析和冲击分解方法对人民币实际汇率与中国贸易收支的关系进行了研究，表明人民币汇率对中国贸易收支影响并不显著，长期改善贸易收支的关键在于改善国内供给需求关系。殷德生（2004）使用协整方法估计了中国的贸易收支方程、出口需求方程和进口需求方程，其结论是人民币汇率变动对中国贸易收支变动的影响很小。

沈国兵（2005）分别通过分析 1994～2002 年的年度数据，并运用 Engle - Granger 两步检验法对 1998～2003 年的月度数据进行协整检验，认为美中贸易收支与人民币汇率之间没有长期稳定的协整关系,因此汇率变动对贸易收支的影响是值得怀疑的,仅仅依靠人民币汇率变动是无法解决美中贸易逆差的。无论长期还是短期,人民币有效汇率与中美贸易收支之间均不存在因果关系,中国与美国的消费支出结构、产业结构存在很大的互补性,人民币升值并不能增加美国的就业机会,相反还会加重美国消费者负担,增大物价的压力,其国内的通货膨胀率可能会更高,迫使美联储立即采取严厉的紧缩性货币政策,冲击美国的脆弱复苏,同时美国的贸易失衡并不会因此而改变。

金洪飞、周继忠(2007)以1994年1月到2005年3月的月度数据为样本,用ARDL框架下的协整方法,对中美贸易的收入弹性和实际汇率弹性进行了经验分析,认为人民币汇率对中美贸易没有显著影响。陈六傅、钱学锋(2007)以中国与G7各国1990~2005年季度贸易数据为样本,对中国与G7各国双边贸易方程进行了协整估计,认为仅靠汇率干预非但不能纠正中国总体外部失衡,还有可能导致外部失衡的结构性或总体性恶化。

中金公司(2010)利用中国最新出版的涵盖中国全部42个行业的投入产出表,计算人民币升值对行业的影响,结果显示大多数行业(特别是对进口大宗商品依赖度高的行业)会从人民币升值中受益,而受损行业(纺织服装、仪器仪表及办公室设备)所受损失较小。此外,人民币名义汇率的升值并不是中国唯一调整贸易失衡的方式,即使人民币汇率仍盯住美元,中国仍可以用通胀来调整产品与美国的相对价格(即人民币实际汇率升值)。

也有研究结果支持人民币汇率变动能够显著影响中国贸易收支的观点。许和连和赖明勇(2002)利用协整方法验证了中国工业制成品与实际GDP、国外实际收入及人民币实际有效汇率之间存在长期稳定的均衡关系。卢向前和戴国强(2005)基于1994~2003年人民币对世界主要货币的加权实际汇率数据,运用协整向量自回归的分析方法,对加权实际汇率与中国进出口之间的长期关系进行了实证检验,其结论是进出口需求相对价格弹性绝对值之和超过3.8,表明人民币实际汇率波动对中国进出口存在显著影响。

辛岚(2006)通过对1997~2004年间的数据分析后发现,人民币实际汇率与中美贸易收支存在长期稳定关系,并且人民币实际汇率对进出口存在J曲线效应。王胜、陈继勇和吴宏(2007)研究发现,短期内人民币名义汇率和中美贸易收支之间的相互作用并不明显,但从长期均衡关系来看,人民币升值还是会在一定程度上削减美国对中国巨大的贸易逆差。

4.1.3 人民币汇率变动与贸易收支关系的评述

从目前国内外理论界的研究结论来看,比较一致的观点是人民币汇率存在着被低估，但对于人民币汇率与贸易收支的关系并没有形成一致结论。大多数实证研究是基于20世纪90年代后的数据，而这十多年恰好是中国改革开放最快的时期，制度变迁和结构的调整可能会影响方程设定的稳定性和估计结果的可信度。正如Cheung, Chinn and Fujii（2010）所认为的，有关人民币汇率和中国贸易顺差关系的实证研究，往往因样本期间、研究对象及研究模型设定的不同而在结论上存在或大或小的差异，人民币升值对贸易顺差的改善效果值得怀疑。该结果实际上反映了特定国内外经济运行背景下中国贸易顺差形成原因的复杂性。

4.1.3.1 贸易顺差与储蓄投资缺口

中国贸易顺差和国内储蓄投资缺口有着密切联系。根据国民收入的核算原理，在开放经济条件下，按照支出法来衡量的国际收支为

$$Y = C + I + G + (X - M) \tag{1}$$

按照收入法来衡量的国际收支为

$$Y = C + S + T \tag{2}$$

因为在一定时期内，按照支出法和收入法来衡量的国际收支应该相等，所以

$$C + I + G + (X - M) = C + S + T \tag{3}$$

由（3）式得

$$I + (X - M) = S + (T - G) \tag{4}$$

把 $CA = (X - M)$ 代入（4）式可得

$$I + CA = S + (T - G) \tag{5}$$

即

$$CA = (S - I) + (T - G) \tag{6}$$

其中，$Y, C, I, S, T, G, X, M, CA$ 分别代表国民收入、私人消费、私人投资、私人储蓄、政府税收、政府支出、进口、出口和贸易账户余额。

$CA = (S - I) + (T - G)$，意味着一国贸易余额等于私人净储蓄与政府净储蓄所构成的国内净储蓄。一国储蓄大小决定了该国贸易顺差的大小，净储蓄越大，净出口也越多。

国内一些学者从储蓄和投资的角度考察了中国20世纪90年代中期以来贸易顺差的成因，认为中国持续贸易顺差的原因在于国内总储蓄高于国内总投资。如，李稻葵和李丹宁（2006）认为，中美的贸易顺差来自两个方面，一方面是中美国家的储蓄率发生了变化，另一方面是由于世界的贸易结构发生了变化；何帆和张明（2007）认为，国内总储蓄超过国内总投资是中国贸易顺差存在的原因，若政府对当前的高储蓄高投资采取自由放任政策，未来贸易顺差会继续

上升，若政府采取积极的调整政策，未来贸易收支趋于平衡；管涛和王信等（2007）认为，工业化国家在经济起飞时往往会出现较大的顺差，中国的贸易顺差基本正常，反映了中国国民储蓄的持续较快增长、中国生产能力的快速提升和强劲的外部需求等。

从目前看，中国的高储蓄率可能还会持续相当长时间——由于缺乏完善的社会保障体系，教育卫生费用过高，居民的预防性储蓄未来可能居高不下；中央企业尤其是具有垄断特权的央企利润增长迅速，但大部分的企业利润却被留存在企业内部，全体国民无法分享利润增长的红利[1]。只要国内储蓄超过国内投资，那么该国将持续地通过贸易顺差向外国提供融资。不过，随着未来中国社会保障体系的逐步完善以及人口结构老龄化趋势的加重[2]，居民储蓄有望下降，从而降低贸易收支的顺差。

4.1.3.2 国际分工与中国特有的要素禀赋优势

经济全球化背景下国际生产分工体系演变与中国特有要素禀赋优势的耦合，是导致中国持续贸易顺差的重要原因。

20世纪90年代以来，以美国、欧盟为代表的发达国家产业结构不断升级，加工制造业向国外转移，而正处于工业化发展阶段的中国，凭借劳动力相对丰富的比较优势和一系列优惠政策，吸引发达国家转移过来的劳动、资源乃至资本密集型加工制造业，以加速实现本国的工业化进程。佟家栋（2007）认为，中国廉价劳动力优势的长期存在、需求不足与生产过剩以及吸引的大量外商直接投资是造成中国贸易收支顺差的原因；张家胜和祁春节（2007）认为，国内有效需求不足和投资过度扩张、贸易品生产相对过剩与公共品供给不足以及国民储蓄超过国内投资是中国贸易收支出现顺差的直接原因，而人口红利、大规模的工业化与城市化、金融抑制等深层原因决定了中国贸易顺差将在较长时期内存在。

图4-5和图4-6分别绘出了2000~2009年按贸易方式和贸易主体划分的中国贸易顺差来源结构。

---

[1] 中国学者樊纲、美国学者斯蒂格利茨均在不同场合表示，中国企业储蓄率高企是中国经济失衡的症结所在。而中国人民银行行长周小川在2011年4月的《博鳌亚洲论坛上2011年会会刊》中也指出，中国企业储蓄占GDP的比重已处于全球高水平。

[2] 王仁言（2003）将贸易顺差与中国人口年龄结构联系在一起，认为人民币汇率与贸易差额的相关性不显著，人口年龄结构是中国对外贸易出现持续顺差的重要原因，人口赡养率下降引起的国民储蓄增加、消费需求不振、青壮年人口比重上升，造成了持续的贸易顺差。

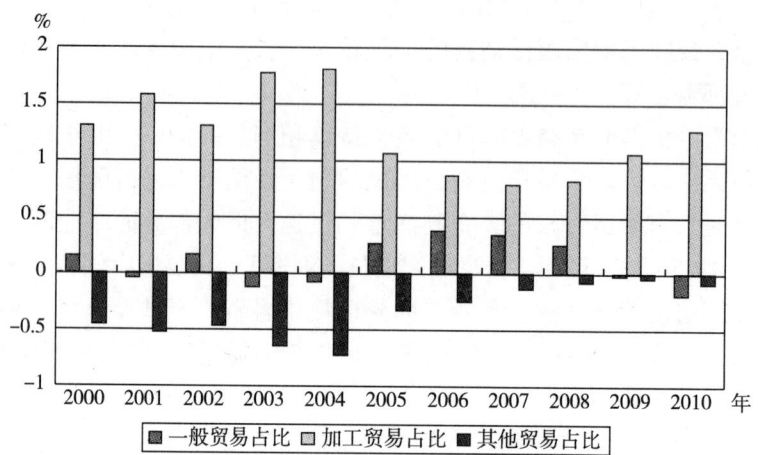

图4-5 2000~2009年按贸易方式划分的中国贸易顺差来源结构

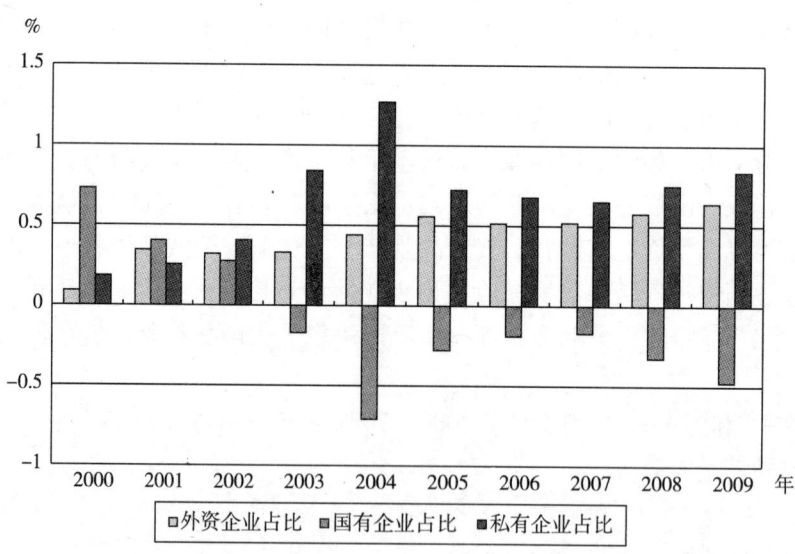

资料来源：中国国家统计局《中国统计年鉴》。

图4-6 按贸易主体划分的中国贸易顺差来源结构（2000~2009年）

就贸易方式看，长久以来加工贸易顺差一直是我国贸易顺差的主要构成部分，其与贸易顺差总额的比例不低于90%。据国家统计局最新数据显示，2010年中国的贸易顺差为1831亿美元，而加工贸易顺差高达3229亿美元，创历史最高水平。2000~2010年，中国一般贸易六年顺差，五年逆差，但规模远小于加工贸易。其他贸易基本上一直处于逆差状态，不过2005年后逆差规模明显收窄。

就贸易主体看，我国贸易顺差主要来源于外商投资企业和民营企业。自2000年来，外商投资企业的贸易顺差额不断增长，占贸易顺差总额的比重也从2000年的不足10%上升到2009年的近65%；近几年，民营企业是我国贸易顺差的主要来源，2009年占贸易顺差的比重接近84%；自2003年后，国有企业始终处于贸易逆差状态，且逆差额呈逐年扩大趋势。

由上面的分析可以看出，我国贸易顺差具有典型的"外资嵌入型"特征。加工贸易顺差的实质是外资产业转移的结果，我国凭借要素禀赋优势及政策、服务优势吸引了跨国公司及其配套产业的转移，由此造成的跨国公司产业内贸易顺差是全球化的必然结果。例如，美国最具象征性的科技产品——苹果公司的iPhone，虽然完全由美国公司设计和拥有，但多数元件由其他国家生产，最后在中国进行组装，中美两国贸易统计却将其视为中国出口到美国的产品，按此标准，2010年中国在iPhone上的贸易顺差，即美国的贸易逆差，为19亿美元。但如果中国只计算它创造的iPhone价值，那么对于同等数量的iPhone，中国对美国的出口额仅为7350万美元，而一旦美国贡献的零部件价值被计算进去，在iPhone上美国将出现4810万美元的贸易顺差[①]。

加工贸易出口企业只是利用中国的廉价劳动力，其原材料靠进口，产成品也全部用于出口。在人民币升值时，以美元计价的原材料成本并不变，只是以美元计价的劳动力成本增加了，但当劳动力成本占比相对较低时，人民币升值对加工贸易出口企业的影响相对较小。对于国际产业分工导致的中国巨额贸易顺差，人民币升值或许无能为力，只有中国国内的劳动力成本大幅上升时，人民币升值才会有助于缓解贸易顺差。

4.1.3.3 特殊时期的政策和体制

特殊时期的政策和体制为贸易顺差的形成提供了制度便利。1979年改革开放初期，中国面临着资金匮乏、技术落后、投资环境差、国内市场尚未健全等约束，为了发挥国内劳动力资源丰富、价格低廉的优势，中国先后建立了一系列出口加工区、经济特区等，给予其优惠的吸引外资和鼓励出口的政策，极大推动了加工贸易领域的外商对华投资，为贸易顺差的积累和扩大起了推动作用。

---

① 《华尔街日报》（2010）。

另外，许煜、徐翱和尚长风（2007）指出，国外学者关于人民币汇率与贸易收支关系的实证模型多以外国发达市场经济的基本制度背景为基础，但中国的制度背景与发达市场经济存在着很大的不同，从而可能影响这些模型结论的可信性。许煜等认为，中国目前尚处于经济体制转型期，其所特有的高度集权的垂直政治管理体制和经济上的分权造成了对于地方政府的特殊激励机制——在财政分权的情况下，地方政府为了获取更好的政绩，最大限度地利用中央给予的权力来吸引投资以获得更高的经济增长率。一方面，地方政府掌握着大量的土地资源，可以利用土地优惠政策进行引资；另一方面，由于掌握着地方国有银行，地方政府可以要求银行为外来企业提供低息贷款。另外，为了吸引外资，地方政府还大量实行税收优惠，甚至给予外资远低于国内企业的税率，即所谓的"超国民待遇"。这些优惠政策的组合产生了两方面的影响：第一，极大降低了企业的生产成本，从而大大提高了中国产品在世界上的竞争力，进而推动了贸易顺差的累积；第二，这些优惠政策极大地降低了各种要素（土地、资本）的价格，由此导致企业对各种要素的超额需求，结果是投资过度和过剩的生产能力。这些过剩的生产能力最终只能通过出口来消化，从而加剧了贸易顺差。许煜等采用多变量的 Johnsen 协整方法对上述观点进行了实证检验，发现中国式的财政分权对中国的贸易顺差具有显著的正效应，而人民币升值不但不能减轻贸易顺差，反而加剧了贸易顺差。

4.1.3.4 国内外不同利益集团的经济与政治博弈

最后，或许更重要的是，人民币汇率的决定以及汇率机制改革问题，并不是一个单纯的经济问题，而是国内外不同利益集团的经济与政治博弈问题，充满了复杂性和不确定性。

首先是美国国内的政治博弈。2002 年以来在美国政府对人民币汇率问题的政策变化中，利益集团的作用不可小觑。实际上在美国国内，有不少观点认为人民币不应为美国巨大的经常项目赤字埋单，美国经济不平衡并非源于人民币，美国国内极低的储蓄率以及美国近年来的减税和刺激投资等政策才是美国经济问题的症结所在。比如，早在 2001 年，诺贝尔经济学奖获得者斯蒂格利茨（Joseph Stiglitz）、哈佛大学的库珀（Richard Cooper）、斯坦福大学的麦金农（Ronald Mckinnon）等经济学家就曾在论文或演说中表达过这种观点。美联储前主席格林斯潘也曾数次驳斥将人民币汇率问题与美国就业和制造业挂钩的看法。对于制造业的滑落和就业岗位的丧失，美国前总统布什和副财长约翰·泰勒都曾表示，并不能归咎于"某个国家或某个事件"。2010 年 3 月，包括美中贸易全国委员会、美国大豆协会和美国肉品学会在内的 36 家行业组织在写给国会的一封信中表示，强烈反对使用反倾销或反补贴关税法来处理货币问题，并称有关人民币汇率的提案将"使美国违反对世贸组织规则的承诺",并敦促国会不要通过针对中国人民币汇率征收特别关税的法案。

但以健全美元联盟①和中国货币联盟②为代表的利益集团,对国内不同信息进行了选择性接收和传播——大肆抨击人民币兑美元名义汇率的长期固定,而刻意忽略实际汇率和有效汇率指标的波动。他们还列举了许多能证明人民币被低估并影响美国经济的数据,并在这些数据和具体案例的基础上形成了一系列声明和报告,通过游说、发布报告、政治捐款、倡导草根行动等一系列有组织的活动,成功地向美国公众植入了人民币被低估40%以提升中国出口品竞争力的观点,以至于该数值频频成为了大众、媒体和国会资料引用的来源和政策建议的基础。

图4-7绘出了2000~2009年人民币汇率不同指标的趋势图。由该图可以看出,在2000~2005年间,人民币兑美元名义汇率保持了高度稳定,但决定贸易收支状况的实际汇率和有效汇率则存在着较大的波动——人民币兑美元的实际汇率因中国相对较快的通胀率而呈小幅升值状态,而人民币有效汇率(名义汇率和实际汇率)则在2001年前呈升值趋势,此后开始长达四年的贬值过程。与之相似的是,人民币兑美元名义汇率在2008下半年至2009年呈高度稳定的状态,但人民币兑美元实际汇率及人民币名义和实际有效汇率在这段时期始终处于升值态势。尤其自2010年6月19日推行新一轮汇率改革以来,虽然人民币兑美元名义汇率升幅仅4%,但实际汇率升幅已高达10%。

以健全美元联盟和中国货币联盟为代表的利益集团成功地在美国国内塑造了要求人民币升值的舆论,将人民币汇率变成了一个政治议题,而这一议题又在恰当的时机迎合了美国部分政客转嫁政治危机、推卸自身责任的利益诉求,最终促成了美国以金融外交施压人民币升值政策的出台和执行。

---

① "健全美元联盟"(Coalition for a Sound Dollar)是在2001年由美国制造商协会发起而成立的,该联盟由全国制造商协会、钢铁制造商协会、美国纺织制造商协会、美国航空业协会等数十个美国贸易协会组成,代表着95%的美国出口商。

② 同"健全美元联盟"相类似,"公平货币联盟"(the Fair Currency Coalition)同样也是在中国汇率问题上向国会和行政部门施压的主力军。"公平货币联盟"是由劳联—产联牵头成立的,2007年以前名为"中国货币联盟"(China Currency Coalition, CCC),截至2010年2月19日共有46个相关的组织加入到该联盟中。其目的主要是努力消除中国在货币问题上对美国相关产业造成的危害,该联盟占到美国工商业份额的35%以上,其成员包括劳联—产联、美国钢铁协会、塑料工业协会、美国汽车工人联合组织等。该联盟相对于"健全美元联盟",其针对性更强,因为其对象直指中国人民币汇率。

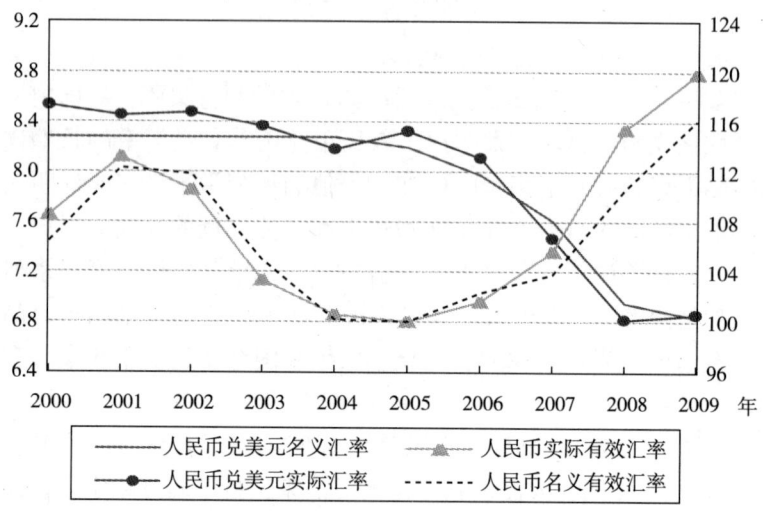

注：左坐标轴是人民币和美元的双边汇率水平（名义和实际），采用的是直接标价法；右坐标轴是人民币有效汇率指数（名义和实际），采用的是间接标价法①。

资料来源：国际货币基金组织的《国际金融统计》。

图 4-7　人民币汇率不同指标的趋势图（2000~2009 年）

图 4-8 绘出了 2000~2009 年中美贸易余额占两国 GDP 的比重及美国主要宏观经济指标（失业率、GDP 增长率、财政余额占 GDP 比重）的趋势图。由该图可以看出，中美贸易的不平衡对中国经济的影响远甚于对美国的影响，2006 年中美贸易差额占中国 GDP 的比重达到历史高位 5.2%，但其占美国 GDP 的比重最高也不到 1.2%（2008 年）。中美贸易不平衡对美国经济的实际影响相比于新闻媒体的宣传或许要小得多。图中美国主要宏观经济指标的走势表明，美国对人民币汇率问题的态度变化与其国内经济周期保持着高度的相关性——2002~2004 年以及 2009 年美国国内要求人民币升值呼声最高的时期，也是其失业率（两时期分别为 5% 以上和 9% 以上）迅速攀升、政府财政赤字加剧恶化（两时期分别为 3% 左右和 10%）的时期。将国内公众视线转移到人民币汇率问题上，并以此逼迫人民币升值，可以帮助美国政府有效转嫁国内政治压力。但正如前述，人民币汇率只是导致中美贸易不平衡的众多因素中的一个，如果没有适当的宏观经济政策配合，逼迫人民币（也包括其他亚洲货币）升值或者采取贸易保护手段，并不容易解决美国积重难返的国内经济问题。

---

①　汇率的直接标价法，是以本币表示外币的价格，即一单位外币等于多少本币；汇率的间接标价法，是以外币表示本币的价格，即一单位本币等于多少外币。

第四章 与现行人民币汇率制度相关的几个主要问题　　**117**

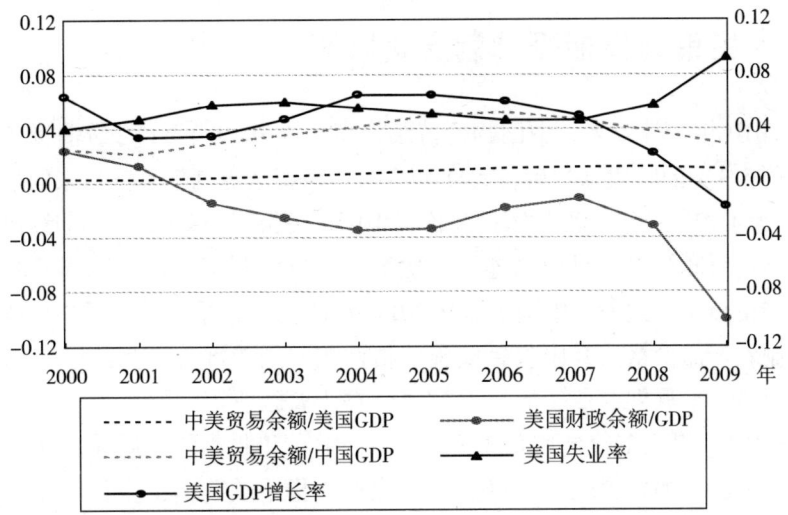

资料来源：国际货币基金组织的《国际金融统计》。

图4－8　中美贸易差额占两国GDP的比重及美国主要宏观经济指标（2000～2009年）

其次是对中国国内政治因素的考量。对于中国政府来说，人民币升值未必能有效改善贸易顺差过大的局面，但势必会给国内企业尤其是加工出口企业带来剧烈调整，由此引发的社会稳定问题，则是中国政府最为关注的。比如，出口企业要调整出口产品的结构或目的地，甚至还会倒闭，随之而来的失业问题会造成社会不稳定。这意味着，在出口复苏未稳和就业压力很大的情况下，中国不会采取激进的人民币升值策略，特别是不会让人民币一次性大幅度升值。

事实上，人民币钉住美元的做法，让中国积累了大量的美元资产，这增加了中美双方相互依赖的程度，造成了两国之间共荣共生的局面——中国要依靠美国配置美元资产并保证安全，美国也要通过中国持有的美元资产进行"融资"。如果人民币大幅升值，中国持有的美元资产会因美元贬值而缩水。另外，如果人民币脱离美元而走上升值之路，未来也势必会挑战美元的强势地位。

总之，人民币汇率问题背后的政治博弈或许更复杂。对中国来说，在人民币名义汇率的激进升值和小幅渐进升值都不足取时，可先考虑完善国内的价格形成机制，比如进行收入分配改革和资源价格改革，保证人民币实际汇率升值，以缓解国际舆论的压力。对于美国来说，单靠人民币升值未必改善其本国贸易逆差；更积极的态度是实施适当的宏观经济政策，以减少其财政赤字和提高自身的全球竞争力。

4.2 人民币升值能否抑制通货膨胀

自 2010 年 5 月以来，中国物价持续走高，继 2009 年 11 月份消费者价格指数升幅创 5.1% 的阶段高位后，2011 年 3 月份该指数更创下了三年来的最高升幅 5.4%。为了控制持续上涨的国内物价，中国人民银行自 2010 年起陆续出台了一系列紧缩货币政策，到目前已连续四次上调存贷款利率，八次上调了商业银行的存款准备金率。此外，中国政府从 2011 年 11 月开始采取了一系列行政管制措施来抑制农产品价格，其中包括实施价格监控并划拨部分商品的国家储备进行拍卖。但是，最近俄罗斯、加拿大等多个农业大国所遭遇的恶劣自然灾害加重了始自 2010 年夏天的全球粮价上涨压力[①]，中东和北非的政局动荡又推动国际油价迅猛上涨，加之美欧发达经济体量化宽松货币政策退出步伐的缓慢，使得全球流动性过剩态势仍将在一定时期内持续，这些因素共同作用，进一步加大了我国控制通胀的难度。

通胀压力进一步为国内外支持人民币升值的人士提供了理由，他们普遍认为，人民币汇率被低估导致了出口需求强劲和经常项目持续顺差，成为中国通胀压力上升的重要原因。因此人民币汇率的升值不仅有助于中国平衡国际收支、调整经济结构，也可以帮助缓解日益严峻的国内通胀压力。尤其在输入型通胀的压力下，中国进口大宗商品价格的飙升，已经以食品和交通成本上涨的形式传导给消费者，人民币名义汇率升值有助于降低中国大量进口的原油、铁矿石、大豆和其他大宗商品的进口成本。面对当前国内外宽松货币政策所引发的通胀压力，国内很多研究机构、研究学者，包括一些政府官员，都在不同场合表示，应放宽人民币汇率的波动幅度，以人民币升值作为抑制通货膨胀的重要手段。相比于国际社会的施压，国内的通胀压力可能成为推动中国政府加快人民币升值步伐更重要的催化剂。

一般来说，一国货币升值有助于降低国内物价水平，也正基于此，2007 ~ 2008 年的通货膨胀期间，中国政府曾实践过用升值和加息双管齐下地抑制通胀——在 2008 年第一季度 CPI 同比增幅达到 8.7% 的高位时，人民币名义汇率的升值幅度折合成年率接近 20%。

[①] 据世界银行统计，从 2010 年 10 月到 2011 年 1 月，国际粮价大幅上涨 15%，已逼近 2008 年 "粮食危机" 时创下的历史最高水平。而粮农组织最新公布的数据显示，2011 年 1 月全球食品价格指数达到了 231 点，是该组织自 1990 年开始监测食品价格指数以来的历史最高点，已经超过了 2008 年粮食危机期间的最高纪录。

但由于实践中，汇率对物价的影响机制众多，且不同的影响机制具有各自的传导特点和传导速度，所以人民币汇率变动对国内物价水平的实际影响效果如何，存在着较大的不确定性。但不可否认的是，随着人民币汇率波动幅度的扩大，其对国内物价的影响会越来越显著，以物价稳定为首要目标的中央银行应如何实施货币政策以应对汇率变动对政策目标的未预期冲击，这一问题引起了理论界和政策决策者的广泛关注。

4.2.1 汇率传导的相关概念

4.2.1.1 汇率传导定义

汇率传导（Exchange Rate Pass – through）作为国际经济学中的一个重要研究领域，指的是汇率变动对国内物价水平的影响。但现实中，物价指数有多个，不同研究者由于出发点和研究目的的不同，选择研究的侧重点和相关概念界定也有差异。因此，在对此问题展开进一步细致分析之前，对有关概念进行准确界定、梳理和比较是非常必要的。综观研究汇率传导的大量国内外文献，可将汇率传导的概念分为以下两大类：

一是狭义的汇率传导。狭义层次上的汇率传导，仅指汇率变动对进口品价格的影响。如 Goldberg 和 Knetter（1997）在其研究汇率与物价关系的综述性文献中，将汇率传导效果（Exchange Rate pass – through Effect）或汇率传导弹性（Exchange Rate pass – through Elasticity，PTE）定义为"由于进口国和出口国汇率变动百分之一所导致的以进口国当地货币标价的进口品价格变化的百分比"。《新帕尔格雷夫货币金融大辞典》[1]对汇率传导的定义为"进口价格对汇率变化反应的程度"，由进口价格函数中的 β 系数来度量：

$$pm_i = S^\beta g(x)$$

其中，pm_i 是进口商 i 的本币价格；S 是汇率（外币的本币价格），$g(x)$ 是其他决定因素 x 的函数。

国外学者[2]采用多种计量分析方法对不同国家、不同行业汇率对进口品价格的传导效果进行了实证研究，研究结果基本上证实了不完全汇率传导的存在。对此结论，相关研究从因市定价（Pricing – to – Market）、当地货币定价（Local Currency Pricing）、沉淀成本和滞后效应（Sunk Cost and Hysteresis）、汇率波动的

---

[1] 《新帕尔格雷夫货币金融大辞典》（第一卷）。
[2] Krugman（1987），Knetter（1989，1993），Feenstra（1989），Feenstra et al.（1996），Goldberg & Knetter（1997），Goldberg（1995），Goldberg & Verboven（2001），Devereux & Yetman（2002），Sahminan（2002），Pollard & Coughlin（2003），Rowland（2004）以及 Barhoumi（2005）。

特点、经济规模与经济周期等宏微观角度进行了解释。

二是广义的汇率传导。随着宏观开放经济模型的发展，一些研究者从更广的范畴来理解和考察汇率传导效果，如 Kahn（1987），Menon（1995），McCarthy（2000），Hufner 和 Schoder（2002）将汇率传导效果定义为"国内价格对汇率变动的反应过程"。因此，广义层次上的汇率传导，指的是国内价格水平，包括消费者价格、生产者价格、投资品价格、零售价格、批发价格等不同价格指标，对汇率变动的反应程度。

20 世纪 90 年代后，国外涌现了大量研究汇率对国内一般物价传导效果的文献[①]，这些研究大多发现，汇率对进口品价格的传导效果（一般估计在 50%）远大于对国内消费者价格等一般物价水平的传导效果。对此的解释有名目刚性（Nominal Rigidity）、反通胀货币政策的可信性、国内商品的替代效应、经济周期和经济全球化等因素。

4.2.1.2 汇率传导机制（Exchange Rate pass–through Mechanism）

汇率传导效果的高低，取决于汇率波动影响价格变化的渠道和路径，这被称为汇率传导机制。Goldberg 和 Knetter（1997）将汇率传导机制分为直接传导和间接传导两条，认为在开放经济体中，两条传导机制同等重要。

直接传导机制（Direct Pass–through Mechanism）。汇率变动最直接影响到的是进口品价格，一般而言，本币贬值，将直接提高进口品的国内价格，而本币升值一般会降低进口品的国内价格。

间接传导机制（Indirect Pass–through Mechanism）汇率变动对其他价格指标，如消费者价格、生产者价格等国内一般物价水平的影响则是间接的。例如，汇率贬值直接影响进口品价格，进口消费品的上涨，会带动国内进口企业生产成本的上升，进而引起生产者价格指数、零售物价指数、消费者价格指数等一般物价水平相应变动。因此，汇率对生产者价格和消费者价格的影响程度主要取决于汇率对进口品价格的传导效果、生产者价格指数和消费者价格指数中进口品所占份额以及国内企业的产品价格对汇率变动反应的敏感度。

相对于汇率传导的直接机制，汇率影响物价的间接传导渠道和机制要复杂得多，影响方向也不明确，从而使得消费者价格指数、生产者价格指数等一般物价指标对汇率反应的敏感度远远低于进口品价格，并且反应也较滞后[②]。具体

---

① Mussa（1986），Engel（1993，1999，2000），Rogers & Jenkins（1995），Engel & Rogers（1996，2001），Obstfeld & Taylor（1997），Kim（1998），McCarthy（1999），Goldfajn 和 Werlang（2000）、Parsley & Wei（2001a，2001b），Belaisch（2003），Takatoshi Ito 和 Kiyotaka Sato（2006）。

② Bachetta 和 Wincoop（2003）；Campa 和 Goldberg（2005）。

而言，汇率变动影响一般物价水平的渠道和机制主要有以下几种①：

第一，生产成本机制。本币升值，带动进口原材料价格下跌，将推动本国加工企业或者大量依靠进口进行生产的企业生产成本下降，从而推动一般物价水平的下跌。

第二，货币工资机制。本币升值带动进口价格和国内一般消费品价格下降，导致实际工资上升，生产者因降低成本的需要而放缓或降低名义工资增长率，这进一步推动了企业生产成本和产品销售价格的下降。

第三，货币供给机制。本币升值后，由于货币工资机制和生产成本机制的作用，货币供应量可能下降。另外，在外汇市场上，本币升值后，净出口的下降或贸易逆差可能使中央银行在结汇方面减少本国货币投放，也会导致本国货币供应的下降，货币供给的减少倾向于降低国内的一般物价水平。

但本币升值对国内物价的影响方向是不确定的。本币升值尤其是公众对本币升值的预期，可能引发大量投机资本流入本国，资本流入会增加央行外汇储备和国内货币供应量，从而提高国内通货膨胀率。

第四，收入机制。如果国内对进口商品的需求弹性较高，从而本币的升值会导致进口总量增加，同样，如果外国对本国的出口产品的需求弹性较高，从而本币的升值会导致出口总量减少。贸易收支的恶化，会降低总需求，从而导致本国的收入减少和物价水平的下跌。

第五，替代机制。除了通过直接影响进口品价格进而影响消费品价格外，汇率变动也能通过影响国内进口替代品的价格，进而影响消费品价格。比如，一国货币升值，降低进口品价格，国内消费者将用进口品替代国内近似产品消费②，使国内进口替代品的需求下降，从而带动国内一般物价水平下跌。

第六，预期机制。该机制由 Taylor（2000）提出，其观点是，当公众预期汇率变化将长期持续时，价格水平会因预期通胀的调整而变化，此时汇率传导效果最高。一种货币升值趋势一旦形成，短期内往往难以逆转，在这种背景下，生产者把升值预期纳入特殊的生产成本，把升值对物价水平可能的负面影响纳入生产函数，进而影响生产的积极性。消费者因本币的升值预期而倾向于减少消费。这两方面的作用使得社会总需求相对不足，物价水平趋于下跌。

第七，债务效应。本币升值后，偿还同等数量外债所需要的货币会减少，从而减轻外债负担，提高国内的有效需求，总需求的过剩对国内物价水平具有

---

① 为阐述的方便，以下分析以本币升值为例。

② 与此相对，Burstein，Nerves 和 Rebelo（2003）将本币贬值所引起的国内商品替代进口品的现象定义为"逃离质量"（flight from quality）。

潜在提升和推动效应。

从上述汇率对国内一般物价的影响机制可以看出，汇率变动对一般物价的传导机制既有正面影响也有负面影响，货币工资机制、生产成本机制、收入机制、替代机制和预期机制会导致汇率升值降低国内物价，债务机制则会导致汇率升值提高物价，而货币供应机制对汇率和物价关系的影响则是不确定的。因此，现实中汇率变动对物价影响到底如何，视各传导机制相对作用的大小和速度而定。总而言之，由于上述复杂机制的影响，汇率变动对国内一般物价水平的传导时间较长，而传导效果较差。实证研究[①]显示，汇率对消费者价格的传导率往往小于消费品价格篮子中进口品所占份额。

下面将汇率对物价的传导机制汇总于图4-9。

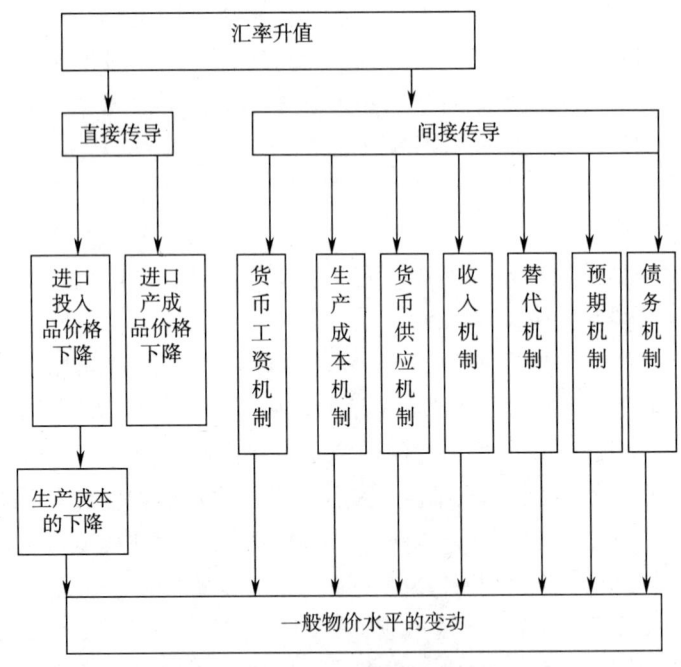

图4-9　汇率对物价的传导机制

4.2.2　人民币汇率变动与通货膨胀关系——基于理论的考察

国外对汇率传导效果的研究兴趣兴起于20世纪60、70年代，起初经济学家

---

① Gagnon和Ihrig（2002）估计了1972～2000年样本工业国的长期汇率对国内通货膨胀率的传导效果，大约为20%，并呈下降趋势，而在同一时期，国际贸易的飞速增长则提高了进口品在消费篮子中的份额。

主要利用宏观开放经济货币模型,在假设绝对或相对购买力平价成立的前提下,研究汇率变动行为。由此自然产生的一个问题就是,购买力平价或者一价定律能否得到数据的支持？关于不同商品、不同国家的实证检验结果基本不支持这一假设[①],于是研究者开始尝试运用各种模型来解释购买力平价的缺陷。大量研究物价和汇率运动的文献表明,商品的相对价格与汇率存在系统相关性,其中许多研究发现汇率对物价的传导是不完全的。

最近几年,随着中国经济对外开放程度的提高,尤其是2005年7月21日人民币汇率形成机制改革以来,宏观经济运行环境的变化以及人民币汇率波动幅度的放大,促使国内理论界对于人民币汇率传导效果的研究日渐增多。倪卫红、董敏(2002)从理论上探讨了汇率不完全传导的原因,认为市场的不完全竞争、厂商对沉淀成本的考虑和追求市场份额的战略需要、生产的全球化趋势等原因导致汇率变动的不完全传导广泛存在,从而影响贬值改善贸易收支的效果；刘英、郑平(2004)考察了中国的汇率传导效果与汇率制度的选择；刘英、郑平(2005)基于多恩布什的汇率超调理论框架,进一步从理论上分析了汇率传导效果系数,并具体探讨了汇率变动和货币政策对汇率传导效果的影响；赵大平(2005)总结了汇率对进出口价格和消费者价格的传导理论,在此基础上分析两类汇率传导对于贸易平衡的影响。

在实证研究方面,目前国内对汇率——物价传导效果的研究还刚刚起步,主要是基于国外已有理论和研究方法对国内数据进行实证检验。

4.2.2.1 汇率对进口品价格传导效果研究

杜晓蓉(2006)利用2003年12月至2006年3月的月度数据,检验了人民币汇率变动对美国进口价格的短期传导效果,结果发现,人民币汇率波动对美国进口品价格的传导效果非常低,只有0.061,并分别从美国和中国两个角度对此作出了解释。

毕玉江(2008)使用分布滞后模型和VECM模型研究了人民币汇率对我国进口价格的传递效应,结果发现,汇率对进口价格的短期传递程度是不完全的,长期累积的传递弹性超过了-1,长期来看,进口价格对汇率变动还是比较敏感的。

万晓莉等(2011)利用分布滞后模型和1997年第一季度到2007年第二季度相关指标的数据,对各产业的汇率传递效应进行了实证研究,结果发现,短期内,几乎所有产业的汇率传递效果都是不完全的,长期内,汇率变动对各产

---

① 见Rogoff(1996)对购买力平价和一价定律检验文献的综述与Cheung and Lai(2000)的另类观点。

业进口价格的传递效应存在很大差异，以采掘、皮革、冶金和纺织为主的资源类产品汇率传递弹性较高。

4.2.2.2 汇率对国内一般物价水平传导效果研究

卜永祥（2001）运用协整和 Phillips – Hansen 两阶段方法，利用中国 1990～2000 年有关指标的季度数据分析了人民币汇率变动对国内物价水平的影响，并运用误差修正模型探讨了汇率变动影响物价的动态机制，研究结果表明，汇率变动对零售物价水平和生产者价格水平有显著影响，名义有效汇率变动一个百分点，带来零售物价指数 0.47 个百分点和生产者价格指数 0.53 个百分点的同方向变化，生产者价格指数对汇率变动的弹性大于零售物价对汇率变动的弹性，是因为其包含了更多的进口品。

毕玉江和朱钟棣（2006）利用 1995 年 1 月到 2005 年 10 月的月度数据，采用协整与误差修正模型估计了人民币实际有效汇率变动对国内进口价格和 CPI 以及工业品出厂价格的传导效果。研究发现，尽管汇率变动对我国价格水平的传递存在滞后现象，但无论是进口价格还是消费者价格对汇率变动的反应都是比较敏感的，长期看，进口价格对汇率的弹性为 –1.92，而 CPI 对汇率的弹性为 –0.27，汇率对进口品价格的传导效果大于对 CPI 的传导。

范志勇、向弟海（2006）利用 1994 年第一季度到 2004 年第二季度有关指标的季度数据，运用 VECM 模型研究了名义汇率和进口价格波动对国内生产者价格和消费者价格的影响，结果发现，名义汇率对进口价格和国内价格水平波动的影响力有限，短期而言，人民币每升值 1%，进口价格波动幅度达到 0.25%，而生产者价格指数和消费者价格指数分别下降 0.2% 和 0.1%。

封北麟（2006）采用 McCarthy（2000）递归的 VAR 模型，利用 1999 年 1 月到 2006 年 3 月有关指标的月度数据，估计了人民币名义有效汇率变动对国内消费者价格指数和工业品出厂价格指数及其分类指数的传导效果。结果显示，汇率变动对国内价格的持续影响基本不超出 12 个月，在最初的 4～5 个月效果最显著，在前 5 个月内，分别有 16.51% 和 0.98% 的汇率变化被传递到工业品出厂价格指数和消费者价格指数中，在前 12 个月内则分别有 17.37% 和 1.39% 的汇率变化传导到工业品出厂价格指数和消费者价格指数上，其后汇率对工业品出厂价格指数的传导效果系数呈现十分微弱的变化，而对消费价格指数的传导效果系数则基本不变。另外，汇率变动对工业品出厂价格指数及其分类指数的影响，显著大于对消费者价格指数及其分类指数的影响，不同行业的汇率传导效果存在显著差异。

陈六傅和刘厚俊（2007）利用 1990 年 1 月到 2005 年 6 月有关指标的月度数据，采用向量自回归模型对石油价格、产出缺口、货币供给量、人民币名义有效汇率、进口品价格和消费者价格六个变量间的相互作用机制进行了考察，并利用累计脉冲响应函数分析了汇率冲击对进口价格与消费者价格的影响。结果显示，汇率升值1%，将导致进口价格立刻出现下降趋势，四个月后共下降了0.8%，然后一直维持在此水平；而汇率对国内消费者价格的传导相对缓慢，在滞后26个月时影响效果最大，消费者价格下降0.76%，然后趋于平稳。研究还发现，汇率传导效果在不同的通货膨胀环境中存在显著差异，低通货膨胀时期，汇率对进口价格的传导效果增强，但对消费者价格的传导效果减弱。

吕剑（2007）利用1994年1月到2005年12月相关指标的月度数据，分别采用EG两步法和误差修正模型下的脉冲响应函数和方差分解方法，实证检验了人民币名义有效汇率对消费者物价指数、生产者物价指数和零售物价指数的长期和短期传导效果。研究结果表明，长期来看，人民币汇率变动对国内物价水平有显著影响，其中对消费者价格的影响最大，其次是对零售价格的影响，而对生产者价格的影响最小；短期而言，人民币名义有效汇率对国内物价的传导存在约四个月的时滞，四个月后，人民币汇率变动对物价有显著的负面影响，且对消费者价格和零售价格是持续增加的传导效果，而对生产者价格是先增后减的传导效果。

4.2.2.3 人民币汇率传导效果影响因素的研究

近两年随着国内人民币汇率传导效果研究的逐步深入，国内学者开始关注汇率传导效果的影响因素分析，尝试从不同角度解释人民币汇率不完全传导效果的成因。如唐东波（2008）运用格兰杰因果检验和协整检验考察了人民币汇率和通胀率之间的短期相关性和长期均衡关系，并认为国际资本流动是影响汇率与通胀率之间动态路径的重要因素。倪克勤和曹伟（2009）运用滚动回归方法研究了人民币汇率传导效果的动态趋势，发现汇率传导效果总体呈下降趋势，通货膨胀率、汇率波动率以及真实GDP都对我国汇率传导效果有显著影响。

李颖等（2010）利用2000年1月到2009年4月相关指标的月度数据，采用EG两步法实证考察了人民币名义有效汇率变动对国内价格的传导效果，并运用递归最小二乘法考察了人民币汇率传导效果的动态变化趋势及其主要影响因素。研究发现，长期间，人民币汇率升值会使消费者价格上涨，且影响效果在这几年有平缓上升的趋势。研究还发现，2005年7月的汇率形成机制改革和经济规模是影响我国汇率传导效果的重要因素。

姜昱等（2010）利用1994~2008年中国及17个主要贸易伙伴国的年度数据，实证考察了人民币汇率波动方向和波动幅度对人民币汇率传导效果的影响。

研究发现，人民币汇率升值时的汇率传导效果要强于汇率贬值时，汇率波动较小时的汇率传导效果大于汇率波幅较大时。张海波等（2010）根据人民币兑美元汇率的变化特征，分别研究了2002年1月到2005年6月、2005年7月到2008年7月以及2008年8月到2010年6月三个时间段中的汇率传导效果。研究发现，在人民币汇率和整体经济保持相对稳定情况下，汇率传导效果较小；而当整个社会经济环境不稳定、人民币双边汇率波动较大时，汇率传导效果较显著。

以上实证研究结论大多验证了人民币汇率对物价的不完全传导效果，且总体来说，汇率对进口价格的影响大于对国内一般价格的影响，对生产者价格的影响一般大于对消费者价格的影响。这与国外汇率传导效果的实证研究结论是基本一致的。但对于人民币汇率变动对物价传导效果的大小，国内研究并没有取得一致结论，其效果往往因样本期间、研究对象及研究模型设定的不同而存在差异。基于这些实证研究结论，可以得到如下几点启示：

第一，不完全的人民币汇率——进口品价格传导意味着，名义汇率波动有可能降低国内汇率政策的支出转换效果，即，由于国内商品和进口品的相对价格变化不大，名义汇率的变动可能不会带来国内商品对进口品的明显替代。所以，人民币汇率传导效果的下降可能会抵消汇率贬值政策对贸易差额的改善效果。

第二，人民币汇率对国内一般物价，尤其是消费者价格的较低传导效果表明，目前中国人民银行通过货币政策工具的操作及价格管制、汇率管制等行政管制措施，能较有效地确保国内物价稳定。但人民币波动幅度的加大，可能会增加央行物价稳定目标的实现难度，对此，应予以关注。

第三，人民币汇率变动对物价传导效果本身也具有不稳定性，这与中国转轨时期面对的国内外复杂的经济形势和环境相关。随着中国经济金融开放度的提高和更富弹性汇率制度的实施，名义汇率波动幅度扩大，在新形势下如何应对各种外来冲击，选择搭配恰当的货币政策和汇率制度，控制国内通货膨胀水平，是中央银行当前面临的迫切任务。

4.2.3 人民币汇率与通货膨胀率的关系分析——基于事实的考察

4.2.3.1 人民币汇率与通胀率的变动趋势分析

汇率和物价作为外汇市场和商品市场的价格指标，存在着密切的关系。从理论和逻辑上说，本币升值和通胀之间存在着替代关系：一方面，当国内出现通胀时，可能削弱本币升值的压力；另一方面，本币升值，可以降低进口品价格，从而减缓国内物价上涨压力，此外升值对贸易顺差的抑制作用也有助于削减央行基础货币被动投放的压力,从而缓解通胀态势。也正基于此,2007~2008年的通货膨胀期间,中国政府曾实践过用升值和加息双管齐下地抑制通胀——在2008年第一季度CPI同比增幅达到8.7%的高位时,人民币名义汇率的升值幅度折合成年率接近20%。

但实践中,由于宏观经济运行的复杂性和多变性,汇率变动和通胀之间的关系存在着较大的不确定性。图4-10绘出了1987~2009年人民币汇率变动率与通货膨胀率的变化趋势图。由该图可以看出,总体说来,人民币汇率和通胀率的关系符合理论预期,即,人民币贬值(美元兑人民币汇率走高或者人民币名义有效汇率下降)伴随着通货膨胀率的上升,而人民币升值(美元兑人民币汇率走低或者人民币名义有效汇率上升)伴随着通货膨胀率的下降。这种关系在20世纪80年代至90年代通货膨胀率波动较大的时期更为明显。

自20世纪90年代末起,中国通货膨胀率以及人民币汇率波动率都显著下降,二者的相关性也显著下降,甚至在个别年份还出现了人民币升值与通货膨胀率上升的奇特现象。这反映了我国近几年特殊宏观经济运行背景下汇率变动和通胀率之间相互作用机制的多样性和复杂性。本书以下将对此进行深入探讨。

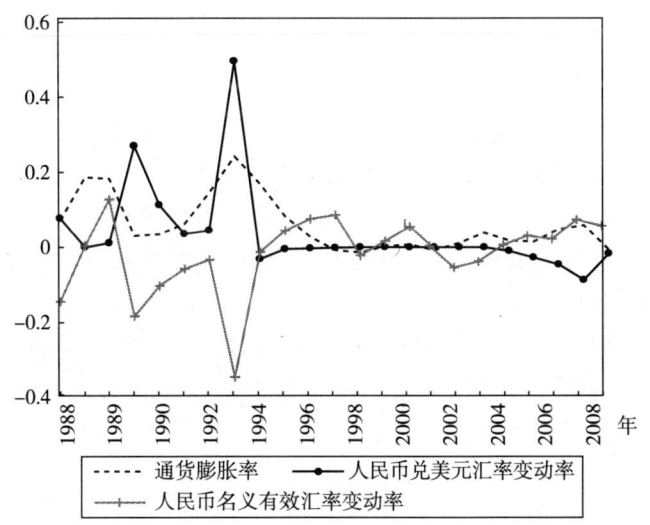

注:横轴表示年份,纵轴表示比率。人民币名义有效汇率采用的是间接标价法,故其变动率为正表示人民币升值;人民币兑美元汇率采用的是直接标价法,其变动率为正表示人民币贬值。

资料来源:国际货币基金组织的《国际金融统计》。

图4-10 人民币汇率与通货膨胀率的走势(1987~2009年)

4.2.3.2 人民币汇率对通货膨胀率的作用机制分析

理论上，本币升值带动进口价格下降，进口的最终消费品直接带动消费者价格下降，而进口中间品则通过影响生产者价格和批发价格，进而带动消费者价格下降。但即使进口价格对汇率变动反应敏感，国内一般物价水平尤其是消费者价格未必受影响。

一方面，虽然 CPI 指标中进口品所占份额是评价汇率对 CPI 传导效果的一个重要因素，但由于进口品分配到消费者手中前需要经过一系列中间部门，在此过程中发生的运输成本、分配成本、零售成本等会增加进口品的国内售价，从而影响汇率对 CPI 的传导效果。例如，汇率变动的损失或利润可能会在进口品分配阶段被中间商消化了，给定进口成本不变，如果批发商和零售商按最大化其利润来定价，当国内消费需求弹性较高时，面对进口成本的变化，国内批发商和零售商就不会令零售价格变化太大，从而削弱汇率对 CPI 的传导效果。另外，当这些中间成本在进口品售价中占有很大比例时，国内消费者会相应减少进口品消费，从而降低汇率对国内物价的传导效果。

另一方面，汇率对 CPI 传导效果的高低还取决于中央银行所实施的货币政策。中央银行为控制通货膨胀而执行的货币政策可能在一定程度上抵消汇率变动对 CPI 的影响，从而降低汇率对 CPI 的传导效果；如果央行货币政策是适应性的，进口价格上涨可能会带动工资和国内价格轮番上升，从而提高汇率对 CPI 的传导效果。

此外，除汇率外，影响 CPI 的因素众多，如宏观经济周期、居民收入、供需状况、居民消费结构等都会影响 CPI 的高低，也使得汇率对 CPI 的传导效果具有较大不确定性。要正确判断人民币汇率变动对国内物价的影响，首先要理清现实中汇率变动对通货膨胀的传导机制。当前，人民币汇率变动主要通过以下渠道影响国内一般价格水平：

第一，生产成本机制。本币升值有两方面效果：一是带动进口原材料价格下跌，将推动本国加工企业或者大量依靠进口进行生产的企业生产成本下降，从而推动一般物价水平的下跌；二是降低出口产品价格竞争力，减低国外对出口产品的总需求，在总体产能过剩的情况下，多余的出口产品在国内销售，从而使得国内物价水平降低。

根据国内已有文献的研究成果[①]，人民币汇率变动对国内进口价格的传导效

[①] 毕玉江和朱钟棣（2006）采用协整与误差修正模型估计的国内进口价格对人民币实际有效汇率的弹性为 -1.92；李颖（2008）利用协整检验研究发现，人民币名义有效汇率升值1%，长期会带动进口价格下降1.51%。

果总体来看是比较显著的，即人民币汇率升值，能显著带动以人民币标价的进口品价格的下降。这从理论上是可以解释的，主要有两个方面：

一方面，中国已经成为"世界工厂"，出口对外依存度非常高，而大量的出口产品附加值较低，出口利润微薄，汇率升值时，出口产品价格并不能相应提高，从而使得出口品对外销售数量下降或者增速下降，多余的产能将不得不在国内释放，根据供给和需求的关系，使得国内物价水平降低。

另一方面，在中国的进口品中，能源（石油）、原材料（铁矿石、钢材）、燃料、有色金属等初级产品占很大比重，人民币升值，有助于带动进口原材料和中间品价格的下跌，从而推动本国加工企业或者大量依靠进口进行生产的企业降低生产成本，并进一步带动一般物价水平的下跌。

因此，总的来说，从生产成本机制来说，人民币汇率升值，将会降低中国商品价格水平，反之，则会提高中国商品价格水平。

第二，货币工资机制。本币升值，会带动进口品价格下降，推动居民生活费用的下降，从而导致在名义工资不变的情况下，实际工资上升。一方面，更高的实际工资要求购买更多的商品，而国内生产商面对相对下降的商品价格却无心生产更多的商品，生产量降低引起了供需缺口的增大，国家不得不进口更多的商品，而更多的低价进口商品则使得物价水平继续降低。另一方面，由于工人实际工资的上升，企业会倾向于降低工资收入者的名义工资或减缓名义工资的上涨速度，较低的名义工资又会进一步推动企业货币生产成本和居民生活费用的下降，如此循环不已，最终使出口商品和进口替代品乃至整个经济的一般物价水平下降。

从中国的情况看，经济转轨时期劳动力特殊的供求状况是近年来决定工资增长的主要因素，人民币汇率变动在工资变化中的作用总体较弱。但随着人民币汇率波动幅度的加大，汇率变动对工资的影响在加强。图4－11绘出了2003～2010年人民币兑美元名义汇率变动率与全部从业人员平均劳动报酬增长率的趋势。由图可以看出，2005年人民币汇率制度改革前后，人民币微幅升值伴随着工资的上涨；2007～2008年，人民币加速升值，其对国内工资的抑制效应开始显现，从业人员平均工资增长率自2007年创新高后开始下降。2009年后，人民币汇率保持相对稳定，工资增长率稳定上涨。从中国的情况来看，当前经济发展已经到了一定的阶段——劳动力需求的增速开始超过供应的增速，进而推高了工资。因此，人民币升值对中国通货膨胀的一个主要结构性成分——不断提高的工资，或许影响甚微。渣打银行（Standard Chartered）2011年第一季度进行的一项调查显示，在调查的87个制造企业中，平均工资较上年同期涨了9%至15%。

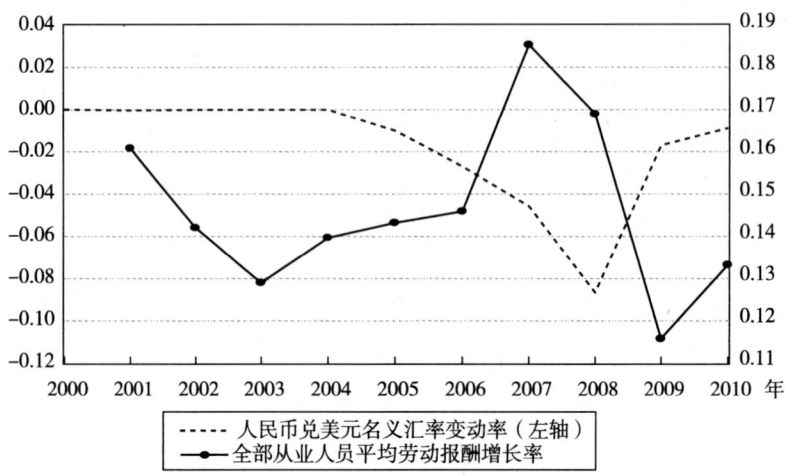

资料来源：中国国家统计局。

图 4-11　人民币汇率变动率与工资增长率趋势图（2003~2010 年）

第三，货币供给机制。一般来说，本币升值后，由于货币工资机制和生产成本机制的作用，货币供应量可能下降。另外，本币升值后，净出口的下降或贸易逆差可能使中央银行在结汇方面减少本国货币投放，也会导致本国货币供应的下降，货币供给的减少倾向于降低国内的一般物价水平。但本币升值尤其是公众对本币升值的预期，也可能引发大量投机资本流入本国，资本流入会增加央行外汇储备和国内货币供应量，从而提高国内通货膨胀率。结合中国的经济运行状况进行分析，预期机制或许作用效果更为显著。

从 1999 年开始，中国的国际收支一直保持着经常项目和资本与金融项目的双顺差，为了购买过剩的外汇、稳定人民币汇率，中央银行的外汇储备和基于外汇占款而投放的基础货币迅速增加，同时国内外对人民币升值的预期持续上升，强烈的升值预期反过来吸引了更多国外投机资本的涌入，进一步加重了央行购入外汇、投放基础货币的压力，形成了国际收支顺差——人民币升值预期——资本流入——人民币进一步升值预期的恶性循环。

为了减缓外汇占款高增长对基础货币投放所带来的压力，中国人民银行采取了包括回收再贷款、发行中央银行票据等方式在内的对冲操作，但这些措施只是治标不治本，无法从根本上化解由外汇占款增加而导致的基础货币增加带来的压力，并造成货币存量和通货膨胀压力的累积。尤其在人民币被广泛认为存在大幅被低估的形势下，除非中国出现恶性通货膨胀，否则可能不足以消除或削弱人民币的升值预期，从而出现 2007~2008 年间以及 2010 年 6 月以来人民币对内贬值和对外升值的奇特现象，也就不足为奇了。

第四，资产价格机制。中国经济高速增长所带来的高投资回报率，以及对未来人民币的升值预期，吸引了国外大量热钱通过各种渠道流入中国进行牟利，成为国内资产价格上涨的重要推手[①]。

不断高涨的资产价格，一方面增加了公众持有资产的名义总额，通过财富效应刺激了国内的消费支出[②]；另一方面资产价格的上涨改善了企业的资产负债表状况，增加了企业内源融资的来源，也降低了外源融资的成本，从而通过金融加速器效应提高了企业的投资支出[③]。这样，总需求的提升进一步带动了国内生产资料价格和消费品价格的攀升。表4-1列出了2005~2008年人民币汇率升值率、热钱进出情况和资产价格变动率，该表显示，近几年，人民币升值与资产价格上涨之间具有较强的相关性。

表4-1　人民币汇率升值幅度、热钱进出情况和资产价格涨幅

年份	人民币兑美元汇率升值率	热钱进出（亿美元）	房价涨幅	上证综指涨幅
2005年	2.49%	346.5	7.60%	-8.33%
2006年	3.24%	5.14	5.50%	130.43%
2007年	6.46%	1170.6	7.60%	96.66%
2008年	6.43%	303.1	6.50%	-65.39%

资料来源：国家统计局、国家商务部和中国人民银行网站。

第五，预期机制。该传导机制由Taylor（2000）提出，其观点是，当公众预期汇率变化将长期持续时，价格水平会因预期通胀的调整而变化，此时汇率传导效果最高。一种货币升值趋势一旦形成，短期内往往难以逆转，在这种背景下，生产者把升值预期纳入特殊的生产成本，把升值对物价水平可能的负面影响纳入生产函数，进而影响生产的积极性；消费者因本币的升值预期而倾向于减少消费。这两方面的作用使得社会总需求相对不足，物价水平趋于下跌。

[①] 近几年，随着人民币汇率波幅的扩大，国内涌现了大量有关汇率变动与资产价格关系的研究。杜敏杰和刘霞辉（2007）、李琴燕（2009）、杨东宁（2009）、吴贻芳等（2009）的研究印证了人民币升值对房价的推动作用；吕江林（2007）、邓燊和杨朝军（2008）的研究印证了人民币升值对股价的推动作用。

[②] 国内学者胡小芳（2008）、周建军等（2008）、罗文波等（2009）等人的研究结论印证了资产价格的财富效应。

[③] 国内学者周杨（2001）、崔光灿（2006）、赵振全等（2007）的研究证明了中国存在显著的金融加速器效应。

从中国的情况来看，人民币渐进式的升值，已经成为共识。在这种情况下，原先专注于出口的国内生产者，为规避人民币升值的负面效果，将逐渐将部分生产能力转为为国内生产产品，从而增加国内的产品供给，降低国内商品价格水平。

理论上，汇率变动对国内物价的传导机制众多：生产成本机制、货币工资机制、货币供给机制、资产价格机制、预期机制、收入机制[①]和替代机制[②]等。就中国当前的经济运行现状看，生产成本机制、货币工资机制、货币供给机制、资产价格机制和预期机制是人民币汇率变动影响国内物价的主要渠道，收入机制和替代机制的效果较弱且影响方向存在不确定性。现实中，这些不同的作用机制具有不同的传导效果和传导速度，人民币升值对国内物价的影响方向和影响效果就取决于各传导机制相互作用的大小和传导速度的快慢。

4.2.4 人民币升值对当前通胀抑制效果的评价与分析

弗里德曼有句名言，"通货膨胀无论在何时何地都是一种货币现象"，即货币供给过多是通胀的唯一根源，因此治理通胀的对策就是收紧银根。但现实中，控制通胀，远非收紧货币政策那么简单。要从源头控制货币超发和有效治理通胀，需要结合通胀的具体起因，采取有针对性的对策：对于需求拉动型通胀，要控制总需求；对于成本推动型通胀，要增加有效供给；对于输入型通胀，可通过本币升值来隔绝国外价格的冲击。表4-2扼要说明了中国改革开放后历次通货膨胀的概况及治理对策。

表4-2　　　　　　中国改革开放后历次通货膨胀概况及对策

项目	产生背景	表现	治理措施	人民币汇率	国际收支状况	持续时间
第一次通货膨胀（1980年）	1980年我国开始实行改革开放政策，工作重心发生转移，全民的劳动积极性显著提高	经济增长速度迅猛，出现较严重的财政赤字，盲目地扩大进口导致外汇储备迅速下降，贸易赤字恶化，通胀率达到7.5%	压缩基本建设投资，收缩银根，控制物价	人民币兑美元汇率从1973年的1美元兑2.46元人民币逐步调整至1980年的1美元兑1.50元人民币，美元贬值幅度达39.2%	1979年和1980年两年贸易逆差近33亿美元，基本无资本项目交易	两年多

---

① 收入机制指的是，本币升值有助于扩大进口，抑制出口，贸易收支的恶化，会降低总需求，从而导致本国的收入减少和物价水平的下跌。

② 替代机制指的是，本币升值降低了进口品价格，国内消费者将用进口品替代国内近似产品消费，使国内进口替代品的需求下降，从而有助于国内一般物价水平的下调。

续表

项目	产生背景	表现	治理措施	人民币汇率	国际收支状况	持续时间
第二次通货膨胀（1984~1985年）	固定资产投资规模过大引起社会总需求过旺，工资性收入增长超过劳动生产率提高，引起成本上升	固定资产投资规模过大引起社会总需求过旺，工资性收入增长超过劳动生产率提高引起成本上升，导致供求混合推动型通货膨胀，通胀率达9.3%	控制固定资产投资规模，加强物价管理和监督检查，全面进行信贷检查等	人民币兑美元汇率由1981年7月的1.5贬值到1984年7月的2.3，人民币贬值53.3%，此后又贬值到1985年1月的2.85	1984~1985年国际收支先顺差后逆差，其中资本项目分别出现了10.03亿美元的逆差和89.7亿美元的逆差	三年
第三次通货膨胀（1987~1989年）	主要还是由于1984~1985年中央采取的紧缩政策尚未完全见效的情况下，1986年又开始全面松动	需求的严重膨胀导致1988年的零售物价指数创造了建国40年以来上涨的最高纪录，达18.8%	采取控制社会需求和减少财政信贷双紧方针，大力调整产业结构，增加有效供给，提高各方面的经济效益	人民币兑美元经过历次贬值，从1985年1月的2.85上调至1989年的3.94	1987~1989年，我国资本项目连续三年出现了顺差，年均顺差达56亿美元	三年
第四次通货膨胀（1993~1995年）	1992年邓小平视察南方讲话，中国经济进入高速增长的快车道	固定资产投资规模扩张过猛与金融持续的混乱，使得1994年的通货膨胀率高达24.1%	《中共中央、国务院关于当前经济情况和加强宏观调控的意见》提出了16条措施	1989~1995年，人民币兑美元经历过两次大规模贬值，到1994年汇率上调至1美元兑8.46元人民币	除1993经常项目收支出现逆差，其余年份都是顺差，同时资本项目顺差逐年增大	四年
第五次通货膨胀（2007~2008年上半年）	农产品价格上升引发食品等价格上涨，同时股改的完成推动了资本市场的投资热情	居民消费品价格、房地产价格和金融资产价格同步上涨，2008年初通胀率最高达8.7%	央行连续多次加息和调高银行存款准备金率，人民币兑美元汇率创汇改后最快升幅	从2005年7月汇率制度改革至2008年中，人民币兑美元汇率升值21%	国际收支持续双顺差	一年

续表

项目	产生背景	表现	治理措施	人民币汇率	国际收支状况	持续时间
当前的物价上涨（2010年5月至今）	为应对2008年的全球金融危机，采取了宽松货币政策和积极财政政策，2011后输入型通胀压力加大	居民消费价格、房地产价格不断上涨	央行连续多次加息，并将银行存款准备金率调至历史高位。此外，采取了一系列行政管制措施来抑制农产品价格	2010年6月重启人民币汇率制度改革，人民币兑美元汇率从6.83升值至6.52，升幅达4.5%	国际收支双顺差格局继续	一年

如表 4-2 所示，中国在 20 世纪 80 年代及 90 年代中期主要出现了四次通胀，其共性都是由于改革开放后中国经济高速增长过程中的需求过快增长所致，因此主要治理措施就是通过紧缩财政货币政策的搭配抑制总需求。进入 21 世纪后的两次通胀，则属于混合型通胀，既有需求拉动的因素，也有成本推动和国际输入的因素。2007 年到 2008 年上半年的通胀主要由农产品价格及进口的国际大宗商品价格上涨所致，中国政府采用了紧缩货币政策[①]、人民币升值及价格管制等多种手段的配合治理通胀。在一系列紧缩政策的作用下，加之全球金融危机对实体经济的冲击，2008 年下半年中国的通胀率迅速回落，并由正转负。

从当前中国宏观经济运行形势看，本轮通胀的根源是国家为应对全球金融危机而采行的宽松货币政策造成的。图 4-12 绘出了 2001 年以来货币供给 M_1 和 M_2 的增速及其占 GDP 的比重。该图显示，在 2008 年全球金融危机扩散前，中国的货币供给 M_1 和 M_2 增速基本不超过 20%，与 GDP 占比基本稳定在 0.6 和 1.5 左右。但在美国金融危机蔓延为全球性金融危机和经济危机后，为避免国内经济增速的迅速下滑，中国人民银行实施了超宽松的货币政策，2009 年货币供给 M_1 和 M_2 的增速分别达 32% 和 27%，创改革开放后的历史最高纪录。

---

① 为了抑制国内流动性过剩和通胀压力，2007~2008 年上半年，中国人民银行一共上调了 15 次存款准备金率，6 次加息，并对商业银行实施信贷配额。

第四章 与现行人民币汇率制度相关的几个主要问题

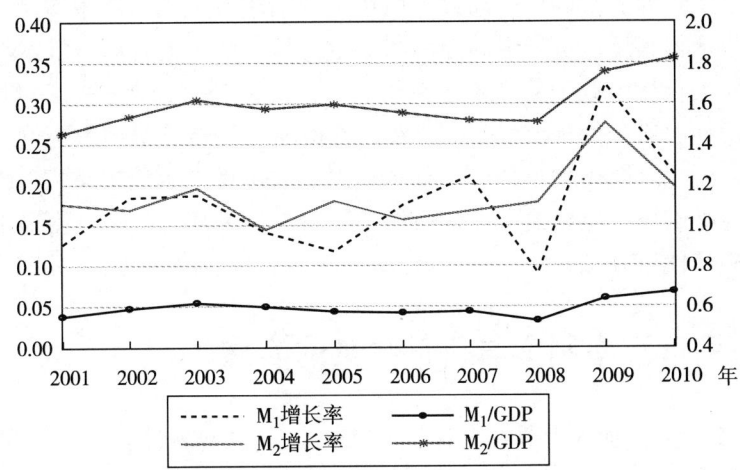

注：横轴代表年份，左轴代表货币供给增速，右轴代表货币供给占 GDP 的比重。
资料来源：中国国家统计局和中国人民银行网站。

图 4 – 12 中国货币供给 M_1 和 M_2 增速及其占 GDP 的比重（2001～2010）

虽然本轮通胀的根源是货币供给增长过快，但其起因也是需求、供给及国际因素共同作用的结果，是输入型通胀、食品推动的结构型通胀以及由工资推动的成本推进型通胀复合而成的。因此要有效治理当前通胀，必须采取综合性的治理措施，不宜于单纯采取加息、上调存款准备金率、限制贷款等紧缩货币政策。尤其自 2011 年以来，面对全球流动性过剩和国际大宗商品价格高企带来的日益加重的输入型通胀压力，中国国务院总理温家宝和中国人民银行行长周小川等多位中国官员均在讲话中暗示，中国正在通过多种途径抑制通胀，包括收紧银根、采取行政措施以及加快人民币升值，人民币升值有助于降低进口商品的实际成本，或许是抵御当前通货膨胀的有力武器。澳新银行研究中国问题的经济学家刘利刚预测，石油、铁矿石和大豆等进口商品价格不断上涨带来的压力将推动人民币兑美元在今年累计升值 6%。

但正如本文前述的分析，当前人民币汇率变动对国内物价的传导机制众多，不同机制在传导速度和传导方向上存在显著差异，现实中人民币汇率升值对通货膨胀的抑制效果可能存在较大不确定性。即使进口生产资料成本的上升可以通过人民币升值来部分化解（当然，考虑到微观市场结构和双方议价能力，汇率变动对进口商品价格的传导也存在不确定性），但对于流通成本上升[①]和劳动

---

① 新华社援引官方数据说，中国物流总成本占到了 GDP 的 21.3%，而发达国家仅为 10% 左右。据中国社会科学研究院研究院汪同三估算，全世界 82% 的收费公路在中国，流通成本占（物价的）50% ~ 70%。

力工资上涨所致的通货膨胀，通过人民币小幅渐进升值的策略来抑制，未必有效，甚至会适得其反。由于中国经济和金融开放度的不断提高，资本项目下的资金往来对央行货币政策的影响越来越大，人民币升值预期——资本流入——货币供给增加、资产价格上涨——消费者价格上涨的传导机制很可能在短期内主导了汇率变化对国内物价的影响效果。因此人民币汇率渐进小幅升值，短期间很可能会吸引投机热钱流入，从而助长物价上涨的压力，加剧中国未来经济增长的不确定性。

4.3 人民币汇率制度与货币政策的实施

自 2001 年中国加入世贸组织后，随着对外开放的步伐逐步加快，资本流动的管制不断放松，如何在独立的货币政策、固定汇率制度和资本自由流动三个经济目标中进行取舍，也即"三元悖论"问题，成为中国货币当局面临的严峻挑战。

4.3.1 "三元悖论"理论的演进与内涵

开放经济条件下，内外均衡是宏观经济政策的目标。当实际经济运行偏离了内外均衡，当局必须运用经济政策进行调整。米德（1951）在其《国际收支》一书中对开放经济条件下的内外均衡问题进行了分析，提出了"米德冲突"，认为在固定汇率制度下，政府不能运用汇率政策，因此在依靠单一的支出增减政策（货币政策或财政政策）寻求实现内外均衡的过程中，会出现内部均衡目标和外部均衡目标发生冲突而难以兼顾。蒙代尔（1963）和弗莱明（1962）分别对小国开放经济条件下的宏观经济政策进行了研究，形成了著名的蒙代尔—弗莱明模型，模型论述了在资本自由流动的前提下存在一个二元冲突，即固定汇率制度和货币政策的有效性不可兼得，资本自由流动的经济开放体，如果采用固定汇率制度，货币政策是无效的，但如果采用浮动汇率制度，则货币政策是有效的。1997 年亚洲金融危机后，克鲁格曼在《亚洲发生了什么》一文中阐述了资本流动情况下固定汇率制度是危机爆发的主要原因，提出了"三元悖论"原则，其后又在《萧条经济学的回归》一书中对该原则进行了详尽论述，即，要同时达到本国货币政策的独立性、汇率的稳定性以及资本的完全流动性，在理论上是不能实现的，最多只能选择其中两个，而必须放弃另外一个。

图 4-13 "不可能三角"形象地说明了"三元悖论"。三个顶点代表三个政策目标：货币政策独立性、汇率稳定性和资本流动性。三条边表示三种政策组合：第一种组合（边 a）表示独立的货币政策、固定汇率制度和严格的资本管

制;第二种组合(边b)代表独立的货币政策、资本自由流动和浮动汇率制度;第三种组合(边c)表示资本自由流动、固定汇率制度和无效的货币政策,蒙代尔—弗莱明模型就是对这一组合进行的数理分析,因此该模型是"三元悖论"的特例。

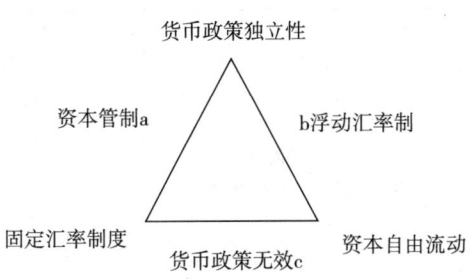

图4-13 "三元悖论"的不可能三角

布雷顿森林体系解体以后,西方发达国家大多选择了货币政策独立和资本自由流动,实行浮动汇率制度,也就是"不可能三角"的右边。而发展中国家对汇率不稳定的承受力较弱,货币贬值容易造成大量的资本外逃,所以大多选择了货币政策独立和汇率稳定,而对资本流动进行管制,也就是"不可能三角"的左边,这也是中国的选择。显然,中国能否保持货币政策的自主性取决于其资本管制的效率和外汇冲销有效性的程度。

4.3.2 中国放松资本管制的历程和现状分析

1994年1月中国开始实施外汇管理体制改革,其中,加强资本管制是一项重要内容。1996年12月,中国完全放开了经常项目下人民币的自由兑换,但资本项目下的外汇业务受到严格管制,在随后1997年的亚洲金融危机中,正是严格的资本管制在很大程度上使中国避免了金融危机的冲击。总体来说,中国的资本管制在改革开放后的二十多年间是有效的,但短期效力较强,从长期看效力则趋于下降(李扬,1998;宋文兵,1999;张斌,2003;于洋和杨海珍,2005;王世华、何帆,2007;Ma和McCauley,2008;刘仁伍,2008;Cheung和Qian,2010、2011)。

随着中国于2001年底加入WTO,贸易和金融领域的开放速度加快,同时资本管制强度也逐渐放松。据统计,在20世纪90年代末的时候,中国尚有80%以上的资本交易项目存在严格管制;而据国际货币基金组织统计,截至2006年,将近50%的资本项目已经基本不受限制或有较少限制,有40%多交易项目受较多限制,严格管制的项目仅有10%多。表4-3列出了2000年以来中国资本项目放松管制的历程。

表4–3 21世纪以来中国资本项目放松管制的历程

年度	直接投资		证券投资		其他投资	
	资本流出	资本流入	资本流出	资本流入	资本流出	资本流入
2001	进行外商投资企业资本金结汇改革试点			对境内居民个人开放B股市场	1. 依国际标准调整中国外债统计口径；2. 调整资本项下部分购汇限制措施；3. 国内外汇贷款管理方式改革试点	
2002	1. 加强资本流入真实性审核管理；2. 全面推广外商投资项下资本金结汇改革。	1. 开展境外投资外汇管理改革试点；2. 取消境外投资外汇风险审查；3. 简化境外投资外汇资金来源审查程序；4. 境外投资企业利润再投资由审批制改为备案制；5. 外商投资企业和民营企业在外汇管理上享有同等待遇		1. 引入QFII制度；2. 进一步完善境外上市外汇管理	1. 取消购汇提前还贷限制，支持企业进行债务结构调整；2. 全面推广国内外汇贷款管理方式改革；3. 妥善处理保证外方固定回报项目	
2003	进一步明确和规定外商直接投资外汇管理	深化境外投资外汇管理改革		1. 平稳推进QFII制度的实施；2. 进一步完善境外上市管理；3. 规范外资参股基金管理公司		

续表

年度	直接投资		证券投资		其他投资	
	资本流出	资本流入	资本流出	资本流入	资本流出	资本流入
2004	完善外商直接投资外汇管理	继续深化境外投资外汇管理改革	继续推进QFII制度试点	允许保险外汇资金境外运用	1. 严格对外资银行短期外债管理；2. 加强对外商投资企业外债及结汇管理	1. 允许个人合法财产对外转移；2. 允许跨国公司在集团内部开展外汇资金运营
2005	1. 允许境内特殊目的公司从事各类股权融资活动；2. 规范境内居民通过公司融资后返程投资的外汇管理	1. 规范边境地区境外投资管理；2. 进一步深化境外投资外汇管理改革	1. 完善境外上市外汇管理；2. 稳步推进QFII制度试点		进一步严格对外债的管理	调整境内银行为境外投资企业提供融资性对外担保管理方式
2006		进一步深化境外投资外汇管理改革	调整部分境外投资外汇管理政策	1. 规范商业银行代客境外理财业务外汇管理操作；2. 规范基金管理公司境外证券投资外汇管理		
2007	加强、规范外商直接投资房地产业审批和监管	进一步深化境外投资外汇管理改革	1. 规范保险资金境外投资鼓励；2. 开展境内个人直接投资境外证券市场试点			
2008	完善外商投资企业外汇资本金支付结汇管理有关业务		全国范围推广上线直接投资外汇业务信息系统境外投资模块			1. 完善企业货物贸易项下外债登记管理；2. 规范过渡期部分企业预收货款结汇或划转

从国际收支的构成来看，资本项目自由兑换可以概括为消除直接投资的进出及汇兑限制、消除证券投资的进出及汇兑限制、消除信贷融资的进出和汇兑限制以及外汇市场的准入等。自中国对外开放后，就把鼓励吸引外国直接投资作为一项政策确立了下来，但其他项目下的资本流动则受到国家严格管制，非银行的中国居民和机构被禁止直接参与海外证券投资。随着中国加入世界贸易组织和金融业的对外开放，近几年中国逐步放松了对非直接投资项下资本流动的控制。经授权的银行可以向海外非银行的个人发放外汇贷款和吸收外汇存款，并通过 QFII（Qualified Foreign Institutional Investors）和 QDII（Qualified Domestic Institutional Investors）两种制度来限制证券投资项下资本流入和流出的规模。近几年人民币汇率升值压力的加大，促使中国政府开始通过其他渠道鼓励资本流出，比如，放松国内居民外汇兑换限制，准许企业和银行在本国市场发行外汇计价债券和进行海外直接投资。

伴随着资本流动管制的逐步放松，中国资本项目收支规模也迅速扩大。图 4-14 绘出了 1994~2009 年中国金融账户及各构成部分的柱状图。由该图可以看出，从 20 世纪 90 年代初中国确立了出口导向型经济增长战略、鼓励国外直接投资后，中国资本流动规模有了显著的增长，但该势头在 90 年代末受东南亚金融危机的影响而显著放缓。进入 21 世纪，随着中国加入世贸组织和金融管制的逐渐放松，在直接投资和其他投资保持相对稳定增长的同时，证券投资下的资本流动规模显著扩大，证券投资项下的资本流入额由 2002 年的 20 亿美元增长到 2004 年的 11 亿美元，接下来的两年更迅猛增至 20 亿美元和 44 亿美元。尤其是 2009 年，由于中国经济复苏的强劲，吸引了国外大量资本的流入，资本和金融项目的顺差创历史最高水平，达 1427 亿美元。

2008 年全球金融危机的爆发改变了全球资本流动的格局，以中国为代表的新兴市场国家的经济在危机过后率先复苏，这使中国等新兴市场经济体成为后危机时代投机资金的首选之地。尤其是 2010 年中，美欧日等发达国家央行为应对本国经济萧条而掀起的新一轮量化宽松政策，进一步引发了新兴市场国家对于国际游资泛滥的担心，纷纷采取措施加强了对资本流动的管制。为了防范国外热钱的流入，中国外汇监管部门一方面加强了经常项目下的外汇业务监管，如收紧了对个人跨境结售汇业务的管理规定，加强银行结售汇综合头寸管理，对银行外汇头寸余额实行下限管理，加强外商投资企业境外投资者出资管理等；另一方面，放慢了资本项目放松管制的步伐，如严格金融机构短期外债指标和对外担保余额管理。

第四章　与现行人民币汇率制度相关的几个主要问题

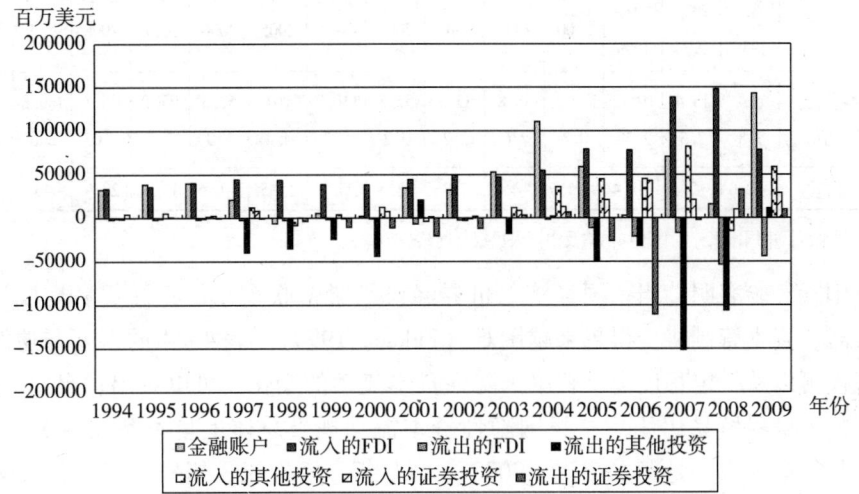

资料来源：国际货币基金组织的《国际金融统计》。

图4-14　中国金融项目及各构成部分（1994~2009年）

随着中国与世界经济金融联系越来越密切，中国国际收支规模迅速增长，对国内经济运行的影响也越来越显著。表4-4列出了1985~2010年中国国际收支主要项目及其与GDP的比重。可以看出，进入2000年后，中国经常项目和金融项目双顺差规模保持了较快增长①，占GDP的比重也显著提高。

表4-4　　　　　中国国际收支情况（1985~2010年）　　　　单位：10亿美元

	1985~1989	1990~1994	1995~1999	2000	2001	2002	2003	2004	2005	2006	2007	2008	2009	2010
外汇储备增量及占GDP百分比	0.5 / 0.1	20.94 / 2.4	22.5 / 2.4	10.5 / 0.9	46.6 / 3.5	74.2 / 5.1	117 / 7.1	206.6 / 10.7	209 / 9.3	247.4 / 9.3	461.9 / 13.6	417.8 / 9.2	453 / 9.0	448 / 7.6
外汇储备存量及占GDP百分比	3.3 / 0.9	25 / 5	154.7 / 14.3	165.6 / 13.8	212.2 / 16	286.4 / 19.7	403.3 / 24.6	609.9 / 31.6	818.9 / 36.6	1066.3 / 40.1	1528.2 / 46.6	1946 / 43	2399 / 48.6	2847 / 48.4
经常项目及占GDP百分比	-5.3 / -1.6	5.5 / 1.4	19.68 / 1.98	20.5 / 1.7	17.4 / 1.3	35.4 / 2.4	45.9 / 2.8	68.7 / 3.6	134.1 / 5.9	232.7 / 8.3	354 / 10.1	412.4 / 9.1	261.1 / 5.2	305.4 / 5.2

---

① 2001~2004年，资本和金融项目顺差增长较快，占中国国际收支顺差来源的一半以上；2005年后，经常项目顺差迅速增长，占国际收支顺差来源的70%以上。

续表

	1985~1989	1990~1994	1995~1999	2000	2001	2002	2003	2004	2005	2006	2007	2008	2009	2010
金融项目及占GDP百分比	6.4 1.8	13.4 2.5	19.72 2.42	2 0.2	34.8 2.6	32.3 2.2	52.8 3.2	110.7 5.7	101 4.4	52.6 1.9	95.1 2.7	46.3 1.02	180.8 3.6	226 3.8
误差和遗漏	-0.6	-7.5	-18.44	-11.7	-4.7	7.8	18.4	27.1	15.5	-0.6	11.6	20.9	-43.5	-59.7

资料来源：中国国家外汇管理局网站及中国人民银行网站。

国际经验表明，当一国经济与世界经济已紧密联系在一起且贸易规模迅速增长时，资本管制将变得越来越困难（Fukao，1990）。表4-4的误差与遗漏账户规模可以从一定程度上反映中国隐性资本流动的变化。可以看出，自2001年中国加入世界贸易组织后，我国隐性资本流动规模总体上呈不断增大的趋势，无论是资本外逃还是资本流入。2002~2008年，资本流入规模一直保持在较高水平；但2009和2010年，受全球金融危机影响，资本外逃规模先后创下435亿美元和597亿美元的历史最高水平。国内外学者的相关研究印证了该观点，即，近年来中国限制性资本管制体系的维系难度日趋上升，资本管制的效率不断下降，特别是人民币经常项目可兑换在产生大量效率改进的同时，也为投机性短期资本的跨境流动创造了条件（Ma和McCauley，2008；Yu，2008；Wang，2009）。

4.3.3 中国资本管制不断放松背景下的"三元悖论"问题分析——基于理论和事实的考察

2001年后，随着中国金融业对外开放进程的加快、资本项目管制的逐渐放松，中国国际收支双顺差的规模显著增长。为保持人民币兑美元汇率的稳定，中央银行需要不断干预外汇市场，买入外汇，使得2000年后的外汇储备规模迅速扩大，基于外汇占款①而投放的基础货币和货币供给也保持了持续的高增长。表4-5列出了2001~2010年中国人民银行外汇储备变化和基础货币的投放情况。由表中数据可以看出，2002~2005年中国人民银行在外汇市场上的连续买入在稳定人民币汇率方面起到了显著的成效，该时期，人民币兑美元汇率保持了高度稳定，但中国人民银行外汇储备规模的增长率均在30%以上，给货币政策的独立性造成了严重的冲击。尤其自2004年后，中国人民银行基于买入外汇

---

① 外汇占款（Funds outstanding for foreign exchange）是指顺差国中央银行为保持本币汇率稳定，收购外汇资产而相应投放的本国货币。

而投放的基础货币为实际基础货币投放量的三倍，2004年底央行外汇占款达到45940亿元，为中国人民银行当期基础货币供给总量的78.05%，到2005年6月人民币汇率改革前，人民银行的外汇占款已接近5.5万亿元，为当期中国人民银行基础货币总供给的95%，货币供给的过快投放进一步加剧了经济高速增长下的通货膨胀压力。

表4-5 中国人民银行外汇储备及基础货币投放情况（2001~2009年）

年份	央行外汇储备 增量（亿美元）	央行外汇储备 增长率（%）	基础货币 增量（亿元人民币）	基础货币 增长率（%）	外汇储备增量占基础货币增量的比重（%）	人民币对美元升值率（%）
2001	466	28.14	3360.25	9.20	114	0.02
2002	742	34.99	5286.45	13.26	116	0.00
2003	1168	40.80	7703.18	17.07	126	0.00
2004	2067	51.25	6014.75	11.38	284	0.00
2005	2089	34.26	5487.02	9.32	312	2.49
2006	2475	30.22	13414.70	20.85	147	3.24
2007	4619	43.32	14675.33	30.59	239	6.46
2008	4178	27.34	27676.93	27.26	105	6.43
2009	4531	23.28	14762.67	11.42	210	-0.09
2010	4481	18.68	41326.08	28.70	73	2.58

资料来源：国家外汇管理局网站和中国人民银行网站。

为保持货币政策的独立性和有效性，中国人民银行一方面加强了资本流动的管理，防范和遏制热钱流入；另一方面，则通过丰富回购债券的种类、提高公开市场交易频率等方式扩大公开市场操作的规模，对基于外汇占款的货币投放进行了积极主动的对冲。2002年前，中国外汇占款规模较小，中央银行可以相对容易地通过削减对商业银行的再贷款及国债正回购等办法来冲销外汇占款导致的基础货币投放。但随着此后外汇储备规模的迅速扩大，传统的冲销工具难以满足大规模冲销干预的需要，在此背景下，2002年底中央银行开始发行央行票据，来回收被动投放的基础货币。

图4-15绘出了2003~2010年中国央行票据的增长率及央票增量与外汇储备增量比率的趋势图。该图显示，自2002年中央银行开始发行央行票据对冲过剩流动性后，伴随着中国外汇储备的高速增长，央行票据规模迅速扩大，截至2008年末，央行票据发行余额达45779.8亿元人民币，占央行资产负债表总负债的比重达22.1%，份额仅次于储备货币。2004~2006年间，通过发行央票对冲的资金占当年新增外汇储备的40%以上，央票成为央行进行公开市场操作、

对冲外汇占款增加的主要工具。2009年受全球金融危机的影响，中国央行减少了央票的发行，实施宽松货币政策，以防止国内经济的迅速下滑。

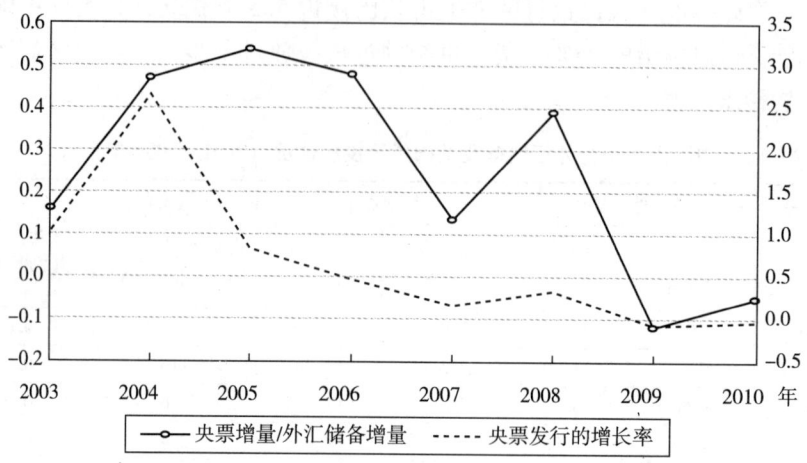

资料来源：中国人民银行网站历年数据。

图4-15 中央银行票据增长率及新增央票与新增外汇的比率（2003~2010年）

除了发行央行票据对冲外汇占款外，从2003年9月21日开始，央行还连续多次上调了商业银行的存款准备金率，仅2006年至2008年上半年央行就上调了19次存款准备金率，将该比率提高到历史最高水平17.5%，这一时期商业银行的准备金存款总增加量达54.3万亿元，占2008年底外汇储备规模的41%。全球金融危机爆发后，在中国经济强劲复苏和人民币升值预期的吸引下，大量逐利热钱持续不断地涌入，中国国家外汇管理数据显示，2011年和一季度中国新增外汇储备1974亿美元，其中无法解释的资金流入高达1600多亿美元。面对热钱流入对我国物价和房地产价格上涨带来的压力，中央银行自2010年来已十次上调存款准备金率、四次上调利率，但通胀势头并没有得到有效抑制。

总体来看，由于中国资本项目尚未完全开放，存在较为严格的资本管制，且利率和汇率形成机制尚未完全市场化，资本的利率弹性以及人民币资产和外国资产的替代程度还不高，因此中央银行基本能够通过相应的冲销干预来保持相对独立的货币政策。国内的实证研究文献也基本肯定了央行冲销政策在短期的有效性和货币政策的独立性，如郭美新（2004），田岗、董研（2005），管华雨、张晓田（2000），武剑（2005），方先明、裴平、张谊浩（2006），Cheung等（2008），曲强等（2009），范从来等（2009），王三兴等（2011）。

从最初削减对商业银行的再贷款，到国债正回购，再到发行央票的主动负债冲销方式，可以说，央行每一种冲销手段的采用都是"穷则思变"的创新。

但随着中国对外开放的深化及与世界经济金融的联系越来越密切，中国资本管制的效率不断下降，中央银行维持货币政策独立性而进行冲销干预的成本会越来越高，难度越来越大。前几年央票的大规模发行，对央行未来外汇冲销的有效性和可持续性构成了严重冲击。一方面，央行票据的大规模发行后，到期兑付额也不断增加，新发行的央行票据不仅要对冲不断增加的外汇占款，而且要置换到期的央行票据，这种票据发行疲于应对票据兑付的局面使得央行票据对货币流动性的调节力度明显受限。

另一方面，巨大的央票发行余额，使得冲销成本不断增大。Guillermo A. calvo（1997）和 Mervyn King（1997）指出，央行通过增发票据来冲销外汇占款时，央行为销售这些票据所支付的利息通常要高于其外汇储备的利息，而且为了吸引金融机构用央行票据置换其超额准备金存款，央行必须在收益率和流动性两个方面为金融机构提供比超额准备金存款更为优惠的条件，这些都使得冲销成本十分昂贵，因此不具备持久的可行性。2008年下半年美国金融危机扩散后，欧美发达国家实施的量化宽松政策降低了其长期国债的收益率，2008年底美国十年期国债收益率降至3%以下，当时中国央行发行的一年期央票利率则高达3.7022%。

Prasad 和 Wei（2005），Ouyang、Rajan 和 Willett（2007），Glick 和 Hutchison（2009）研究认为，中国央行已经动用了几乎所有可用的外汇冲销工具，甚至一些行政性强制措施，来对冲巨额外汇储备对国内货币供给的影响，继续实施大规模冲销的空间已非常有限，继续进行外汇冲销将越来越困难。国内学者李成等（2010）采用多元非对称 VAR – MVGARCH 模型实证研究了次贷危机前后中美两国利率的联动机制，结果表明，中美利率之间存在显著的波动溢出效应，且美国次贷危机后危机以后中美利率联动进一步加大。

面对着日益严重的"三元悖论"约束，2005年7月21日中国人民银行宣布人民币兑美元一次性升值2%，并且汇率制度不再盯住美元，而是实行以市场供求为基础、参考一篮子货币进行调节、有管理的浮动汇率制度。自从2005年7月汇率改革至2008年8月美国次贷危机扩散前，人民币兑美元汇率总体呈不断升值趋势，累计升值幅度近两成，银行间即期外汇市场非美元货币对人民币汇率的浮动幅度也扩大到3%。人民币汇率制度向更加灵活和市场化方向的改革，对中国的货币政策和宏观调控的操作具有积极意义，汇率的更具灵活性，可以使中国的货币政策在资本流动更加自由和频繁的背景下，更具自主性。汇率改革后人民币兑美元的大幅升值，遏制了中国国际收支顺差和外汇储备的快速增长。表4-4显示，中国外汇储备增量占 GDP 的比重从 2004 年的 10.7% 降到 2008 年的 9.2%；资本流入占 GDP 的比重则从 2004 年 5.7% 的高位迅速降到

2008年的1.02%。相应地，中央银行进行冲销干预的压力也在一定程度上得到了缓解，2004~2007年，央票发行量从1.52万亿元快速增长到4.06万亿元，但2005~2008年发行量年增速则从81%迅速下降到6%。

虽然全球金融的爆发暂时放缓了人民币升值的步伐，但随着中国经济从危机中逐步复苏，2010年6月19日，中国政府宣布重启了人民币汇率的市场化改革，宣布加大人民币汇率的弹性，到目前人民币兑美元汇率升值幅度近5%。但出于大幅升值可能对本国出口和经济复苏带来负面冲击的担忧，中国央行一直在控制人民币升值的步伐和幅度，未来人民币大幅快速升值的可能性也极小，中国央行依然会继续干预外汇市场买入外汇，以缓解巨额国际收支顺差下人民币汇率快速升值的压力，并配合冲销干预等措施对冲外汇占款引发的货币投放，以保持货币政策的相对独立和自主性。

4.3.4 后危机时代的汇率制度选择与货币政策实施

面对2008年下半年国际金融危机的加剧、国内通胀压力减缓等情况，为防止出口进一步下滑和国内经济的衰退，人民币兑美元汇率重返事实上的固定汇率制，而中央银行实施了超宽松的货币政策。从2008年7月开始，连续五次下调金融机构人民币贷款基准利率，四次下调人民币存款基准利率，四次有区别地下调人民币存款准备金率；适时调整公开市场操作力度保证流动性供应；取消了对商业银行信贷规划的约束，并引导商业银行扩大贷款总量。2009年，国内商业银行新增信贷9.67万亿元，货币供应量M_1增速高达34%，M_2增速接近30%，创出十年来的新高；2010年随着国内通胀压力的加大，中央银行开始收紧货币投放和信贷，但商业信贷仍达到7.95万亿元，M_1增速达20.4%，M_2增速达18.9%。

图4-16绘出了2008年9月美国次贷危机扩散后中国货币供给M_2的月度增速、人民币兑美元汇率变动率和通货膨胀率（居民消费价格指数变动率）。由该图可以清晰看出，面对全球金融危机带来的经济下滑和通货紧缩风险，中国人民银行于2008下半年采取了宽松货币政策和高度稳定的人民币汇率政策。2008年11月后通胀率开始迅速下降，2009年1月通胀率开始负增长，并于7月触底。为防通货紧缩，中央银行的货币供给M_2在2008年12月至2009年6月期间保持了2%~4%的高增长，同时人民币兑美元汇率保持了高度稳定，波幅基本在0.1%以内。2010年5月国内通胀率超过3%的安全警戒线，央行开始紧缩货币政策，控制货币供给增长，由此M_2增速相比前期显著回落。除了通过紧缩货币控制通胀外，央行于2010年6月重新启动人民币汇率更富弹性的改革，希望通过人民币升值抑制日益加重的通胀压力。但从图中可以看出，2010年下半年

后,通胀率继续保持不断上升的态势,紧缩货币政策和人民币升值并未取得立竿见影的效果。

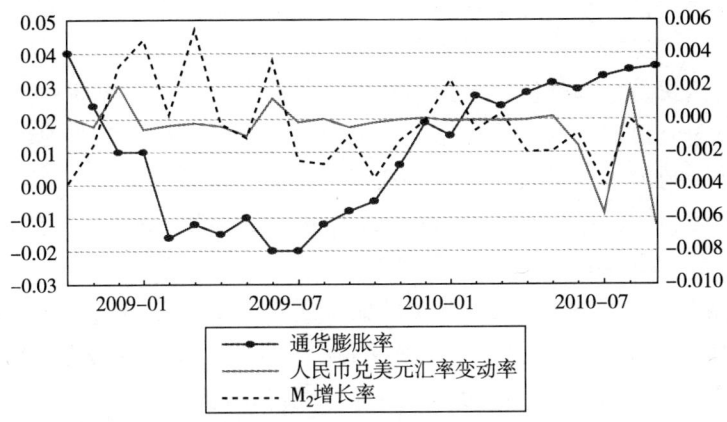

注:左轴反映了通胀率和 M_2 的增长率,右轴反映了人民币兑美元汇率变动率。
资料来源:国际货币基金组织《国际金融统计》。

图 4-16 货币供给增速、通胀率和人民币兑美元汇率变动率
(2008 年 10 月到 2010 年 9 月)

治理通胀是 2011 年中国政府的头等大事。在紧缩性货币政策方面,在央行连续七次上调银行法定存款准备金率后,该指标已达到其历史最高水平 20.5%,未来的上涨空间或许有限①;加息政策的采用也受制于国内外经济增长前景的不确定而分歧日增;公开市场操作的效率也随着央票发行规模的扩大而递减;央行对商业银行信贷限额的控制则因商业银行的业务和产品创新而大打折扣。

在此背景下,加之全球流动性过剩和最近国际政局的动荡推动了国际粮价、油价不断上涨等因素的影响,导致中国国内输入性通胀压力不断加剧。国内外利用人民币升值抑制通胀的呼声不断高涨,这种观点最近还得到了中国多位官员的支持。但对于人民币汇率的升值速度和幅度,国内外存在着严重的分歧。国外政府和学者倾向于通过人民币一次性大幅升值推动中国贸易平衡和抑制国内通胀。奥巴马政府向中方强调人民币升值对于抗通胀的重要性,它认识到,

---

① 2008 年,中国人民银行货币政策司司长张晓慧等发表了一篇《中国的准备金、准备金税和货币控制:1984~2007》的学术论文,根据他们的理论模型,最优存款准备金率由存贷利差、存贷款利率和存款准备金利率决定,且与存贷利差、贷款利率、准备金利率正相关,与存款利率负相关。他们根据 2007 年 12 月的一年期实际存贷利率水平测算,最优存款准备金率为 22.72,根据一年期实际存贷款利率水平测算,最优存款准备金率为 24.36%。随后,他们又根据计量模型分析,认为存款准备金率最优水平大致稳定在 23% 左右。

中国领导人对国内情况的重视远远超过对国外压力的重视。世界银行经济学家称，就缓和资本流入压力和抗击通胀而言，让人民币一次性升值最有效。国内一些经济学家①也宣称，中国应该选择一次性大幅升值人民币，不过，他们也承认，这在政治上是站不住脚的。

鉴于对人民币大幅升值打击国内出口企业的担心，中国政府官员倾向于人民币小幅渐进升值的方式。人民币汇率的渐进式升值，虽可使国内出口企业逐步消化本币升值的不利后果，但其对通胀的抑制效果则需审慎。从当前中国国内宏观经济运行形势看，人民币小幅渐进升值，很可能会吸引投机热钱的流入，从而在短期内加重通胀压力。

2011年6月，美国中央银行决定结束6000亿美元的债券购买计划（即第二轮量化宽松计划），这或许会在一定程度上减轻全球流动性过剩的担忧，国际大宗商品价格将会企稳，资本可能会重新流入美国，这也将在一定程度上有助于缓解中国的输入性通胀。然而，美国紧缩周期启动时间仍不确定，全球流动性过剩的状况仍将持续，加之中国未来人口老龄化的加快，劳动力成本将逐步上升，通货膨胀或许将是未来中国社会不得不面对的一个中期问题。

4.4 小结

本章着重探讨了当前围绕人民币汇率问题讨论最热烈的几个问题：人民币升值能否有效消除中国巨额的贸易顺差、从而恢复全球经济再平衡？人民币升值能否有效缓解国内日益严峻的通胀形势？面对后金融危机时代复杂的国内国际形势，中国人民银行应如何协调汇率制度与货币政策以实现物价稳定和经济增长的目标？本文结合相关数据分别对相关问题进行了历史的分析和考察，并对国内外相关研究和观点分歧予以了汇总和评价。

上述三个问题，答案并非简单的非此即彼。结合现实和理论的考察，本文认为，消除贸易不平衡、缓解国内通胀压力的关键，并非人民币升值或不升值，而在于人民币升值的方式与幅度，而现实经济运行的复杂性进一步增加了问题的难度，也是目前相关利益各方争论的焦点。

此外，本章所探讨的人民币汇率相关问题，存在着密切联系。人民币汇率升值能否有效消除中国巨额的贸易顺差，在此升值过程中海内外形成的人民币强烈升值预期是否会带来规模更庞大的资金流入，这直接关系到人民币升值对

---

① 2010年，中国社会科学院高级研究员张斌提出了一次性升值、然后回到与一篮子货币挂钩的汇率建议。不过，他承认，这在经济学上是说得通的，但政治上无法获得同意。

通货膨胀的抑制效果。通过实证的深入研究，了解这些问题的答案，对于中央银行未来货币政策操作具有重大意义，可作为后续研究的重点。

参 考 文 献

［1］毕玉江，朱钟棣．人民币汇率变动的价格传递效应［J］．财经研究，2006（7）．

［2］毕玉江．人民币汇率变动对中国进口商品价格的传递效应——基于VECM的实证研究［J］．数量经济技术经济研究，2008（8）．

［3］曹伟，罗浩，邓升军．人民币汇率传递对我国物价水平影响的实证分析：2005－2008［J］．世界经济与政治，2009（4）．

［4］曹喻．汇率制度改革以来汇率升值对中美贸易影响的实证研究［J］．世界经济研究，2008（7）．

［5］陈彪如．人民币汇率研究［M］．上海：华东师范大学出版社，1992.

［6］陈六博，钱学锋．人民币实际汇率弹性的非对称性研究：基于中国与G 7各国双边贸易数据的实证分析［J］．南开经济研究，2007（1）．

［7］陈六傅，刘厚俊．民币汇率的价格传递效应——基于VAR模型的实证分析［J］．金融研究，2007（4）．

［8］戴祖祥．我国汇率收支的弹性分析［J］．经济研究，1997（7）．

［9］邓彪，赵维泰．论美国利益集团在人民币汇率问题上的结盟行动［J］．中南财经政法大学研究生学报，2010（4）．

［10］范从来，赵永清．中国货币政策的自主性：1996－2008［J］．金融研究，2009（5）．

［11］范志勇，向弟海．汇率和国际市场价格冲击对国内价格波动的影响［J］．金融研究，2006（2）．

［12］封北麟．汇率传递效应与宏观经济冲击对通货膨胀的影响分析［J］．世界经济研究，2006（12）．

［13］龚刚，高坚．固定汇率制度下的独立货币政策［J］．金融研究，2007（12）．

［14］辜岚．人民币双边汇率与我国贸易收支关系的实证研究：1997－2004［J］．经济科学，2006（1）．

［15］管涛，王信等．2007：对当前我国贸易项下异常资金流入的分析——兼评渣打银行王志浩关于贸易差额的研究报告［J］．国际金融研

究,2007(6).

[16] 何帆,张明.中国国内储蓄、投资和贸易顺差的未来演进趋势[J].财贸经济,2007(5):79-85.

[17] 何兴强.美国利益集团与人民币升值压力[J].当代亚太,2006(3).

[18] 胡再勇.我国的汇率制度弹性、资本流动性与货币政策自主性研究[J].数量经济技术经济研究,2010(6).

[19] 胡小芳.房价与股票价格的财富效应比较研究:1992-2006[J].兰州学刊,2008(1).

[20] 黄庐进,王宜博.中国货币政策独立性与人民币汇率生成机制改革的关系研究[J].统计与决策,2011(1).

[21] 姜昱,邢曙光,杨胜刚.人民币汇率传递的不对称效应[J].广东金融学院学报,2010(7).

[22] 金洪飞,周继忠.人民币升值能解决美国对华贸易赤字吗?——基于1994-2005年间月度数据的贸易弹性分析[J].财经研究,2007(4).

[23] 梁曙霞.人民币汇率制度对我国货币政策独立性的影响分析[J].国际金融,2006(2).

[24] 厉以宁等.中国对外经济与国际收支[M].北京:国际文化出版公司,1991.

[25] 李稻葵,李丹宁.中美贸易余额要素分析:汇率、储蓄与世界贸易结构[A].清华大学中国与世界研究中心研究讨论稿,2006.

[26] 李成,王彬,黎克俊.次贷危机前后中美利率联动机制的实证研究[J].国际金融研究,2010(9).

[27] 李颖,栾培强.人民币汇率传导效果的动态趋势及影响因素分析[J].经济科学,2010(4).

[28] 刘敏,李颖."三元悖论"与人民币汇率制度改革浅析[J].国际金融研究,2008(6).

[29] 刘伟,凌江怀.人民币汇率升值与中美贸易失衡问题探讨[J].国际金融研究,2006(9).

[30] 卢向前,戴国强.人民币实际汇率对我国进出口的影响:1994-2003[J].经济研究,2005(5).

[31] 罗文波,张祖国,苏多永.资产价格波动、财富效应与居民消费——基于2000~2008年数据的实证研究[J].经济问题,2009(4).

[32] 倪克勤,曹伟.人民币汇率变动的不完全传递研究:理论及实证

[J].金融研究,2009(6).

[33] 曲强,张良,扬仁梅.外汇储备增长、货币冲销的有效性及对物价波动的动态影响[J].金融研究,2009(5).

[34] 沈国兵.美中贸易逆差与人民币汇率:实证研究这[J].南开经济研究,2004(6).

[35] 唐东波.人民币汇率与通货膨胀率的动态关系研究[J].经济科学,2008(4).

[36] 万晓莉,陈斌开,傅雄广.人民币进口汇率传递效应及国外出口商定价能力——产业视角下的实证研究[J].国际金融研究,2011(4).

[37] 王晋斌,李南.中国汇率传递效应的实证分析[J].经济研究,2009(4).

[38] 王三兴,王永中.资本渐进开放、外汇储备累积与货币政策独立性——中国数据的实证研究[J].国际金融研究,2011(3).

[39] 王胜,陈继勇,吴宏.中美贸易顺差与人民币汇率关系的实证分析[J].国际贸易问题,2007(5).

[40] 王家胜,祁春节.我国贸易顺差的可持续性研究[J].世界经济研究,2007(7).

[41] 王剑锋,顾标.中国贸易顺差研究的脉络梳理与未来展望[J].经济评论,2011(1).

[42] 夏先良.中美贸易不平衡、人民币汇率与全球经济再平衡[J].国际贸易,2010(7).

[43] 项后军,王清.通货膨胀环境视角下的人民币汇率传递——理论模型和实证研究[J].财经研究,2010(11).

[44] 谢建国,陈漓高.人民币汇率与贸易收支:协整研究与冲击分解[J].世界经济,2002(9).

[45] 许煜,徐翱,尚长风.中国式的财政分权与贸易收支顺差[J].中央财经大学学报,2007(11).

[46] 许和连,赖明勇.中国对外贸易平衡与实际有效汇率[J].统计与决策,2002(2).

[47] 许少强,马丹.人民币实际汇率对中国贸易收支影响的实证分析[J].新金融,2005(2).

[48] 杨娉.人民币汇率变动对我国各行业贸易条件的影响[J].经济评论,2009(5).

[49] 殷德生.中国贸易收支的汇率弹性与收入弹性[J].世界经济研究,

2004 (11).

[50] 余永定. 见证失衡——双顺差、人民币汇率和美元陷阱 [J]. 国际经济评论, 2010 (3).

[51] 张二震, 戴翔, 马野青. 从贸易顺差视角看我国对外贸易不平衡发展趋势 [J]. 经济纵横, 2010 (9).

[52] 张海波, 陈红. 不同阶段人民币汇率的价格传导机制分析 [J]. 统计与决策, 2010 (24).

[53] Anthony, M. 2007. "Does China's Huge External Surplus Imply an Undervalued Renminbi?", *China and the World Economy*, 15: 3, 89 – 102.

[54] Ahmed, S. 2009. "Are Chinese Exports Sensitive to Changes in the Exchange Rate?", *International Finance Discussion Papers*, No. 987.

[55] Aziz, J. and Li, X – M. 2007. "China's Changing Trade Elasticities", *IMF Working Paper*, WP/07/266.

[56] Bacchetta and Wincoop. 2002. "A theory of the currency denomination of international trade", *European Central Bank Working Paper* No. 177.

[57] Bodnar, G. and Marston, D. 2002. "Pass – through and exposure", *Journal of Finance*, Vol. 57, 199 – 231.

[58] Barry, B. 2006. "Is a Change in the Renminbi Exchange Rate in China's Interest?", *Asian Economic Papers*, 41, 40 – 75.

[59] Campa and Goldberg. 2002. "Exchange Rate Pass – through Into Import Prices: Macro or Micro Phenomenon?", *CIIF Research Paper*, No. 475.

[60] Campa and Goldberg. 2005. "Distribution Margins, Imported Inputs, and the Insensitivity of the CPI to exchange rates", *CIIF Working Paper* No. 625.

[61] Cerra, V. and A. Dayal – Gulati, 1999. "China's Trade Flows: Changing Price Sensitivities and the Reform Process", *International Monetary Fund Working Paper*, WP/05/99, Washington DC.

[62] Cerra, V. and S. Saxena. 2003. "How Responsive is China's Export Supply to Price Signals?", *China Economic Review* 14, 240 – 270.

[63] Cheung, Y. – W., Chinn, M. and Fujii. E. 2010. "China's Current Account and Exchange Rate", edited by Robert Feenstra and Shing – Jin Wei, *China's Growing Role in World Trade*, Chapter 9, 231 – 271, University of Chicago Press for NBER.

[64] Cheung, Y. – W. and Kon S. L. 2000. "On Cross – Country Differences in the Persistence of Real Exchange Rates", *Journal of International Economics* 50,

375 – 397.

[65] Cheung, Y. – W. and Qian, X. W. 2010. "Capital Flight: China's Experience", *Review of Development Economics*, 14 (2), 227 – 247.

[66] Cheung, Y. – W. and Qian, X. W. 2011. "Deviations from Covered Interest Parity: The Case of China", in Yin – Wong Cheung, Guonan Ma, and Vikas Kakkar (eds.), *"The Evolving Role of Asia in Global Finance,"* Chapter 15, pp. 369 – 386.

[67] Cheung, Y. – W., Tam, D. and Yiu, M., S. 2008. "Does the Chinese Interest Rate Follow the US Interest Rate?", with, *International Journal of Finance and Economics* 13, 53 – 67.

[68] Chou, W. 2000. "Exchange Rate Variability and China's Exports" [J], *Comparative Economics*, 28.

[69] Cui, Land Syed, M. 2007. "The Shifting Structure of China's External Trade and Its Implications", *IMF Working Paper* WP/07/214, Washington DC, September.

[70] Chou, W. L. 2000. "Exchange Rate Variability and China's Exports", *Journal of Comparative Economics*, 28.

[71] Donald, D. and Weinstein, D. 2002. "The Mystery of the Excess Trade Balance", *American Economic Review*.

[72] Dees. 2001. "The Real Exchange Rate and Types of Trade – heterogeneity of Trade Behaviors in China", *CEPII Working Paper*.

[73] Devereux and Engel, 2002. "Exchange Rate Pass – through, Exchange Rate Volatility and Exchange Rate Disconnect", *Journal of Monetary Economics*, Vol. 49, 913 – 940.

[74] Dornbusch, R. 1987. "Exchange rates and prices", *American Economic Review*, Vol. 77, 93 – 106.

[75] Richard, E. 2004. "Should China Appreciate the Yuan", MIT Department of Economics: Working Paper Series Working Paper, (1)。

[76] Faruqee. 2004. "Exchange Rate Pass – through in the Euro Area: The Role of Asymmetric Pricing Behavior", *IMF Working Paper* 04/14.

[77] Feinberg, R. 1986. "The Interaction of Foreign Exchange and Market Power Effects on German Domestic Prices", *Journal of Industrial Economics*, Vol. 35, 61 – 70.

[78] Feinberg, R. 1989. "The Effects of Foreign Exchange Movements on US

Domestic Prices", *Review of Economics and Statistics*, Vol. 71, 505 – 511.

[79] Wilander, F. S. 2008. "When is a Lower Exchange Rate Pass – through Associated with Greater Exchange Rate Exposure?", *Journal of International Money and Finance* 27, 124 – 139.

[80] Fung, H – G. 2005. "China's Foreign Trade and Investment: An Overview and Analysis", *China and World Economy*, 13, 3 – 16.

[81] Goldberg and Knetter. 1997. "Goods Prices and Exchange Rates: What Have We Learned?", *Journal of Economic Literature*, Vol. 35, 1243 – 1272.

[82] Goldfajn and Werlang. 2000. "The Pass – through From Depreciation to Inflation: A Panel Study", *Central Bank of Brazil Working Paper Series*, No. 5.

[83] Herrero, D. and Koivu, T. 2009. "China's Exchange Rate Policy and Asian Trade", *BIS Working Papers*, No. 282, Monetary and Economic Department.

[84] Hodder. 1982. "Exposure to Exchange Rate Movements", *Journal of International Economics*, 13, 375 – 386.

[85] Karolyi, B. 2006. "The Impact of the Introduction of the Euro on Foreign Exchange Rate Risk Exposures", *Journal of Empirical Finance* 13, 519 – 549.

[86] Khundrakpam. 2007. "Economic Reforms and Exchange Rate Pass – through to Domestic Prices in Lndia", *BIS working paper*, No. 225.

[87] Lau. F., Mo, Y. and Li, K. 2004. "The Lmpact of a Renminbi Appreciation on Global Imbalances and Intra – Regional Trade", Hong Kong Monetary Authority Quarterly Bulletin, March, 16 – 26.

[88] Baror, L. 1999, "Monetary Policy Rules and Transmission Mechanisms Under Inflation Targeting in Lsrael" [J], Bank of Israel Annual Reports.

[89] Morris, M. 2007. "A (Lack of) Progress Report on China's Exchange Rate Policies", *Peterson Institute for International Economics Working Paper*, 07 – 5.

[90] Ma, G. – N. and McCauley, N. R. 2008. "The Efficacy of China's Capital Controls – Evidence from Price and Flow Data", *Pacific Economic Review* 13, 104 – 23.

[91] Sheets, M. 2007. "Declining Exchange Rate Pass – through to U. S. Import Prices: The Potential Role of Global Factors", *Journal of International Money and Finance*, 26, 924 – 947.

[92] Jaime, M. and Schindler, J. W. 2007. "Exchange Rate Effects on China's Trade", *Review of International Economics*, 15: 5, 837 – 853.

[93] McCarthy. 2000. "Pass – through of Exchange Rates and Import Prices to

Domestic Inflation in some Industrialized Economies", *BIS Working Paper*, No. 79.

[94] McKibbin, W. J. and Stoeckel, A. 2003. "What if China Revalues Its Currency?", *Economics Scenarios*, 7. 1 – 8.

[95] Nicolaas, G. and He, L. 2006. "The US – China Trade Imbalance: Will Revaluing the RMB Help Much?", *Discussion Paper of University of Western Australia*, 27.

[96] Olivei. 2002. "Exchange Rates and the Prices of Manufacturing Products Imported into the United States", *New England Economic Review*, Vol. 1, 3 – 18.

[97] Robert, L. 2008. "China's Exchange Rate Policy: A Survey of the Literature", *Discussion Paper*, 2008 – 5, Bank of Canada.

[98] Schott, P. K. 2006. "The Relative Sophistication of Chinese Exports", *NBER Working pater series*, 12173.

[99] Willem, T. and Zhang, H. J. 2009. "The Effect of Exchange Rate Changes on China's Labor – Intensive Manufacturing Exports", *Pacific Economic Review*, 14: 3, 398 – 409.

[100] Virginie, C. and Couharde, C. 2005. "Real Exchange Rates in China", *CEPII Working Paper* 2005 – 01, Paris, France.

[101] Willem, T. 2006. "How Would An Appreciation of the Renminbi Affect the U. S. Trade Deficit with China?", The B. E. Journal in Macroeconomics. 6: 3.

[102] Wei, W. – X. 1999. "An Empirical Study of the Foreign Trade Balance in China", *Applied Economics Letters*, 8.

[103] Weinstein, D. 2002. "The factor Content of Trade", Discussion Papers 0102 – 01, Columbia University, Department of Economics.

[104] Yang. 1997. "Exchange Rate Pass – Through in U. S. Manufacturing Industries", *The Review of Economics and Statistics*. Vol. 79, 95 – 104.

[105] Young, F. 1972. "Stock Price Reaction of Multinational Firms to Exchange Realignments", *Financial Management*, 66 – 73.

[106] Zhang, J., Fung, H. – G. and Kummer, D. 2006. "Can Renminbi Appreciation Reduce theUS Trade Deficit?", *China & World Economy*, Vol. 14, No. 1, 44 – 56.

第五章 人民币汇率错位的测度

5.1 引言

进入21世纪，中国人民币币值及其汇率政策引起了国内外学术界以及政策制定者的激烈辩论，这从侧面反映了中国出口增长和融入全球市场的快速步伐从而在国际舞台上的地位日益提高的现实。人民币的升值压力大多来源于中国对美国（以及最近对世界其他地区）的贸易盈余和中国本身外汇储备的快速增长。其中，有关人民币汇率错位程度的决定因素引起了决策者与金融机构的极大兴趣。尽管在过去几年中已有不少关于人民币汇率错位程度的讨论和实证检验，但有关争议方兴未艾。

2005年7月21日，中国人民银行启动人民币汇率形成机制改革，人民币对美元升值2.1个百分点，达到1美元兑换8.11元人民币。人民币的日浮动范围为3‰。在2007年5月15日，日浮动范围扩大至5‰。尽管如此，这种类似于钉住美元向上爬行的汇率政策于2008~2009年国际金融危机的中期即2008年7月终止。

虽然被称为"爱琴海传染病"的欧洲主权债务危机在2009年暂时分散了国际社会争论人民币汇率错位程度的注意力，但并没有淡化批评者对人民币升值的要求。自从2008年中期恢复到稳定的汇率政策以来，中国一直受到人民币升值的巨大压力。典型的批评言论是，中国操纵本币汇率，使其价值人为地保持在低水平上，从而使中国出口在全球市场上拥有不公平的竞争优势。一些观察家甚至认为，中国的货币操纵政策不仅造成了全球贸易失衡，也是引发2008年至2009年国际金融危机的一个诱因，并阻碍了全球的经济复苏。

无论这一争议的是非曲直如何，当美国和欧洲的决策者试图寻求一切能够从危机中复苏的手段时，中国正在面临新一轮的来自于外汇政策改革和人民币升值的压力。例如，由于中国在美国失业率飙升的情况下恢复了事实上的钉住美元政策，奥巴马政府加大了批评中国汇率政策的力度。来自美国国会要求采取行动的压力更为明显，一如往常，国会要求对中国进口产品全面征收关税。中国对这些和其他类似的压力均作出了回应，强调了中国在稳定全球市场经济中的作用和贡献。中国和其他一些发展中国家一道，对美国货币政策的宽松特征、对美元贬值政策以及对美元作为国际储备货币的负面影响等深表关注。由此可见，人民币辩论的基调从2005年7月汇率形成机制改革前至今几乎没有什么变化。

面对这些保护主义情绪和来自其他政府的压力，中国人民银行于2010年6月19日发表题为《进一步改革人民币汇率制度并提高人民币汇率弹性》的声明。这一声明标志着中国回归到2005年所采用的"有管理的浮动汇率制度"。正如大多数评论家预期的那样，人民币汇率呈现的是渐进的有序的升值。因此，尽管这一政策改变受到赞许，但仍然没有平息批评家要求人民币快速升值的言论。对于这些人来说，并不是中国的汇率政策没有任何改变，而是政策改变太小、太慢。

正如Cheung，Chinn和Fujii（2010）所指出的，在开放宏观经济学中，很少有像"汇率错位"这个概念在近来引发如此多的关注而同时又被误解。经济学家认为，如果货币所能兑换的外币金额小于其基本经济价值所表明的兑换金额，那么货币即被低估。因此，人民币被低估意味着兑换1单位美元需要付出比适当价值更高的人民币价值单位（元）。当然，首要问题是如何恰当界定人民币的价值，或者按经济术语来说，如何界定人民币的均衡价值。

本章的其余部分着重展示在确定人民币均衡价值时所涉及的几个难点——模型的选择、错位程度的计算以及数据的不确定性。第二节简要地讨论一些汇率建模的一般性问题，并有选择性地回顾一些实验性证据；第三节演示相对价格与收入关系，也即Penn效应；有关Penn效应的论述，是用以说明抽样不确定性和数据修正对人民币估值辩论的影响；第四节是结论。

5.2 均衡汇率模型——若干争议

5.2.1 理论注意事项

哪一种汇率模型适合用于评估人民币的公允价值？当前汇率经济学的研究几乎无法提供任何明确的指导——在不同情况下如何构建正确的汇率模型并未

达成共识，而且不同的模型可能适用于不同的时间跨度①。在没有一个普遍接受的理论模型的情况下，应当小心谨慎地解读有关货币错位的论据和判断。

正如 Cheung，Chinn 和 Fujii（2010）总结的那样，现有对人民币汇率错位的大多数研究采用了一些理论框架，这些框架可归类为相对购买力平价理论、Penn 效应、生产率方法、行为均衡汇率模型、基本均衡汇率方法以及宏观经济平衡效应方法。随后我们将对这些理论框架简要加以评论。

一个相关的问题是，标准的或常规的均衡汇率模型可能并不适用于转型或新兴经济体系。在过去的几十年中，中国的经济结构迅速转变，从中央计划经济过渡到开放的市场经济。迄今为止，中国经济仍然是混合经济，带有"计划"与"市场"两大体系元素的明显特征。虽然中国是金融全球化世界中不可分割的一部分，但中国依然实施一系列广泛的资本管制措施。这些特殊属性使确定和选择适合人民币均衡价值的模型倍加困难。

实证汇率模型中的固有困难在 Meese 和 Rogoff（1983）的开创性研究中是有据可查的。自该成果发表以来，大量的研究已经表明，无论是以理论还是以实证为基础的现行汇率模型对汇率问题的解释依旧乏力。例如，Cheung，Chinn 和 Garcia Pascual（2005）提供了在这个问题上的一些新证据。这方面一系列文献的直接含义是，至少在理论层面上，我们很难确定一个大家广泛接受的框架来评估人民币币值问题。

尽管新闻报道中通常会提及名义汇率，但实际汇率却是对货币错位进行学术性分析的主题。虽然 Meese 和 Rogoff 的研究结果涉及名义汇率，但相同的结论通常也适用于实际汇率——这并不令人意外，除了有严重通货膨胀的国家外，名义汇率和实际汇率之间本来存在密切的对应关系。

5.2.2　实证注意事项

将理论需要注意的事项放在一边，评估人民币价值亦同样要面对大多数经济分析所固有的实证问题。一些典型的实证问题包括回归方程的适当规范、数据的信息量以及数据质量的影响，最后一点对中国问题的分析尤其重要。

不同的人民币估值实证研究采用不同的汇率模型、不同的统计方法，并且结合不同时期的数据，决定了错位结果的不同程度。毫不奇怪，不同的研究对

---

① 即使这不是一个明显的命题。例如，在多恩布什的汇率超调模型中，汇率在短期内可以偏离其长期价值，然而，本书中的汇率价值与短期市场基本面完全一致。因此，时间框架和汇率的轨迹同样重要。在许多模型中区分短期和长期是非常必要的，例如，Hinkle 和 Montiel（1999）。

人民币价值错位的估计差异很大,其人民币被低估或被高估的程度从15%~50%不等。鉴于这些不同的估计,人们通常希望在参考大量的估计结果之后得出结论并采取适当的行动。

如果有了错位程度的一个估计,我们是否知道正在考虑中的货币错位的概率?这是一个在运用统计技术来评估错位程度时所出现的统计学问题。典型的做法是考虑对错位的估计和在给定的置信区间内的抽样不确定性。正如Cheung,Chinn和Fujii(2007)所提及的,在有关错位的估计中,由于抽样不确定性,很难推断人民币是否被低估,也就是说,用来评估人民币价值错位的数据可能不具有很强的信息性。

对货币错位程度估计的另一个影响因素是数据的不确定性。实际上,中国官方经济数据的质量和准确性是大多数有关中国实证研究需要考虑与忧虑的问题。一些计量主要宏观经济指标的会计方法偶尔会有很大的修正与改变,这些都加剧了对中国官方经济数据的担忧。例如,在2005年12月,中国基于一次新的全国性经济调查而修改其国内生产总值的数据。这一修改的一个结果是上调了2004年的国内生产总值约17%。由于这些数据调整规模相当大,因此,根据调整前数据得出的实证研究结果有可能被推翻。

除了源于中国统计机构的统计数据不确定性,国际和多边组织对于数据的修改也会影响人民币均衡汇率的计算。以在人民币价值实证研究中使用的国际比较项目(International Comparison Program)价格和国内生产总值数据为例,2007年,世界银行和亚洲开发银行一起发布了2005年国际比较项目的基准,并修改了相应的数据。新基准对一些国家数据进行了大幅修订。例如,由于价格水平被调高,中国基于购买力平价计算的人均国内生产总值数据被下调了40%。在随后的章节中,我们将讨论国际比较项目基准变化对人民币币值辩论的影响。

研究者还要面对其他实际问题的挑战。例如,在选定一个理论框架后,研究者需要选择最合适的估计技术进行实证检验。以同一理论框架为基础的实证研究而采用不同的估计规范和计量技术并不罕见。我们经常会发现,运用不同的估计规范和计量技术往往会产生一些有非常显著差异的货币错位估计结果。例如,Dunaway,Leigh和Li(2009)指出,在采用均衡汇率模型时,模型技术参数、解释变量的界定和样本区间等的微小改变都可能意外地导致均衡汇率估计大幅度变更。

我们只是在这里简单提及规范的不确定性与选择不同的估计技术可能带来的潜在问题,详细讨论这些问题则超出了本章的范围。

5.3 人民币汇率错位程度的几种估计

5.3.1 趋势偏差估计

关于人民币价值错位程度的估计可谓汗牛充栋。在这里,我们首先提出最近对人民币价值错位的两种估计。这两种估计分别基于相对购买力平价和趋势偏差方法的计算得出,后一种方法在 1997 年的亚洲金融危机后被普遍采用。诚然,我们并不认为这些估计是明确和正确的。我们试图用这些估计部分解释围绕人民币币值辩论的复杂性。

图 5-1 描绘了从 1987 年 1 月至 2009 年 9 月中美之间的双边实际汇率。实际利率是从官方汇率中扣除美国和中国的消费价格指数得出的。较高值表示中国货币走强。黑色实线为基于中国官方汇率的实际汇率。1994 年官方汇率的急剧贬值是官方汇率与调剂汇率统一的结果。为了将调剂汇率的影响纳入其中,虚线绘出了 1994 年以前用官方和调剂汇率的加权平均数计算出的"调整"实际汇率①。

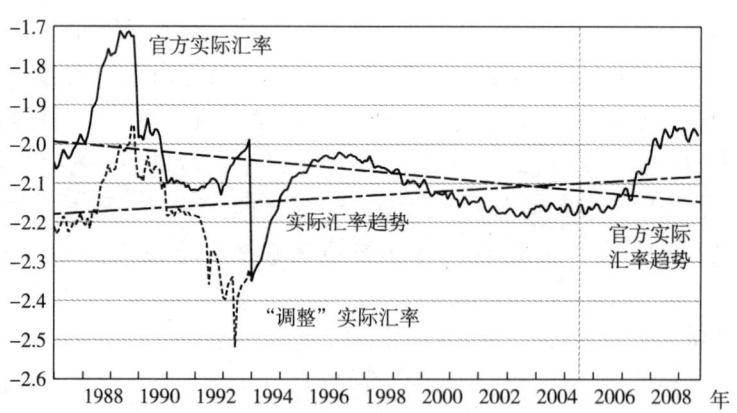

图 5-1　中国(官方与"调整")
实际汇率及其趋势(以对数表示)

与预期相一致,人民币从 1997 年亚洲金融危机至 2005 年政策调整改变期间持续贬值,并且在政策调整之后持续升值。官方汇率和调整汇率之间的主要区

---

① Fernald, Edison 和 Loungani (1999)。

别在于二者的行为趋势。在整个样本期间内,人民币的官方实际汇率呈下跌趋势,同时其调整实际汇率呈上升趋势。

在1997年亚洲金融危机后发展起来的早期预警体系的文献中,货币错位的一种典型测度方式是分析确定性趋势的偏差。官方实际汇率和"调整"汇率的线性趋势分别由图5-1中的虚线和点线表示。尽管官方汇率和"调整"汇率的趋势有所不同,但两种趋势偏差测度均表明,人民币实际汇率显示币值被高估。在2009年的9月,"调整"汇率显示出人民币被高估10.4%,而官方汇率则显示人民币币值的被高估幅度为16.8%。

人们很自然地认为简单的双边汇率比较是有瑕疵和不全面的,我们深有同感。例如,与双边汇率相比,贸易加权汇率指数应该更准确地提供关于整体竞争力的信息。然而,运用贸易加权汇率不一定能完全解决问题。图5-2描述了1980年至2009年间国际货币基金组织的贸易加权汇率指数,该图也绘制了可取样本的样本均值和线性趋势估计。相对趋势偏差表明,人民币在2010年初被高估了36%,而对均值的偏差则表明,人民币在同一时期被低估了7.5%。

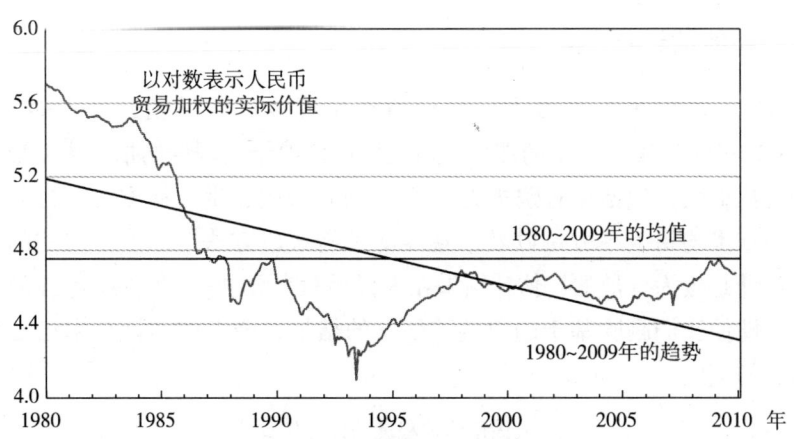

图5-2 线性趋势显示的贸易加权实际汇率错位估计(以对数表示)

这两个绘图的重要性不在于它们对隐含错位的估计,而在于这些估计的不稳定性和敏感性。例如,运用不同时间序列和不同衡量标准的"趋势"可能导致对错位完全不同的定性和定量评估。很明显,如果我们选取从1994年开始的样本期间,对趋势偏差的衡量将会产生一些人民币大幅被低估的评估结果。更进一步说,通过运用不同的价格平价指数以及使用间断趋势或非线性趋势来代替线性趋势,我们可以获得不同的错位估计。对于一些更加复杂的币值均衡价值评估框架来说,类似的不稳定性来源于规范的不确定性、抽样周期的选择和数据系列的选择。因此,对货币错位的适当评估必须考虑到理论和实证两个方面所涉及的问题。

值得一提的另一点是,有关使用价格指数构造的数据对错位估计进行推断存在困难。基于价格指数而得出的实际汇率有一个问题,该汇率提供了相对基年的实际汇率信息,却没有提供有关汇率本身水平的信息,因此,难以确定货币错位的实际程度。判断错位程度的一个至关重要的信息准则是,估计结果能够告诉我们中国目前的汇率相对于其他货币的情况,而不仅仅是相对于自身以往的情况。从相对价格指数得出的实际汇率数据给出了两种货币与基年物价指数比较的名义相对购买力,但却没有显示实在的相对购买力信息。图 5-1 和图 5-2 中所绘制的趋势线的恰当解释为相对实际均衡价值的趋势线。因此,很难衡量目前实际汇率的错位程度。所以,基于相对购买力平价的模型和基于价格指数的汇率实证模型并不适合用来评估人民币价值的错位程度。

5.3.2 其他估计

表 5-1 列出了近来对人民币价值错位程度的一些估计。正如 Cheung, Chinn 和 Fujii(2010)总结的那样,对人民币价值错位程度的估计大多数采用了典型的理论框架,包括相对购买力平价、Penn 效应、生产率方法、行为均衡汇率模型、基本均衡汇率方法以及宏观经济平衡效应方法等。值得关注的是,这些错位估计是极为分散的;估计结果在人民币被低估 49% 直到被高估 36% 的范围之内。即使我们删除基于趋势偏差估计的结果,余下的估计结果还是涵盖了一个广泛的范围。

表 5-1　　人民币错位程度的部分估计

估计	时间	来源
-49%	2010 年 3 月 26 日	《经济学人》(2010),大汉堡指数
-33%	2009 年 3 月	Cline 和 Willamson (2010),FEER
-31% *	2005 年	Subramanian (2010),Penn 效应
-21% **	2008 年底	Goldstein 和 Lardy (2009),外部平衡
-17.5 **	2009 年	Wang 和 Hu (2010),FEER,外部平衡

续表

估计	时间	来源
-10%	2010年第一季度	Tenengauzer (2010)，外部平衡
-2.56%	2009年第四季度	Stupnytska 等 (2009)，BEER
+5%	2008年	CCF (2010)
+13.4%	2008年第四季度	Hu 和 Chen (2010)，FEER
+16.8%	2009年9月	CCF (2010)，相对购买力平价，美国实际汇率
+36%	2009年12月	CCF (2010)，实际购买力平价，贸易权重汇率

注：*采用调整数据后的平均估计。**平均估计。

我们在上节中已经讨论了相对购买力平价方法的局限性。在下一节中，我们将采用 Penn 效应方法来说明抽样和数据的不确定性。在本节中，我们仿照 Cheung、Chinn 和 Fujii (2010) 的方法，简要叙述其他对人民币价值错位程度的估计方法。

除了基于价格指数的方法，我们还有其他方法来模拟均衡实际汇率。具体而言，我们可以采用直接或间接法。直接法是将实际汇率表示为其决定因素的函数。函数和决定因素用以推算均衡汇率，而均衡汇率反过来又被用来衡量实际汇率的错位程度。此外，间接法通常也能够达到这一目的，例如，以外部均衡的汇率作为实际均衡汇率。

生产率方法是直接方法中的一种，侧重于分析实际汇率与国内贸易和非贸易部门间生产率的差异联系。这种方法是受 Balassa – Samuelon 假说的启发而产生的。鉴于部门生产率计算中存在的实际困难，实证回归方程通常包括部门生产率的替代要素和被认为能够影响部门生产率的宏观经济变量。

除了生产率差异，行为汇率模型包含着一些经济变量，用以捕捉中期的汇率基本面的有关因素。这些变量在行为均衡汇率框架的研究中各不相同。实证行为均衡汇率方程中的典型变量包括利息差异、政府支出、贸易条件、国外净资产和贸易开放程度。某些版本的行为均衡汇率模型也被称做均衡实际汇率模型。

宏观经济平衡效应方法和基本均衡汇率方法的出发点有些相似。这两种方法都是间接确定均衡实际汇率的方法。它们都假定在短、中期内，经常账户余额可以不需要为零。确定均衡汇率包含两个步骤。首先，确定短期或中期的"标准"经常账户余额，其标准可由研究者的先验来决定。基本均衡汇率方法通常采用这一步骤。宏观经济平衡效应方法倾向于使用储蓄和投资行为以及预算平衡的变化来推断经常账户的标准。在通常情况下，预算平衡的变化被认为是外生的。此时，一个关键的假设是标准经常账户余额是短期或中期的正常或可持续的现象。其次，我们用贸易弹性来复原和推断能够达到标准经常账户收支的"均衡"汇率。而估算中国的贸易弹性本身就是一项重大的挑战。困难之一是苦于缺乏中国进出口相关价格的数据。Cheung 等（2010），Marquez 和 Schindler（2007）以及 Thorbecke 和 Zhang（2009）已经讨论并说明了围绕中国贸易弹性估计的数据和其他的有关问题。此外，由于中国正经历快速的结构转型，后向性扩大样本期间无法获得改善和更好的相关估计。然而，估计贸易弹性的准确性是决定估计币值错位程度可靠性的关键因素。

鉴于以上几节讨论的内容，我们很自然地察觉到，就这些不同的方法而言，实证规范、生产率差异的替代要素以及能够获取的中期基本面信息变量、标准经常账户余额和贸易弹性估计等的选取均能对均衡汇率估计产生明显的影响。表5-1中所显示的估计结果的可变性恰恰反映了这些估计技术的敏感度。当然，样本期间的选择也会有影响。

实际上，其中的一些研究反映了其估计对样本期间、模型规范和参数假设的敏感程度（Hu 和 Chen, 2010; Wang 和 Hu, 2010）。此外，Dunaway, Leigh 和 Li（2009）认为，在文献中通常使用的方法和模型所得出的人民币均衡实际汇率估计，在模型规范、解释变量定义和样本期间，哪怕是微小的变化也会显著地影响有关货币错位的判断。

5.4 Penn 效应

Penn 效应是指由一系列 Penn 研究所发现的实证结果：各国价格水平和实际人均收入之间存在着稳健的正相关关系（Kravis 和 Lipsey, 1983, 1987; Kravis, Heston 和 Summers, 1978; Summers 和 Heston, 1991; Samuelson, 1994）。Balassa（1964），Samuelson（1964），Bhagwati（1984），Bergstrand（1991），Bergin, Glick 和 Taylor（2006）等人为 Penn 效应提供了理论上的解释。

在人民币币值的辩论中，Penn 效应框架亦被用于评估人民币币值的错位程度（Frankel, 2006; Cheung, Chinn 和 Fujii, 2007; Coudert 和 Couharde, 2007）。Penn 效应的基本回归方程表示如下：

$$r_{i,t} = \beta_0 + \beta_1 y_{i,t} + u_{i,t} \tag{1}$$

其中，$r_{i,t}$ 和 $y_{i,t}$ 分别是 i 国相对于美国的实际价格水平和实际人均收入。相对价格收入关系的估计需要用两国价格和收入的可比较数据。为了确保数据的一致性，我们采用由国际比较项目提供的价格水平和基于购买力平价计算的国内生产总值。本节讨论结果所用数据来源于世界银行的世界发展指标（World Development Indicators）。此数据集涵盖了庞大的国家截面数据和长的样本期。

估计方程（1）对货币错位的推断以稳健的正 Penn 效应为基础。隐含的假设是，实际汇率相对于美国而言，有些可能被高估了，而另一些可能被低估了，但平均而言是处于均衡水平。

确认相对价格收入关系的局限性非常重要。理论上，Balassa – Samuelson 模型中的均衡汇率是使得内部和外部同时实现均衡的汇率。然而，从短期到中期内，无法确保内部或外部均衡。因此，汇率的估计方法应该被理解为一种长期均衡方法，其自身并不适合于分析短期现象。一种潜在的补救措施是将与内部和外部短期均衡变化有关的可控变量纳入其中。这一补救措施稍后将进行详细地讨论①。

值得一提的是，采用相对价格收入关系方法而进行研究得出的人民币被低估的程度最大（Cairns, 2005）；而采用相对购买力平价或流量平衡方法的研究通常得出人民币被低估的程度则较小。因此，采用 Penn 效应框架不会得出不利于人民币被低估的结论。

5.4.1 错位估计及抽样的不确定性

Cheung，Chinn 和 Fujii（2007）提出了估计（1）结果。这些数据都来源于 2005~2006 年的世界发展指标数据库。它包含了 1975~2004 年最多 160 个国家的数据。为简洁起见，本节和下一节的回归结果将在附录中加以概述②。估计（1）的结果见附录中的表 5A – 1。这些结果证实了数据呈现了显著的正 Penn 效应。

Cheung，Chinn 和 Fujii（2007）研究所强调的关键点之一是抽样的不确定性在解释错位程度估计中的作用。也就是说，除了估算所表现出的错位的经济量度，他们还强调在估计错位时准确程度的重要性。为此，他们不仅提出了错位程度的估计，而且提出了由预测偏差区间导致的抽样不确定性。

从 Cheung，Chinn 和 Fujii（2007）研究中所复制的图 5 – 3 是数据的散点图、预测的实际汇率、标准偏差区间以及由 1975~2004 年基于购买力平价数据

---

① Frankel（2006）讨论了当需要考虑存在一个以上的部门时，是否可以称为"均衡汇率"。Engel（2009）认为，需要用全球资源配置的效率来定义"外部均衡"，而不是通常意义上的贸易均衡。

② 相关回归结果的更多信息可以从作者处获得。

得出的人民币实际汇率的真实路径。图5-4描绘了实际的和预测的人民币币值时间路径。这些图表中所描绘的人民币变化轨迹非常有趣。人民币最初是被高估的，但在接下来的三十年中，人民币逐渐回归其预测的均衡价值并进而超出这一均衡价值；以至于到2004年人民币被低估的程度达到53%。然而，重要的是在2004年人民币偏离预测值的范围是在"均衡"价值的1~2个标准差之间。

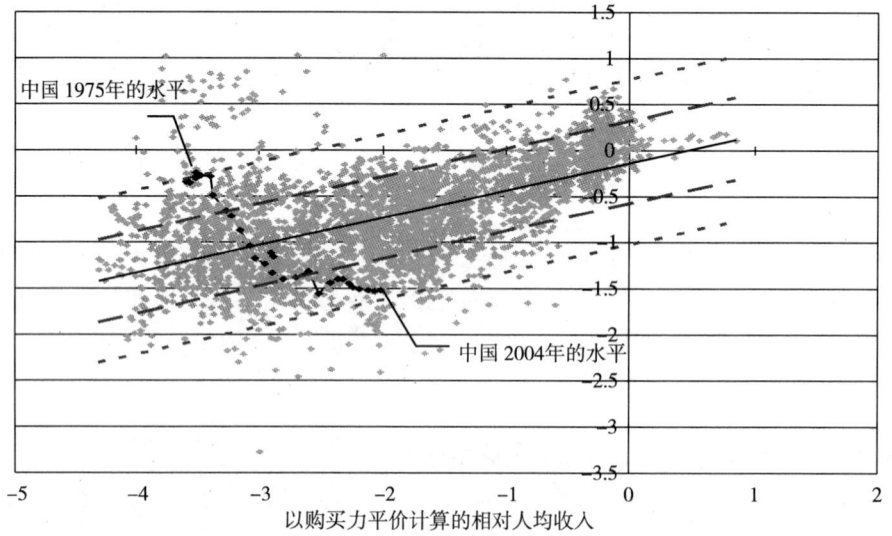

注：实线为预测的实际汇率、虚线为一个与两个标准偏差区间。

图5-3 根据2006年原始数据计算的相对价格收入关系

换言之，按经济学家通常要求的标准统计准则，人民币在统计显著的意义上并没有被低估（在2004年）。散点图显示了极为分散的观察值，这足以使那些意图就人民币错位的精确程度发表强力声明的人踌躇不定。

Cheung，Chinn和Fujii（2007）为了构建图中预测偏差的置信区间，遵循了标准的计量程序。间隔的宽度由两部分决定：回归偏差项的方差（$u_{i,t}$ in (1)）和估计系数的方差（$\hat{\beta}_0$和$\hat{\beta}_1$）。众所周知，在标准假设中，估计系数$\hat{\beta}_0$和$\hat{\beta}_1$是一致的，并且随着样本大小的增加而减小，其方差逐渐趋于零，不会添加预测偏差置信区间的宽度。然而，随着样本大小的增加，回归偏差项的方差不会减小为零。

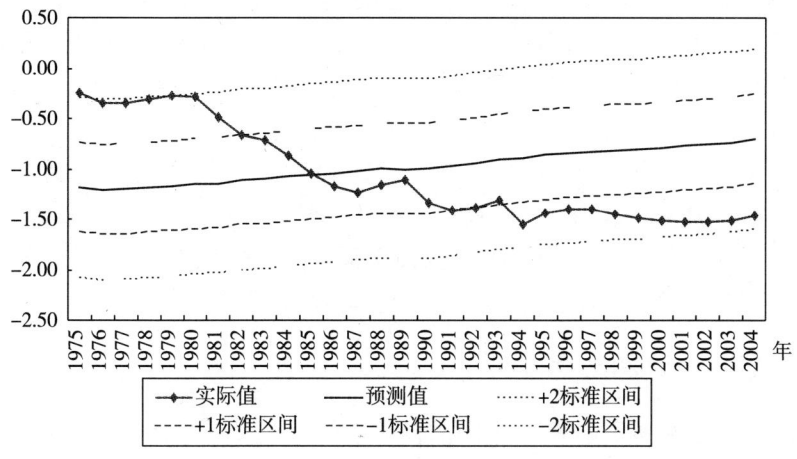

图 5-4　基于 2006 年的原始数据计算的
实际和预测的人民币价值

直观地说，增加观察值有助于减少与 $\hat{\beta}_0$ 和 $\hat{\beta}_1$ 的估计相关的不确定性，而不是由 $u_{i,t}$ 的方差表示的回归方程本身的不确定性。除非我们有一个完美的回归拟合，否则 $u_{i,t}$ 的方差将不会为零。也就是说，我们无法完美预测一个给定的回归；我们所能做的就是减少抽样系数的不确定性。

如果我们在计算预测偏差的置信区间时只采用估计系数的方差这一信息将会发生什么结果？在这种情况下，由此产生的区间仅仅根据预先指定的置信度便会给出回归线所在的范围，而忽略了以此为基础的回归并不反映实际汇率与实际收入水平之间的确切关系这一事实。这一区间过分地强调了其预测实际汇率的能力，从而也就夸张地渲染了其证明显著错位的能力。因此，适当计算人民币预测偏差的置信区间是评估错位程度的至关重要的步骤；特别是在考虑到图 5-3 所观测到的数据广泛分散情况下更需要注意。

那么，应该如何解释图 5-3 与图 5-4 的结果？虽然实际汇率和收入的关系是一种稳健的经验主义规则（即系数估计的正相关性非常显著），但这些数据无法为我们提供足够的信息来对人民币的错位程度作出一个精确的推断。我们强调的是，尽管结果并不能让我们得出人民币被低估的结论，但同样也不能让我们排除人民币被低估的可能。这一点之所以值得重申，是因为尽管有其重要性，这种陈述并不总是能够清晰地展示出来。我们所面临的问题是，我们所使用的数据和模型无法从统计学的角度来区分有关人民币价值错位程度的各种相异的假设。

然而，还有一个深层次的问题，即是否应该在政策问题和学术研究中采用同样的显著水平。例如，Frankel（2010）曾建议50%的显著水平，而不是学术研究中通常的90%或95%的置信水平，这可能更适于判定一种货币是否错位。

顺便说一句，有关低估评价的样本不确定性的影响已经通过了几项稳定性检验。特别是Cheung，Chinn和Fujii（2007）的研究已经证明，一旦考虑与修正估计（1）结果中的序列相关性，人民币被低估的证据就会被削弱。进一步的子样本分析和控制变量的纳入并不会从本质上改变基本的结果。

5.4.2 错位估计和数据修订 I

正如本节最初所提到的，使用估计程序（1）的结果来推断货币错位是否适当取决于各个国家价格和国民生产总值的数据。在上一节中讨论的分析结果是根据国际比较项目1993年基准数据推断得来。包括中国和印度在内的一些新兴经济体没有完全参与1993年国际比较项目的价格调查。因此，这些国家的数据是"推算"而得，可能存在一些未知的错误。

2008年，世界银行与亚洲开发银行共同发布了以购买力平价衡量的新价格水平和国民生产总值的估计，这些估计以2005年国际比较项目价格调查得出的新的价格数据作为新基准的基础。这些新基准数据与旧数据有明显差别。例如，这些新的估计将2005年中国基于购买力平价的人均国内生产总值（或者说修改了其基于购买力平价的实际汇率）显著下调至先前公布数字的40%以下。中国不是唯一一个经历如此戏剧性变化的国家。例如，在2005年的基准下，印度基于购买力平价的人均国内生产总值也被下调了36%。有关调整可参见亚洲开发银行（Asian Development Bank，2007）。另外，也可查阅Elekdag和Lall（2008）以及国际比较项目（International Comparison Program，2007）中有关数据更新方案的讨论。

适当考虑本次数据的修订，需要对回归进行重新估算，因为许多国家的数据都有大幅度的修改。Cheung，Chinn和Fujii（2009）的后续研究讨论了此次数据修订对评估人民币价值错位所造成的影响。

为了正式评估这次数据修订的影响，他们重新于2008年11月从世界发展指标数据库下载相关数据，再次评估程序（1）。这次估算使用1980~2007年最多164个国家的数据。图5-5是修订后数据的回归散点图。正如附录5A-2的估计结果显示的那样，Penn效应的估计从根本上说与Cheung，Chinn和Fujii（2007）先前的估计结果不相上下。然而，人民币币值错位估值则有惊人的变动幅度。

与图5-3类似，图5-5绘制了数据的散点图，表明了人民币实际汇率、预期汇率和标准偏差区间的时间序列路径。预计2007年人民币被低估程度约低于标准水平10%，这一估计大幅度降低了错位程度。2004年人民币被低估的程度为18%左右，仅为原先估计错位程度53%的三分之一。最高的被低估值出现在1993年。

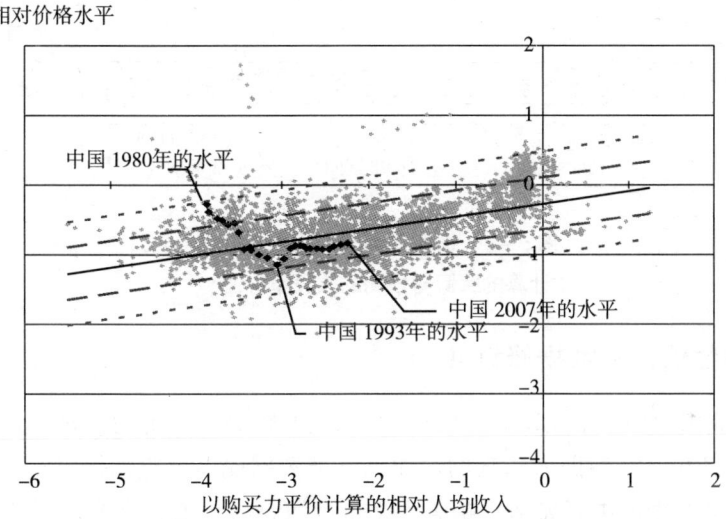

注：实线为预测的实际汇率、虚线为一个与两个标准偏差区间。

图5-5 根据2008年原始数据计算的相对价格收入关系

图5-6绘制了人民币实际汇率相对于其预测值和相应的两个标准预测偏差区间的时间序列路径。很明显，从图中看不出有统计显著意义上的人民币价值错位。实际上，在过去的二十年中，当人民币处于估计均衡线以下时从未低于一个标准偏差的预测区间。总之，以调整后的数据为基础的研究结果表明，人民币被低估的程度不是极端过度的，从统计学角度来看与零无异。

这些估值数字显示，我们之前发现高达50%的显著错位可能不大可靠，世界银行实施的数据修订极大地改变了错位估计。

我们重申在先前分节中所提到的结果，即有关低估评价的样本不确定性的影响已经通过了稳定性检验。实际上，如使用Prais-Winsten步骤来修订序列相关性，错位估计结果是人民币被高估而不是被低估。

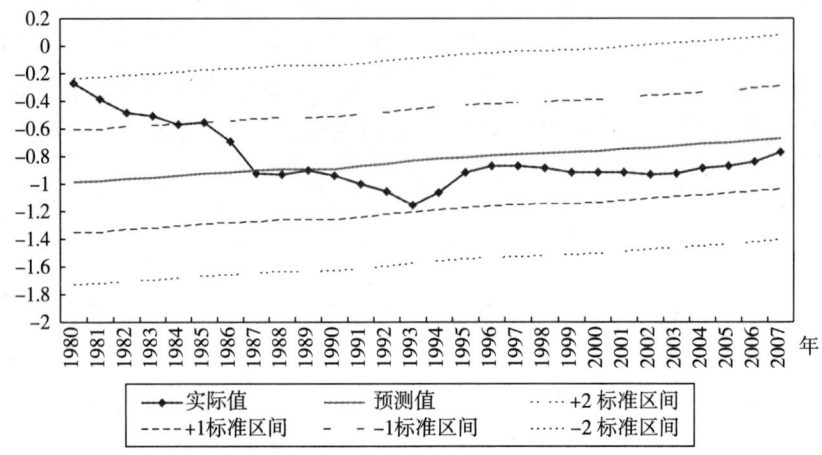

图 5-6　根据 2008 年的原始数据
计算的实际与预测的人民币价值

5.4.3　错位估计和数据修订 II

除了国际比较项目的基准年份以外，其他的购买力平价的价格和产出数据是以基准信息和国家数据为基础的。如果基准数据或国家数据修订，世界发展指标不同版本数据库中有关基于购买力平价的数据就可能存在着差异。2010 年 3 月，我们再次下载相关数据对程式（1）进行重新估计。这次，我们下载了 176 个国家在 1980~2008 年的数据，回归结果见附录中的表 5A-3。更新后的数据再次呈现出显著的正 Penn 效应。尽管如此，对人民币价值错位的估计结果与此前的结果仍有所不同。

图 5-7 绘制了数据的散点图，显示了人民币实际汇率、预期汇率和标准偏差区间的时间序列路径。从世界发展指标 2010 年的数据来看，人民币在 2008 年被高估了 5%。截至 2009 年底，尽管中国人均国内生产总值已经提高了大约 15%，均衡汇率因而也应该上涨了大约 2.8%，但是，以贸易加权的实际汇率却仍然处于与 2008 年相同的水平；因此，根据我们的计算，中国的人民币仍然略被高估。

在图 5-8 显示的人民币实际汇率中，其预测值和相应两个标准预测偏差区间的时间序列路径基本上也显示出相同的结论。总而言之，相对于先前的数据集而言，新数据更难证明人民币是处于严重被低估的状态。

第五章 人民币汇率错位的测度　　171

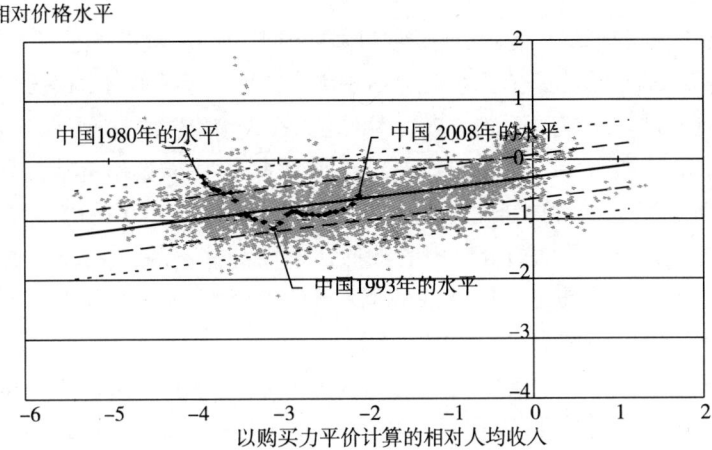

注：实线为预测的实际汇率、虚线为一个与两个标准偏差区间。

图 5-7　根据 2010 年的原始数据计算的相对价格收入关系

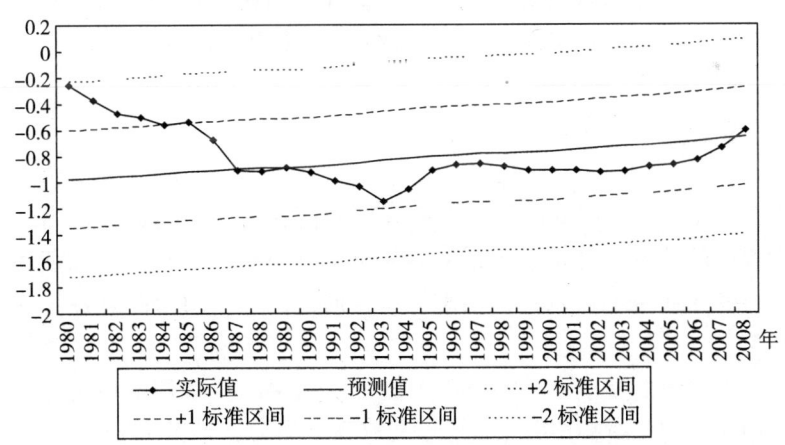

**图 5-8　以 2010 年的原始数据
计算的实际与预测的人民币价值**

在之前几个分节中，我们注意到使用不同年份的世界发展指标数据可得出非常不相同的人民币错位估值证据。虽然我们无法推翻人民币没有错位的零假设，但是，我们同样也无法推翻人民币在传统的显著性水平上存在 10% 甚至 20% 的被低估的零假设。讨论的重点是我们所得出人民币错位估值的不精确程度和它对数据调整的敏感性。

5.4.4 讨论

一些研究者质疑从 2005 年国际比较项目基准中得出的新价格和国内生产总值数据的准确性以及质量。例如，有人担心包括中国在内的一些发展中国家数据的调整偏差可能与先前数据偏差有相反的方向，因而对人民币错位估值造成负面影响。

例如，Deaton 和 Heston（2009）提出，2005 年的基准数据可能高估了中国价格水平 10%～20%。果真如此，那么我们估计出的人民币均衡实际汇率以及人民币被低估值应该比前面两分节中的被低估值要高些。除了 2005 年的基准数据之外，有人还质疑基准年份以外的数据质量。因此，有研究认为，只有基准年份的数据才适用于评估汇率的错位（Subramanian，2010）。

不难理解，在世界各个国家之间的高度差异经济环境和条件下，构建具有可比性和一致性的国家价格数据是一项艰巨的任务。Deaton 和 Heston（2009）详细讨论了涉及基本信息的收集过程以及编制个别的以及总价格水平指数的理论及实际问题。客观地说，涉及构建基于购买力平价的价格和产出数据中的这些问题，将使得我们运用估计程式（1）来评估人民币价值错位的讨论变得更为复杂。实际上，数据问题的复杂性强化了估计不精确程度和数据调整对价值错位研究的难度，在理论和实证上都需要发展评估货币错位的适当方法。

5.5 结束语

在没有一个被广泛接受的均衡汇率模型的情况下，要确定"适当"汇率水平是一项艰巨的任务。确定人民币的均衡价值也不例外。然而，一般而言，使用这些分析的人通常不留意这些困难，而且通常习惯于过分强调这种或那种特定的估计值。

在本章中，我们重申了与人民币价值辩论相关的一些理论和实证问题的观点，并采用简单的相对购买力平价假设和有强有力实证性的 Penn 效应来阐明我们的观点。特别是运用各种相对价格收入数据所得到的估计结果，生动地展现了抽样不确定性和数据修订在评价人民币价值错位估计实证中起到的重要作用。

使用国际比较项目 2005 年基准之前的数据，人民币被低估的水平达到 50%以上。尽管如此，围绕人民币被低估的点估计还是存在很大的（抽样）不确定性，且很难断言实证估计值具有统计学上的显著意义。此外，在考虑序列相关性后，人民币被低估的证据明显减弱。

被认为较准确地描述世界各地价格数据的 2005 年国际比较项目基准数据，

提供了对人民币估值程度的不同看法。实质上，在使用2005年基准数据后，人民币的被低估水平大幅度降低。这一点与抽样的不确定性结合起来，就更难推断人民币的显著错位程度。

我们需要注意到，有人质疑抽样不确定性和数据修订是否与评估及解释人民币估值存着相关性。然而，尽管通常很容易被忽略，这里所提出的不精确问题，不仅仅出现在我们所使用的方法之中。实际上，在文献中不难发现，即使使用同一种理论框架，对人民币币值错位的估计也大不相同。可以说，这一现象说明了对人民币均衡汇率建模的难度。巨大差异的人民币价值错位估计值，给予研究者和政治家们提供了选择各取所需其"可靠"观点的机会。

大多数研究者认为人民币处于被大幅低估的状态，必须即刻（并急速）升值。只有少数著名的研究者认为，中国应该保持一个稳定的汇率制度而不是促使人民币急速升值（McKinnon，2010；Mundell，2004）。Schwartz（2005）就这一问题发表了另外一种观点，"中国而不是外国主权包括国际货币基金组织和美国，应决定如何处理改革外汇政策这一复杂的问题"。

有一种观点认为，人民币升值即使无法彻底根除全球经济失衡，至少也会有利于改善这个问题。

就中国而言，我们有理由相信，在生产高度分散的情况下，贸易流通对于汇率变动的反应可能比通常情况下更加迟钝。由于中国在全球产业链中占据关键地位，人民币升值对全球经济失衡的影响也许难以确定；人民币升值提高了出口的相对价格，但同时也降低了进口品的价格。因此，人民币升值会影响到中国出口的增值环节，同时也有可能产生其他影响；例如，Devereux和Genberg（2007）的分析模型举例说明，人民币贬值对于经常账户余额会产生直接的负面影响，但短期效应并不显著。

苹果手机（iPhone）提供了一个有趣的案例研究。iPhone是由美国苹果公司研发并在中国制造后运回美国的一款备受欢迎的电子产品。然而，中国仅仅是全球生产过程中的最后一个环节。据Xing和Detert（2010）的估计，中国仅贡献了iPhone批发价178.96美元中的6.50美元。而在官方的贸易统计中记录的价值是178.96美元而非6.50美元。那么iPhone对中国与美国顺差的影响是多大呢？如果按照178.96美元的价格标签来计算，iPhone在2009年的贡献率约为20亿美元；而如果只计算6.50美元的增加值，这一顺差的数字将变为7300万美元。虽然我们无意把对某一特定产品的观察推广为一概而论，但这一案例提醒我们，在既定的全球生产链广泛普及的背景下，应审慎地解读传统贸易统计数据和赤字数据。

人民币在2005~2008年升值约20%的效应到底是怎样的呢？在升值期间，

中国的进口正如通常的经济理论所预测的那样有所增加。但是，一个意外的事实是，中国对美国的出口却以更快的速度增长（图5-9）。总体而言，中国的经常账户盈余有所增加。当然，在同一时间有许多其他因素也在发生变化；然而，中国对美国贸易盈余增加的事实表明，我们需要深刻地反思，仅仅依靠汇率的变动究竟能在什么程度上减轻全球的失衡。

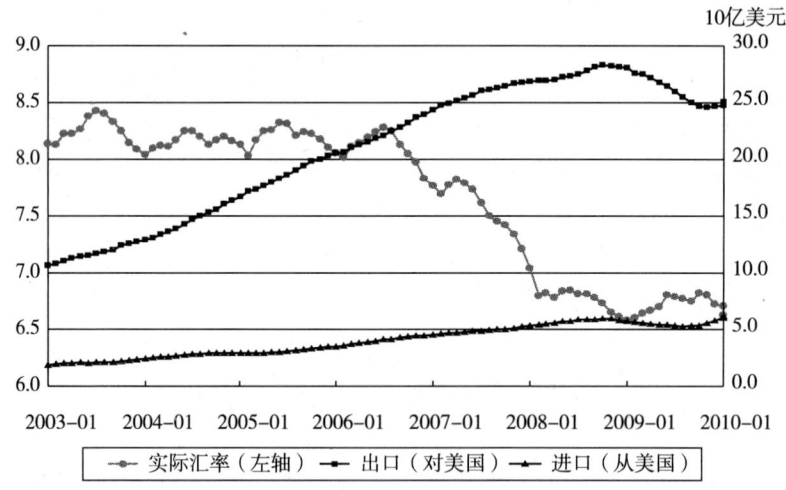

注：出口和进口数据为12个月移动平均。
资料来源：美国商务部和经济合作与发展组织统计数据。

图 5-9　中美双边贸易与实际汇率

理论和实践经验同样也并不支持唯独人民币大幅升值才可消除全球失衡这个观点。短期汇率变动对经常账户的影响有限。从宏观角度来看，经常账户余额是各国净储蓄行为的结果。仅仅专注于汇率只是转移了人们的注意力，从而忽略采用适当的货币与财政政策组合去解决失衡问题的作用，而这种注意力的转移可能产生意想不到的副作用。

我们需要再次强调的是，我们的结论不应该被视为人民币并未被显著低估的证据。我们的目的也不是为人民币提供非灵活性汇率的论据。相反，这些证据都暗示了模型和数据的局限性。如果没有强有力的理论模型和显著统计证据，太轻易地断言货币错位是一个危险的做法。

推断人民币价值错位的明确结论存在着困难，这并不意味着政策行动无所作为。然而，在缺乏一个明确结论的情况下，以渐进和审慎的方式而不是急剧而激进的政策强化人民币汇率的灵活性，是能够避免带给中国及其贸易伙伴乃至全球经济体系一些意外的负面影响的。

附 录

表 5A-1　相对价格收入回归结果：2006 年的原始数据

	基于美元计算的 GDP			基于购买力平价的 GDP			基于购买力平价的 GDP(Prais–Winsten)		
	综合最小二乘法 OLS	中间值	固定效应	随机效应	综合最小二乘法 OLS	中间值	固定效应	随机效应	综合最小二乘法 OLS	中间值	固定效应(内)	随机效应

	综合最小二乘法 OLS	中间值	固定效应	随机效应	综合最小二乘法 OLS	中间值	固定效应	随机效应	综合最小二乘法 OLS	中间值	固定效应(内)	随机效应
人均 GDP	0.249** (0.003)	0.254** (0.015)	0.391** (0.029)	0.297** (0.012)	0.299** (0.006)	0.300** (0.028)	0.273** (0.031)	0.284** (0.017)	0.147** (0.021)	0.396** (0.028)	0.036 (0.025)	0.132** (0.021)
常数	−0.016** (0.008)	−0.036 (0.050)	—	0.084 (0.042)	−0.134** (0.011)	−0.177** (0.061)	—	−0.204** (0.043)	−0.026** (0.002)	0.001 (0.004)	—	−0.027** (0.003)
调整 R^2	0.496	0.617	0.763	0.496	0.349	0.413	0.754	0.349	0.012	0.389	0.021	0.012
F-检验统计值			29.468**				42.647**				1.218*	
Hausman 检验统计值				11.873**				0.167				39.384**
观测样本数	4018				4018				3958			

注：本表是取自 Cheung, Chinn 和 Fujii (2007)。所列项目概述估计相对价格收入回归(1)的结果。采用数据为世界发展指标 2005 年至 2006 年的原始数据。样本包含了 1975~2004 年多达 160 个国家的数据。由于一些数据缺失，面板回归样本是不平衡的。** 和 * 分别表示 1% 和 5% 的显著水平。系数估计的下方括号内的数字为异方差性-稳健的标准误差。固定效应计量模型 F-检验统计量的零假设是所有样本国家都有同样的常量。随机效应模型中，Hausman 检验统计量评估的是特定国家效应和回归元之间的独立性。这些结果依下列数据为基础：(a) 基于美元的 GDP 数据；(b) 基于购买力平价的 GDP 数据；(c) 基于购买力平价的 GDP 数据并根据 Prais–Winsten 步骤调整序列相关性。

表 5A–2 相对价格收入回归结果:2008 年原始数据

	基于美元计算的 GDP				基于购买力平价的 GDP				基于购买力评价的 GDP(Prais–Winsten)			
	综合最小二乘法 OLS	中间值	固定效应	随机效应	综合最小二乘法 OLS	中间值	固定效应	随机效应	综合最小二乘法 OLS	中间值	固定效应(内)	随机效应
人均 GDP	0.173** (0.013)	0.173** (0.013)	0.283** (0.064)	0.209** (0.010)	0.183** (0.019)	0.175** (0.018)	0.283** (0.064)	0.229** (0.012)	0.154** (0.016)	0.238** (0.017)	0.103** (0.021)	0.137** (0.014)
常数	−0.157** (0.040)	−0.172** (0.042)	—	−0.069** (0.035)	−0.271** (0.047)	−0.307** (0.044)	—	−0.196** (0.034)	−0.022** (0.003)	−0.010** (0.002)		−0.024** (0.003)
调整 R²	0.379	0.517	0.688	0.379	0.270	0.344	0.687	0.270	0.030	0.536	0.020	0.030
F–检验统计量			26.57**	1.32**			35.18**	0.71			0.725	
Hausman 检验统计量												4.37*
观测样本数	4157				4169				4111			

注:本表概括估计相对价格收入回归(1)的结果,采用数据是世界发展指标 2008 年 11 月的原始数据。样本包含了 1980 年至 2007 年多达 164 个国家的数据。由于一些数据缺失,面板回归本身是不平衡的。** 和 * 分别表示 1% 和 5% 的显著水平。系数估计的下方括号内的数字为异方差性 – 稳健的标准误差。固定效应模型 F – 检验统计量的零假设是所有样本国家都有同样的常量。随机效应模型中,Hausman 检验统计量评估不随时间特定国家效应和回归元之间的独立属性。这些结果依下列数据为基础:(a) 基于美元的 GDP 数据;(b) 基于购买力评价的 GDP 数据;(c) 基于购买力评价的 GDP 数据并根据 Prais–Winsten 步骤调整序列相关性。

表 5A-3　相对价格收入回归结果:2010 年原始数据

	基于美元计算的 GDP			基于购买力平价的 GDP			基于购买力评价的 GDP(Prais-Winsten)			
	综合最小二乘法 OLS	中间值	固定效应	随机效应	综合最小二乘法 OLS	中间值	固定效应	随机效应	综合最小二乘法 OLS	中间值	固定效应(内)	随机效应
人均 GDP	0.166* (0.003)	0.164** (0.012)	0.322** (0.021)	0.217** (0.010)	0.174** (0.004)	0.165** (0.017)	0.323** (0.021)	0.245** (0.012)	0.160** (0.016)	0.229** (0.028)	0.119** (0.022)	0.146** (0.014)
常数	-0.179** (0.010)	-0.205** (0.039)	—	-0.055** (0.033)	-0.295** (0.010)	-0.334** (0.041)	—	-0.173** (0.032)	-0.018** (0.002)	-0.005** (0.004)		-0.019** (0.003)
调整 R^2	0.364	0.502	0.680	0.364	0.258	0.329	0.680	0.258	0.031	0.266	0.024	0.0310
F-检验统计量			26.97**	30.43**			35.62**				0.822	
Hausman 检验统计量								19.53**				2.299
观测样本数	4551				4584				4499			

注:本表概括估计相对价格收入回归(1)的结果,采用数据是世界发展指标 2010 年的原始数据。样本包含了 1980 年至 2008 年多达 176 个国家的数据。由于一些数据缺失,面板回归样本是不平衡的。**和*分别表示 1%和 5%的数字在内的下方括号内的数字为异方差性-稳健的标准误差。固定效应模型 F-检验统计量的零假设是所有样本国家都有同样的常量。随机效应模型中,Hausman 检验统计量评估不变时的特定国家效应和回归元之间的独立属性。这些结果依下列数据为基础:(a)基于美元的 GDP 数据;(b)基于购买力平价的 GDP 数据;(c)基于购买力平价的 GDP 数据非根据 Prais-Winsten 步骤调整序列相关性。

参 考 文 献

[1] Angus, D. and Heston, A. 2009, "Understanding PPPs and PPP - based National Accounts", *NBER Working Paper* Series 14499, National Bureau of Economic Research.

[2] Asian Development Bank. 2007. "Purchasing Power Parities and Real Expenditures", (Manila, Philippines: Asian Development Bank, December).

[3] Balassa, B. 1964. "The Purchasing - Power Parity Doctrine: A Reappraisal", *Journal of Political Economy* 72 (6), 584 - 596.

[4] Bergin, P. R., Reuven, G. and Taylor, A. M. 2006. "Productivity, Tradability, and the Long - run Price Puzzle", *Journal of Monetary Economics*, Elsevier, Vol. 53 (8), 2041 - 2066.

[5] Cairns, J. 2005. "China: How Undervalued is the CNY?", *IDEAglobal Economic Research* (June 27).

[6] Cheung, Y. - W., Chinn, M. D. and Fujii, E. 2010. "Measuring Renminbi Misalignment: Where Do We Stand?", *Korea and the World Economy* 11, 263 - 296.

[7] Cheung, Y. - W., Chinn, M. D and Fujii, F. 2009. "Pitfalls in Measuring Exchange Rate Misalignment: The Yuan and Other Currencies", *Open Economies Review* 20, 183 - 206.

[8] Cheung, Y. - W., Chinn, M. D and Fujii, F. 2007. "The Overvaluation of Renminbi Undervaluation", *Journal of International Money and Finance* 26 (5) (September): 762 - 785.

[9] Cheung, Y. - W., Chinn, M. D and and Pascual, A. G. 2005. "Empirical Exchange Rate Models of the Nineties: Are Any Fit to Survive?", *Journal of International Money and Finance* 24, 1150 - 1175.

[10] Cline, W. R. and Williamson, J. 2010. "Notes on Equilibrium Exchange Rates: January 2010", Policy Brief PB10 - 2 (Washington, DC: Peterson Institute for International Economics, January).

[11] Coudert, V. and Couharde, C. 2007. "Real Equilibrium Exchange Rate in China: Is the Renminbi Undervalued?", *Journal of Asian Economics* 18 (4), 568 - 594.

[12] Dean, J. M., Fung, K. C. and Wang, Z. 2007. "Measuring the Vertical Specialization in Chinese Trade", *Office of Economics Working Paper* No. 2007 – 01 – A, U. S. International Trade Commission.

[13] Devereux, M. B. and Genberg, H. 2007. "Currency Appreciation and Current Account Adjustment", *Journal of International Money and Finance* 26 (4): 570 – 86.

[14] Dooley, M., Folkerts, L, D and Garber, B. 2009. "Bretton Woods II Still Defines the International Monetary System", *Pacific Economic Review* 14 (3), 297 – 311.

[15] Dunaway, S., Leigh, L. and Li, X.. 2009. "How Robust are Estimates of Equilibrium Real Exchange Rates: The Case of China", *Pacific Economic Review* 14 (3), 361 – 375.

[16] The Economist. 2010. "Our Big Mac Index Shows the Chinese Yuan is Still Undervalued", Mar 17th 2010, Economist. com.

[17] Barry, E. 2007. "Comment on Cheung, Chinn and Fujii, 'The Overvaluation of Renminbi Undervaluation'", *Journal of International Money and Finance* 26 (5) (September), 786 – 787.

[18] Elekdag, S. and Lall, S. 2008. "International Statistical Comparison: Global Growth Estimates Trimmed After PPP Revisions", *IMF Survey Magazine* (Washington, D. C.: IMF, January 8).

[19] Engel, C. 2009. "Exchange Rate Policies", Staff Papers, Federal Reserve Bank of Dallas.

[20] Fernald, J., Edison, H. and Loungani, P. 1999. "Was China the first domino? Assessing links between China and other Asian economies", *Journal of International Money and Finance* 18 (4), 515 – 535.

[21] Jeffery, F. 2006. "On the Yuan: The Choice between Adjustment under a Fixed Exchange Rate and Adjustment under a Flexible Rate", *CESifo Economic Studies* 52 (2), 246 – 75.

[22] Jeffery, F. 2010. "Comment on 'China's Current Account and Exchange Rate'", in China's Growing Role in World Trade, edited by R. Feenstra and S. - J. Wei (U. Chicago Press for NBER).

[23] Jeffrey, B. 1991. "Structural Determinants of Real Exchange Rates and National Price Levels: Some Empirical Evidence", *American Economic Review* 81 (1), 325 – 334.

[24] Jagdish, B. 1984. "Why are Services Cheaper in the Poor Countries ?", Economic Journal 94 (374), 279 – 286.

[25] Hinkle, L. E. and Montielm, P. J. 1999. "Exchange Rate Misalignment" (Oxford University Press for World Bank, New York).

[26] Hu, C. - T. and Chen, Z. - J. 2010. "Renminbi Already Overappreciated: Evidence from FEERs (1994 – 2008)", *China Economist* 26, 64 – 78.

[27] International Comparison Program. 2007. "Preliminary Results: Frequently Asked Questions", mimeo. http://siteresources.worldbank.org/ICPINT/Resources/backgrounder - FAQ. pdf

[28] Kravis, I. B. and Lipsey, R. E. 1983. "Toward an Explanation of National Price Levels", Princeton Studies in International Finance No. 52, Princeton, NJ: International Finance Center, Princeton University, 1983.

[29] Kravis, I. B. and Lipsey, R. E. 1987. "The Assessment of National Price Levels", in Sven W. Arndt and J. David Richardson, eds., *Real Financial Linkages Among Open Economies*, Cambridge, MA: MIT Press, 97 – 134.

[30] Kravis, I. B., Heston, A. and Summers, R. 1978. "International Comparisons of Real Product and Purchasing Power", Baltimore: The Johns Hopkins University Press.

[31] Morris, G. and Lardy, N. 2009. "The Future of China's Exchange Rate Policy", *Policy Analyses in International Economics* 87 (Washington, DC: Peterson Institute for International Economics, July).

[32] McKinnon, R. 010. "A Reply to Krugman: What Manipulation?", *The International Economy*, Winter, 37 – 39.

[33] Meese, R. and Rogoff, K. 1983. "Empirical Exchange Rate Models of the Seventies: Do They Fit Out of Sample?", *Journal of International Economics* 14: 3 – 24.

[34] Mundell, R. 2004. "Adjustment in China's Exchange Rate Regime", remarks at "Inaugural Seminar on Foreign Exchange System", Dalian, China, May 26 – 27.

[35] Parsley, D. and Popper, H. 2010. "Understanding Real Exchange Rate Movements with Trade in Intermediate Products", *Pacific Economic Review* 15 (2), 171 – 188.

[36] People's Bank of China. 2010. "Further Reform the RMB Exchange Rate Regime and Enhance the RMB Exchange Rate Flexibility", http://www.pbc.gov.

cn/english/detail. asp? col = 6400&id = 1488

[37] Robert, K., Wang, Z. and Shang, J - W. 2008. "How Much of Chinese Exports is Really Made in China? Assessing Domestic Value - Added When Processing Trade is Pervasive", *NBER Working Paper* No. 14109.

[38] Subramanian, A. 2010. "New PPP - Based Estimates of Renminbi Undervaluation and Policy Implications", Policy Brief PB10 - 18 (Washington, DC: Peterson Institute for International Economics, April).

[39] Samuelson, P. 1964. "Theoretical Notes on Trade Problems", *Review of Economics and Statistics* 46 (2), 145 - 154.

[40] Samuelson, P. 1994, "Facets of Balassa - Samuelson Thirty Years Later", *Review of International Economics* 2 (3), pp. 201 - 26.

[41] Schwartz, A. J. 2005. "Dealing with Exchange Rate Protectionism", *Cato Journal* 25: 97 - 106.

[42] Stupnytska, A., Stolper, T. and Meechan, M. 2009. "GSDEER On Track: Our Improved FX Fair Value Model", *Global Economics Weekly* No. 09/38 (Goldman Sachs Global Economics, October 28).

[43] Summers, R., and Heston, A. 1991. "The Penn World Table (Mark 5): an expanded set of international comparisons", *Quarterly Journal of Economics* 106 (2), 327 - 368.

[44] Tenengauzer, D. 2010. "RMB: The People's Currency", *EM FX and Debt Spotlight* (21 April 2010), Bank of America - Merrill Lynch.

[45] Wang, T. and Hu, H. 2010, "How Undervalued Is the RMB? Asian Economic Perspectives" (13 April), UBS Investment Research.

[46] Xing, Y. - Q. and Neal, D. 2010. "How the iPhone Widens the United States Trade Deficit with the People's Republic of China", *ADBI Working Paper* 257.

第六章 人民币国际化：现状及发展前景

从历史经验来看，国际金融危机的出现通常会给中国货币当局提供很好的借口（如果不是理由的话），继续保持对金融市场和资本流动的控制。而2008~2009年的国际金融危机却是个例外。当危机暴露出现有的美元本位国际货币体系的缺陷时，中国货币当局提议采纳一种超主权货币，并采取了一些措施来降低其对美元的依赖。在这一过程中，中国计划让人民币在国际金融市场上扮演更活跃的角色。这些政策措施引发了这样的讨论：中国试图让人民币成为国际货币并挑战美元的国际地位。

6.1 货币国际化的历史回顾

6.1.1 货币国际化的内涵

按照经典的教科书Mishkin（1995）《货币金融学》[①]的表述，货币具有三个基本功能：交易媒介、计量单位和价值储藏。交易媒介是把货币与股票、债券和房屋等资产区分开来的主要功能，用货币作为交易媒介对商品和劳务进行支付，省去了商品和劳务的交易所需的大量时间，从而提高了经济效率。计量单位是指用货币来计算商品和劳务的价值，进而减少了需要考虑的价格的数目，进而减少了经济中的交易成本。而货币的价值储藏功能是一种跨期购买力储藏，将取得收入的时间和花费收入的时间分离开来。这三个基本功能是相互联系的。在国际经济活动中，一国货币并非只在货币发行国使用，而且也并不是所有货币都在国际市场上履行同等的职能。一种货币在其发行国和世界其他国家的接受程度，取决于币值的稳定性和公众对货币发行者的信任。

所以从货币的功能而言，货币国际化或者国际货币（International/global

---

① 米什金（1998，中文版）。

Currency）是指一国主权货币在国际市场上履行其作为货币的一般职能，即对居民和非居民执行作为价值储藏、交易媒介和记账单位的职能。根据 Chinn 和 Frankel（2005），这些职能从官方用途和私人用途两个方面分解如表 6-1 所示：

表 6-1　　　　　　　　　国际货币的职能（一）

货币的职能	官方用途	私人用途
价值储藏	国际储备	货币替代（如私人美元化）
交易媒介	外汇市场干预的工具货币	国际贸易和国际金融交易的计价货币
计量单位	钉住本币的锚货币（anchor）	国际贸易和国际金融交易的标值货币

资料来源：Chinn 和 Frankel（2005）。这一国际货币功能界定是被广泛认可的，其来源可追溯到 B. Cohen（1971）[①]，Kenen（1983）和 Krugman（1992）。

而 Pollard（1998）的界定与 Chinn 和 Frankel（2005）略有不同（见表 6-2）：

表 6-2　　　　　　　　　国际货币的职能（二）

货币的职能	官方用途	私人用途
价值储藏	储备	金融资产
交易媒介	干预	工具
计量单位	汇率钉住	计价

资料来源：Pollard（1998）。

表 6-1 和表 6-2 的对比，从一个侧面说明了工具货币、计价货币和标值货币三个术语存在一定的含义交叉和混用的情况。

根据《新帕尔格雷夫货币金融大辞典》[②]，工具货币（Vehicle Currency）也翻译为媒介货币，是一个国家用于计价、对外贸易和国际资本交易（不包括与货币发行国直接发生的资本交易）的货币。作为媒介货币，它具备三种传统的货币职能：计量单位、交易媒介和价值储藏手段。媒介货币在官方机构及私人交易中都具备这些职能。在使用一种货币的交易成本（即获取信息、进行调查研究的费用）低于使用其他货币时，这种货币就可用做媒介货币。在使用某种货币时，这种货币汇率的波动幅度即风险越低，用这种货币进行交易的数量就越大，交易费用就越低。此外，当一种货币成为媒介货币后，规模经济效应将

[①] 在其《货币地理学》一书中 Cohen 声称自己是这一职能界定的真正倡议者，参见本杰明·J. 科恩（2004）。

[②] 彼得·纽曼等（2000，中译本）。

会进一步降低这种货币的交易成本并提高该货币作为媒介货币的地位（Swoboda，1968；Krugman，1984）。例如，一种货币被使用得越多，熟悉这种货币的人就越多，这种货币的信息成本与不确定成本就越低，寻求适当交易的可能性就越大，这样一来，收集信息的成本就越低。这一术语的用途似乎比国际计价货币或国际标值货币更广泛，几乎涵盖了国际货币的所有职能。特别是在大量的文献中，相对于进口商的货币计价（LCP）和出口商的货币计价（PCP）而言的工具货币计价（VCP），通常就特指以并非进口商和出口商的第三国货币计价（Goldberg 和 Tille（2005））。

而计价货币（Invoicing Currency）就是指国际贸易的计价货币，一般谈到国际货币的功能时，国际货币作为国际贸易和国际金融资产的交易媒介（Medium of Exchange）时，就是一种计价货币。从字面上来讲，结算货币（Settlement Currency）指的是一项交易完成之后，交易者所收到或缴付的货币[①]。因此，结算货币与国际货币或者国际贸易计价货币的概念并不一致，一种商品的标价货币与商品交易后的结算货币可以是不同的。从货币的国际化角度来讲，作为国际贸易结算货币要比作为国际贸易计价货币更容易实现（因为它更容易通过政策来引导），国际化的程度也更低。而标值货币（Denominating Currency）的含义类似于计价货币。但按照 Chinn 和 Frankel（2005）的界定，国际货币作为国际贸易和国际金融资产的计量单位（Unit of Account）时，就是一种标值货币。

另外还有几个相关的称呼，一是国际储备货币（International Reserve Currency），按照维基百科的解释，所谓储备货币或者"锚货币"（Anchor Currency）是由很多政府和机构作为其外汇储备的一个部分而持有的，也表示国际储备资产的标值货币。二是"避风港"货币（Safe Haven Currency/asset），根据金融时报（FT）词典的解释，指的是一种货币由于具有稳定性且容易变现的优点，在危机的时候被投资者所青睐的货币[②]。三是替代货币（Substitution Currency），根据《新帕尔格雷夫货币金融大辞典》的解释，所谓货币替代是指一国居民对相关机会成本的变化作出反应，改变其持有的本国和外国货币的倾向。简单来说，替代货币指如果一种货币（通常为本币）的购买力存在变数，会导致货币的持有者使用另一种货币（通常为外币）替代该货币在国内行使交易媒介、计量单位和价值储藏的职能。这种情况通常发生在高通货膨胀和政治动荡的时期（Pollard，1998）。

---

① Chasepayment 网站。
② 《金融时报》网站。

6.1.2 几种主要货币国际化的历程回顾

下面我们就从中世纪以来的主要国际货币（荷兰盾、英镑、美元、德国马克和日元）更替发展的历史角度，考察几种主要货币国际化的历程。

6.1.2.1 荷兰盾

我们无法直接得到荷兰盾使用的数据，但由于17世纪和18世纪阿姆斯特丹控制着欧洲的国际资本市场（金德尔伯格，1991）[1]，我们可以推测荷兰盾是处于当时国际经济体系的核心位置。并且在1600~1820年，按人均收入水平来衡量，荷兰是欧洲的领先经济。事实上，1570年荷兰的人均收入是英国、法国和德国的25倍，其商船运输量是当时英国、法国和德国的总和，拥有航海和商业的霸权地位。当时它是欧洲工业最繁荣的地区，同时又是一个银行、金融和国际商业中心。与当时的法国相比，荷兰的商船数量是法国的9倍，外贸总额是法国的4倍，而利息率大约是法国的一半。荷兰拥有巨额的国外资产，而法国的国外资产却微不足道。当然，荷兰在经济上的成功，在相当大的程度上取决于它在战争上的胜利，以及与葡萄牙和西班牙竞争中损人利己的商业政策的成功。而且荷兰具有一个高度专业化的经济，有一个有利于企业发展的、有效的法律体系和健全的金融体系，是高效率经济的楷模（麦迪森，2003）[2]。

6.1.2.2 英镑

英国的崛起伴随着荷兰的衰落，因此英镑和荷兰盾并行过很长一段时间。在1680~1820年英国的收入每年增长2%，而荷兰则每年下降0.2%。在1700年时，英国航运量占世界航运能力的五分之一多一点，荷兰却超过了四分之一，但到了1820年，英国的份额已经超出40%，荷兰下降到2%多一点。在1820~1913年，英国人均收入的增长快于以往任何时代，除了工业生产率提高的原因外，英国对荷兰人建立的银行、金融、财政和农业制度进行改进，并推行自由贸易政策，再加上1870年以后资本大量输出（相当于它一半的储蓄），确立了英国在世界经济和世界贸易中的主导地位，伦敦成为世界金融中心。从1821年开始，英国实行金本位制，1英镑兑换7.3克纯金。此后百年中，英镑一直是世界上最重要的国际支付货币和储备货币。

6.1.2.3 美元

美元国际化的过程依赖的是一个全球性的汇率制度安排，即第二次世界大战后的布雷顿森林体系，支持这一体系的基础是美国在第二次世界大战后取得

---

[1] 金德尔伯格（1991，中译本）。
[2] 安格斯·麦迪森（2003，中译本）。

的强大的政治经济实力。第二次世界大战后的经济对外援助也巩固了美元交易网络的势力范围。美元国际化的模式特点可概括为：依托全球性汇率制度安排成为唯一的国际计价单位和与黄金地位相同的国际储备货币；与黄金脱钩失去制度基础后，依赖先入为主的存量优势在世界信用货币体系中处于优势地位，国际政治经济实力的强大使这种优势得到巩固和发展，继续充当国际货币。

6.1.2.4 德国马克

德国在20世纪50年代末就实现了德国马克的可自由兑换，20世纪70年代是经济增长和德国马克升值的黄金时期，德国经济规模和出口规模迅速增加，通过资本账户逆差大量向外输出德国马克，不仅增加了国际市场上的德国马克供应，减轻了国内的通胀和德国马克升值压力，同时引导德国马克成为重要的国际储备货币。在80年代中期以前，德国中央银行由于担心大规模的国际资本流动对国内经济和货币政策造成冲击，一直不主张德国马克国际化，并相应地采取了一系列措施控制资本流动。

德国马克的国际化开端于货币在国际贸易结算中的使用，得益于欧洲货币联动机制的制度设计，德国马克稳健的走势加上德国中央银行的公信力使得德国马克在区域贸易投资中被广泛采用，继而推广到区域外贸易中，并被广泛接受为国际储备货币。这些资金又反过来购买德国金融资产，从而促进了德国金融市场的发展。

6.1.2.5 日元

日本经常账户中出口份额大，且多为以美元标价的初级产品，所以出口很难以日元标价；因此主要推动资本与金融账户的日元输出，使日元具有了国际储备资产的功能，这种推进很快，但由于国际贸易的结构很难改变，所以日元国际化不具有长期持续性，由此形成了一种趋势：金融市场领域发展快于国际贸易领域，价值储藏功能地位相对强于贸易中的工具货币地位。

日本政府在推进日元国际化的进程中采取了"单边推进"的模式。这一模式最主要的问题是，日本在没有签订国际协议得到其他国家协助的情况下独自推进国际化，即缺乏国际间的制度安排。20世纪70年代，日本向包括中国在内的亚洲国家大量进行日元贷款，并使用日元进行直接投资。日元在亚洲国家的国际贸易、直接投资和跨境贷款中得到广泛使用，在亚洲实现了一定程度的国际化。20世纪90年代，在日元国际地位上升的过程中美元的国际地位相对下降，出现了美元、日元和德国马克"三极通货体制"开始发展的趋势。

1985年"广场协议"后，日元被迫大幅升值，其直接后果是日本的对外贸易受到严重打击，以致严重依赖外需的日本经济很快陷入了一场"日元升值萧条"（意即日元升值带来的萧条）。为摆脱日元升值萧条，日本政府和日本银行采取了一系列力度强大的政策措施。其中之一，就是推出了战后空前的"金融缓和"政策，日本银行通过连续5次下调利率，一举将官定利率降至2.5%的"超低"水平。在金融自由化全面推开、实体经济资金需求缩小的背景下，超低利率导致的大批过剩资金纷纷涌向股市和房地产市场，结果以股价和地价攀升为中心的经济泡沫急剧膨胀。到1989年底，日经平均股价已攀升至38900日元，短短四年间整整膨胀了两倍，而在1988年一年间，日本三大都市圈的地价上涨了43.8%，东京圈地价更上涨达65.3%。[①] 到20世纪90年代以后，由于泡沫经济崩溃及长期经济停滞的影响，日元国际化也出现了停滞和倒退的局面。日元的区域化努力受阻，日元汇率的波动增大，加上东亚各国对日本政治上的戒备和疑虑，使得日元的国际化未取得长足进展。

除了这几种国际化程度比较高的货币之外，在谈到人民币的国际化过程时，经常被提及的几种经历过或正在经历国际化过程的货币还有韩元、新加坡元和澳大利亚元等。

6.1.2.6 韩元

多年来，韩国对韩元国际化一直持比较积极的态度。随着韩国经济的发展，韩国财政经济部逐步放宽对韩元境外交易的限制，努力推动韩元的自由兑换。20世纪90年代以前，韩国的金融机构主要是由政府控制，金融资源由国家控制，这在一定程度上对经济的发展起到了推动作用。后来，韩国政府为了推动国内经济的发展，主动顺应国际化和金融自由化的潮流，逐步由政府主导向民间主导转变，采取了许多措施对国内的金融体制进行了改革，如国内金融自由化、外汇市场自由化和加入经济合作与发展组织（OECD）等。同时，近年来韩国的国际贸易规模不断扩大，进出口额的增长有助于韩元在贸易伙伴国的推广，有助于韩元的自由兑换，也推动了韩元国际化的发展。

韩国货币国际化演进的过程伴随着政府主导模式向市场模式的转变，是建立在国内金融体制改革、金融自由化以及外汇管制逐渐减弱的基础之上的。也就是说，韩元国际化具备了货币国际化理论中的一些条件。但是，韩国为了尽早进入发达国家的行列，选择了加入OECD，在七国集团政府、国际金融机构和跨国公司等外部力量积极推动下，韩国向外国投资者开放金融市场，这也是导致韩国1997年金融危机发生的原因之一。韩国为了加入OECD，向外国投资者开放国内金融市场多少有些被迫成分，而这种被动的开放在一定程度上表明韩国经济对外存在依附性，削弱了韩国的经济独立性，而保持良好的经济独立性也是实现货币国际化的条件之一。

---

① 新华网（2003）。

6.1.2.7 新加坡元

同韩国积极主张韩元国际化的态度相反，新加坡对新加坡元的国际化持谨慎态度。1975年，新加坡开始实行盯住一揽子货币的汇率制度，1978年取消了所有的兑换限制，新加坡元可以在外汇市场上自由交易，新加坡元实现了完全自由兑换。但是，从1983年开始新加坡明确推行新加坡元非国际化的政策，不鼓励新加坡元成为国际化货币。新加坡作为一个小型经济开放体，容易受到外部的冲击，因此保持经济和金融稳定、促进经济增长是其明确的目标。新加坡盯住一揽子货币的汇率制度和严厉的资本管制保证了国内的金融稳定和物价稳定。

6.1.2.8 澳大利亚元

澳大利亚元（以下简称"澳元"）的国际化大约花了10年。澳元的衍生证券市场，特别是货币互换市场的发展，对于澳元收益超过美元起到了重要的作用[1]；另外，由于澳大利亚对国内发行的债券票面利息征收预扣税，而海外发行的澳元债券是免交税的，这也给澳元的国际化提供了一个额外的支持。澳大利亚的外汇市场、货币市场和债券市场在20世纪70年代和80年代早期还是相当封闭的。

然而，即使在这一阶段，澳大利亚也有一些走向开放和国际化的政策和措施：首先，在1976~1980年，有7次澳元的海外发行，数额在1000万~1500万澳元之间。其次，当澳元面对升值压力时，货币当局也允许某些对外证券组合投资。再次，当局允许在岸NDF市场的发展。这一市场以澳元结算，在某种程度上是亚洲NDF市场的一个镜像，而在亚洲，这些在岸交易者以美元交割。澳元在1983年转为浮动汇率，资本管制也随之取消。

从以上这些货币的国际化历程可以看出，从15世纪的航海大发现开始，到20世纪70年代，能够被称为主要国际货币的只有17世纪的荷兰盾、19世纪的英镑以及20世纪的美元。而这一时期，世界历史上经历了葡萄牙、西班牙、荷兰、英国、法国、德国、日本、苏联和美国九个国家交替崛起的过程，这表明并不是每一个崛起的国家的货币都能跟它的经济规模一样，获得了国际化的认同。

即便考察这三种货币，其发行国也都是当时盛极一时的霸权国家，经济规模、军事规模（在20世纪以前强大的军事规模就保证了较大的贸易规模）、技术水平都处于世界领先地位，包括金融交易规模和金融工具的发展也是如此。并且，从这三种能够称雄世界的货币来看，它们崛起的时代都与金属货币本位

---

[1] Robert McCauley（2006）。

有着或多或少的联系,17世纪的荷兰盾和19世纪的英镑都处于金属本位货币下,20世纪的美元则通过布雷顿森林体系与黄金直接挂钩。

另外,从中世纪以来的主要国际货币的兴衰更替来看,除了经济方面的因素外,还有其他的因素,例如历史的、政治的、制度的、文化的因素在起作用。但这些货币的崛起都具有太多的不可复制的特殊历史因素,如金本位的实施、两次世界大战的破坏等,对今天我们在一个完全信用货币的世界里谈论货币的国际化不具有可比性。19世纪的金本位和第二次世界大战后美元与黄金挂钩的货币制度造就了英镑和美元的特殊地位,在目前这样完全信用本位下,英镑和美元国际化的历史过程很难复制,日元、韩元和澳大利亚元目前的国际化进展就反映了这个问题,这也说明了货币的国际化过程没有统一的模式,一国货币的国际化过程是因国而异的。

6.1.3 一些主要国际货币履行国际货币职能的情况

这一部分我们主要依据前文Chinn和Frankel(2005)界定的国际货币的职能,分别从官方用途和私人用途两个方面来考察一部分代表性货币的国际化现状。

6.1.3.1 官方用途

第一,作为国际储备货币。根据国际货币基金组织的COFER数据库,到2011年3月为止,一共有33个发达国家和105个新兴市场及发展中国家向国际货币基金组织汇报其国际储备的币种构成情况,因此这一数据库的代表性还是比较强的。我们可以根据这一数据库绘出主要的国际货币(美元、欧元、英镑、日元、瑞士法郎和其他货币;在欧元诞生之前还包括欧洲货币单位ECU,德国马克、法国法郎和荷兰盾)在各国储备资产(主要包括外国银行票据、银行存款、国库券、短期和长期的政府债券等)中的占比情况。

从图6-1中可以看出,从1995年到2010年,美元在各国国际储备中的占比基本保持在60%左右,只有2000年前后激增到70%左右,这是因为欧元诞生前后,各国调整国际储备货币所致。另外,在这段时间里,增幅比较明显的是欧元,从1999年到2010年增幅接近10%(17.9%~26.3%),而同期美元和日元的占比都有所下降,从1999年到2010年,美元占比从71%下降到61.4%,日元占比从6.3%下降到3.8%。但巧合的是,欧元增加后的份额基本相当于1999年之前德国马克、法国法郎、荷兰盾和欧洲货币单位(ECU)在各国外汇储备中占比的总和。而美元也基本恢复到20世纪90年代中期的水平。事实上,从数据上看,在布雷顿森林体系崩溃后的近十年中美元占比一直下降,但1980年以后的近三十年中,美元在各国国际储备中的份额一直比较稳定,与20世纪

80年代相比，进入90年代后美元的占比明显上升。

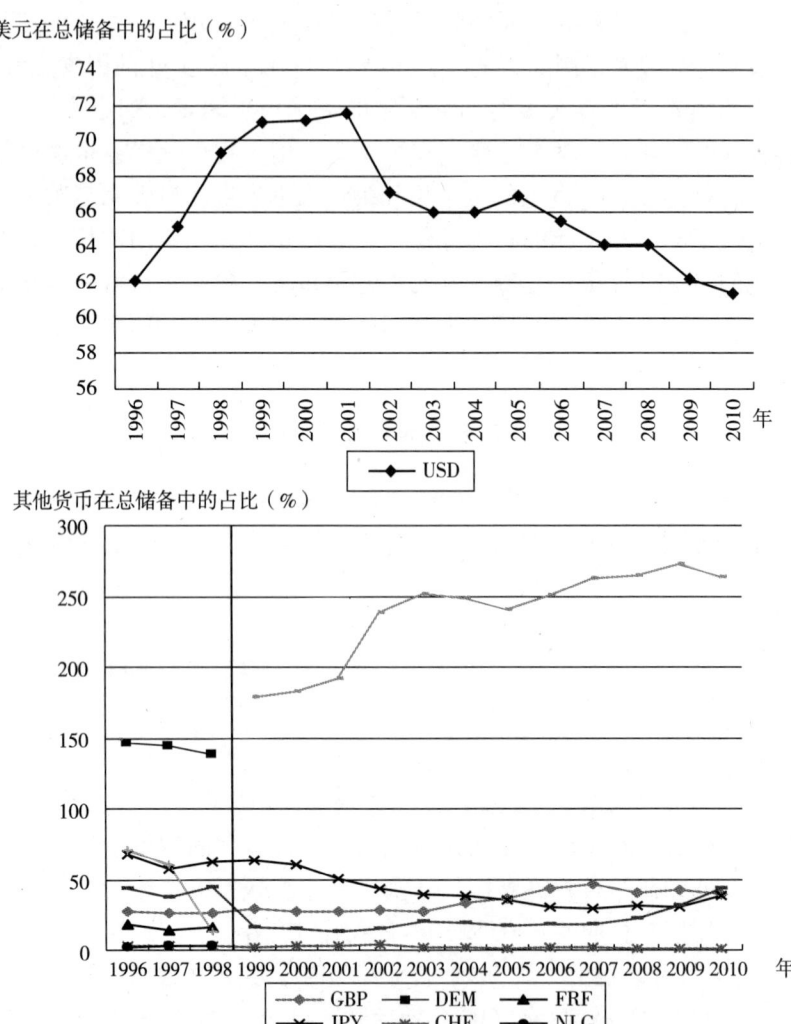

图6-1 COFER数据库中主要储备货币的变化情况（1995~2010年）

表6-3 各国外汇储备币种结构情况（1987~2010年）

	1987	1989	1992	1995	1998		2001	2004	2007	2009	2010
USD	56.0	51.9	55.1	59.0	69.3	USD	71.5	65.9	64.1	62.2	61.4
GBP	2.2	2.6	3.2	2.1	2.7	GBP	2.7	3.4	4.7	4.3	4.0

续表

	1987	1989	1992	1995	1998		2001	2004	2007	2009	2010
JPY	7.0	7.3	7.8	6.8	6.2	JPY	5	3.8	2.9	3	3.8
CHF	1.8	1.4	1.1	0.3	0.3	CHF	0.3	0.2	0.2	0.1	0.1
SUM	29.6	31.0	26.6	27.0	17.0	EUR	19.2	24.8	26.3	27.3	26.3
OTR	3.4	5.7	6.1	4.8	4.5	OTR	1.3	1.9	1.8	3.1	4.4

注：1. 1995 年之前的数据来自 1996 年 IMF 年报（IMF Annual Report of the Executive Board for the Financial Year Ended April 30, 1996, WASHINGTON, D. C.）。1995 年及其以后的数据来自 IMF 的 COFER 数据库。

2. 1998 年之前的数据中 SUM 表示德国马克、法国法郎、荷兰盾和 ECU 的总和。

因此，综合以上分析我们能够得出的结论是，美元在各国国际储备中一直占据重要位置，并且美元的比重并不是一直在下降，在最近的三十年间略有上升；欧元的比重逐渐上升，但也只是与欧元诞生前的几种欧洲货币份额总和相当；这期间只有日元保持了缓慢下降的趋势，而英镑在 2000 年以后占比略有上升。

第二，作为汇率盯住的锚货币（见表 6-4）。

表 6-4　　　　　　　　　　　汇率钉住的锚货币

	USD	FRF	DEM	All E. U. Currencies
1975	52	13	0	22
1980	39	14	0	16
1985	31	14	0	15
1990	25	14	1	15
1996	21	14	2	17

资料来源：IMF, Exchange Arrangements and Exchange Restrictions（简称 AREAER，下同）数据库。

从国际货币基金组织历年的 AREAER 数据库的统计中可以看出，从 20 世纪 70 年代到 20 世纪 90 年代，主要的"锚货币"就是美元和少数欧洲货币。另外最新的情况是，根据国际货币基金组织的 AREAER 数据库 2010 年的数据，在各国汇率钉住的"锚货币"中，有 50 个国家以美元作为"锚货币"，28 个国家以欧元作为"锚货币"，15 个国家钉住一篮子货币，还有 7 个国家钉住其他货币。

因此，综合以上数据可以发现，布雷顿森林体系崩溃后，采用钉住汇率制度的国家，其汇率钉住的主要是美元，其次是欧元（欧元之前是法国法郎和德国马克）。日元仍然不是一个"锚货币"。

另外，与这一国际货币功能的使用相类似，1969 年国际货币基金组织所创造的特别提款权（Special Drawing Right, SDR）作为一种准货币，履行储备资产和计量单位的职能。SDR 的价值是由一个货币篮子来确定的，这个货币篮子中所包含的货币及其占比由国际货币基金组织每五年重新审定一次。一种货币如果能包含在 SDR 定值的货币篮子中，是对该货币国际地位的官方认可。

根据最新的 2010 年 11 月的国际货币基金组织执行委员会对 SDR 定值货币篮子构成的评审结果，该货币篮子由美元、欧元、英镑和日元四种货币所构成，这四种货币的权重分别为 41.9%、37.4%、11.3% 和 9.4%[①]。这些货币的选择有两个标准：一是考察一国商品和服务出口总量是否使该国货币跻身于世界货币区前四位；二是该种货币是否可自由广泛使用，亦即该货币在外汇市场上被自由广泛使用并有大量的交易（IMF, 2010）。所以这个货币篮子中的货币基本上可以认定为国际货币。

第三，作为外汇市场干预的工具货币。

由于各国中央银行进行外汇市场干预的数据通常是不公开的，因此我们并没有确切的各国中央银行干预外汇市场的币种结构数据。但这一功能可以根据以上两个国际货币官方使用的功能来推测。因为通常来讲一国中央银行进行外汇市场干预主要是维持汇率的稳定，所以外汇市场干预的货币一定就是其明确或隐含着钉住的"锚货币"。并且，一国外汇储备的主要作用之一就是用于外汇市场干预[②]，因此可以认为一国外汇储备的主要币种，基本等同于该国货币当局进行外汇市场干预的主要币种。因此，根据前文的分析，作为外汇市场干预的主要国际货币，应该与作为国际储备的主要货币和各国钉住汇率制度所使用的"锚货币"基本相同，仍然是美元、欧元、日元和英镑等货币。表 6-5 显示的是全球外汇市场交易量排名前 10 位的货币，尽管全球外汇市场交易的主要币种与各国中央银行外汇市场干预的主要币种并没有直接的相关关系，但也可以作一粗略的辅助说明——很明显，在全球外汇市场交易中排名靠前的仍然是前文所列示的主要储备货币。

表 6-5 全球外汇市场交易的币种构成
（2010 年 4 月的平均日交易量占比）

货币	1998	2001	2004	2007	2010
美元	86.8	89.9	88	85.6	84.9
欧元	52.3	37.9	37.4	37	39.1

[①] 在前一次，也就是 2005 年的评审中，该货币篮子也是包括这四种货币，但权重分别为 44%、34%、11% 和 11%。

[②] 根据一般国际金融教科书的表述，国际储备的主要作用有三个：一是作为调节国际收支不平衡的缓冲器，二是充当外汇市场干预资产，三是作为债务国偿还外债的保证。

续表

货币	1998	2001	2004	2007	2010
日元	21.7	23.5	20.8	17.2	19
英镑	11	13	16.5	14.9	12.9
澳大利亚元	3	4.3	6	6.6	7.6
瑞士法郎	7.1	6	6	6.8	6.4
加拿大元	3.5	4.5	4.2	4.3	5.3
港元	1	2.2	1.8	2.7	2.4
瑞典克朗	0.3	2.5	2.2	2.7	2.2
新西兰元	0.2	0.6	1.1	1.9	1.6

资料来源：BIS：《中央银行三年概览：2010年4月的外汇交易和衍生市场活动》，2010年9月，第9页。

注：由于在每一项交易中都涉及两种货币，所以单个货币的总份额之和是200%。1998年的欧元数据实际是德国马克、法国法郎和ECU的占比之和。

6.1.3.2 私人用途

第一，作为替代货币。

尽管每一种可自由兑换的货币都可能成为替代货币而在该货币发行国之外流通，但到目前为止主要的国际流通货币仍然是美元[①]。根据Goldberg（2010）的估计，截至2009年3月，大约5800亿美元的现钞在美国以外流通，这一数额占美元现钞总流通量的65%左右。因此，美元无疑是最主要的替代货币，至于欧元主要是在欧盟国家间流通，而其他货币的境外流通量，则是非常有限的。

对于对称性的货币替代，我们可以由下文中全球外汇市场交易量和国际债券、衍生工具的发行情况来说明，这些交易币种可以视为对称性的替代货币的主要币种。

第二，作为国际贸易和金融交易的计价货币，履行交易媒介职能。

由于我们无法直接得到各国货币作为国际贸易计价货币所占份额的数据，因此在这里我们用各国的国际贸易占全球国际贸易总额的数据与各国在全球外汇交易量中份额的数据比较，从而对各国货币用于国际贸易计价的比例做一个粗略的估计。其中国际贸易份额的数据为2009年世界贸易组织统计的各国商品贸易进出口总额占当年世界商品贸易进出口总额的比例（总额为100）；外汇市

---

① 在欧元诞生之前，德国马克的国外流通量也很大，但主要限于欧盟国家中。Franz Seitz（1997）估计到1994年底，大约有30%~40%的德国马克在德国以外流通，其绝对数大约在650亿和900亿德国马克之间。

场交易份额的数据为BIS统计的2010年4月各国的日平均外汇交易量占全球日平均外汇交易量的比例（总额为200）。

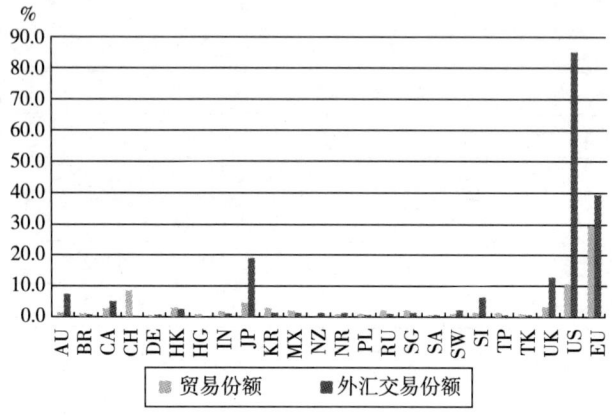

资料来源：笔者根据WTO和BIS的统计数据计算而得。

图6-2 各国贸易份额与各国外汇交易份额的比较

从图6-2各国的国际贸易份额和外汇交易份额的比较中可以看出，大部分国家的国际贸易份额与该国货币在全球外汇市场中的交易量是不相称的，只有少数货币（仍然是主要的国际储备货币）的外汇市场交易量与其国际贸易份额大体相当，这其中，美元的外汇市场交易量远远大于其国际贸易份额。

尽管无法得到全球国际贸易结算币种结构的数据，目前的文献中仍然有一些来自部分国家中央银行的国际贸易币种结构数据，数据量比较大且比较新的如Kamps（2006），Goldberg和Tille（2008）等。从这些国家的国际贸易结算币种来看，主要的国际贸易结算币种仍然是美元和欧元，并且非欧盟国家的国际贸易主要结算币种是美元，占比远远超过欧元；而欧元只在欧元区国家的使用中超过美元。其他货币所占的比例都很小。

第三，作为国际贸易和金融交易的标值货币，履行计量单位职能。

表6-6　　　　国际债券和票据的币种结构（2010年12月）

货币	发行存量（10亿美元）	占总存量的比例（%）
欧元	11790.8	44.1
美元	10499.2	39.2
英镑	2071.7	7.7
日元	762.0	2.8
瑞士法郎	402.8	1.5
加拿大元	353.6	1.3

续表

货币	发行存量（10亿美元）	占总存量的比例（%）
澳大利亚元	326.8	1.2
瑞典克朗	92	0.3
港元	59.7	0.2
挪威克朗	64.6	0.2
新西兰元	37.1	0.1
南非兰特	35.6	0.1
新加坡元	33.9	0.1

资料来源：《BIS季度评论：2011年3月》，表13B：国际债券和票据：根据类型、部门和币种分类，2010年12月未结清数额。占比由笔者根据相关数据计算而得。

表6-7 按照币种结构划分的场外衍生工具（占总交易量的百分比%）

	1998-12	2001-12	2004-12	2007-12	2009-12	2010-12
美元	87.8	92.0	87.8	83.5	83.2	85.3
欧元		38.0	40.6	38.8	41.4	37.6
日元	29.5	24.9	24.2	22.9	22.8	22.3
英镑	14.5	13.8	14.8	14.2	12.1	12.4
瑞士法郎	5.2	4.8	5.0	6.5	6.3	7.2
澳大利亚元	1.1	1.6	3.7	4.0	4.7	4.6
加拿大元	3.3	3.5	4.0	4.3	3.8	4.2
瑞典克朗	2.3	3.3	3.3	2.7	2.7	2.6
港元	0.5	2.8	2.1	1.8	0.6	0.6
丹麦克朗	0.4	0.1	0.4	0.4	0.4	0.4
挪威克朗	0.3	0.9	0.5	0.7	0.5	0.5
新西兰元	0.1	0.0	0.0	0.1	0.0	0.0
泰铢	0.2	0.0	0.0	0.0	0.0	0.0
其他	54.8	14.1	13.6	20.2	21.5	22.2

注：由于在每一项交易中都涉及两种货币，所以单个货币的总份额之和是200%。

资料来源：《BIS季度评论：2011年3月》，表20B：场外交易（OTC）的外汇衍生工具币种结构，未结清数额。表中给出的数据是根据原始数据计算的占总交易量的比例。

从以上主要国际债券和衍生工具标值货币的表6-6和表6-7中我们可以看出，排在前几位的仍然是主要的储备货币。由此可以看出，各国货币作为国际储备货币的地位，基本决定了各国货币其他的国际使用份额。主要的国际储备货币在其他各种官方和私人用途中的份额也是最大的。所以从国际货币的功能而言,不是所有在货币发行国之外使用的货币都能够履行所有的国际货币职能。如果把履行国际货币职能的多少换算成一个从0到1的连续分布,那么有些货币如美元会接近1,即是一种更完全意义上的国际货币,它能够在国际上履行几乎所有的国际货币职能;而有些货币如欧元会排在美元的后面,然后是日元等,而人民币可能处于接近于0的位置。

6.2 人民币国际化的背景

6.2.1 中国的国际收支状况

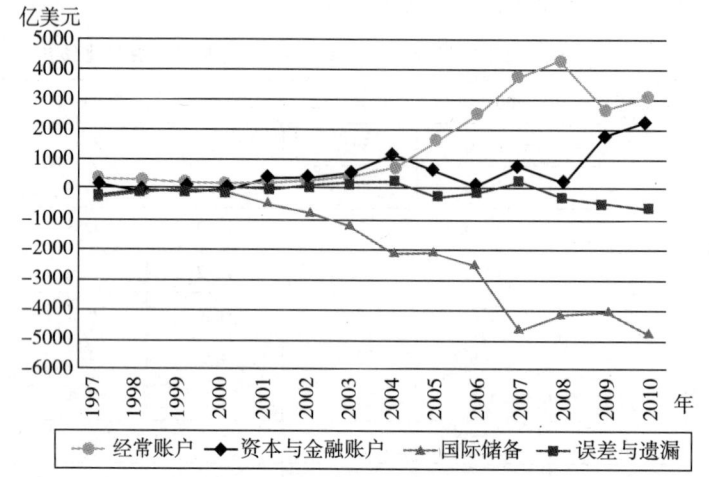

资料来源:笔者根据中国国家外汇管理局网站数据整理绘制。

图6-3 中国国际收支状况:1997~2010年

从图6-3和图6-4中国的国际收支平衡状况可以看出,从2000年以后,中国的国际收支顺差开始明显增加,特别是经常账户顺差增幅明显,再加上资本与金融账户在大部分年份里的顺差,形成"双顺差"状态,两个项目对外汇储备均产生正的贡献,使得中国的国际储备累积量逐年增加,且增幅有逐年扩大的趋势。特别是,在2000年以后,中国经历了一个人民币升值的过程,而2007~2009年又经历了全球性金融危机(2009年和2010年的经常账户顺差减少可以部分归结为金融危机的影响),但这些影响都没有从根本上改变中国国际收支顺差的局面。

一般认为,国际收支的长期顺差对一国经济至少具有以下几方面的不利影响:

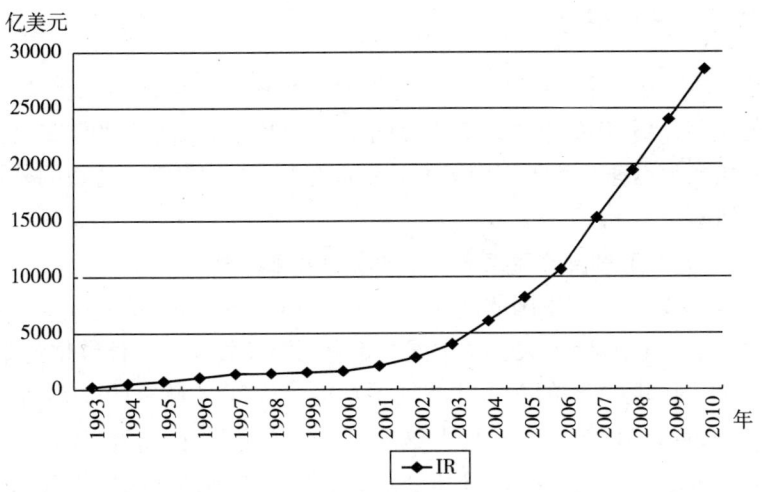

资料来源：笔者根据中国国家外汇管理局网站数据整理绘制。

图 6-4 中国国际储备：1993~2010 年

一是国际收支的长期顺差意味着较多的出口和资本流入，从而使一国经济过于依赖外部经济体。一方面在原材料进口比重较小的情况下，在出口换来外汇的同时，会过早耗费掉本国的实际资源；另一方面，就是容易受到外部经济体经济状况的影响。

二是外部经济目标长期处于失衡状态，使得一国内部失衡（通货膨胀或通货紧缩）时，经济政策的运用受到制约。

三是加大了人民币升值的预期，引起"热钱"流入，成为一国经济稳定运行的隐患。

四是外汇储备因此而大量累积，增加了外汇储备管理的困难。

五是贸易保护主义势头加剧，与其他国家的贸易争端增加。

六是国家隐性利益流失大，从等式 TB（贸易账户差额）＝S（储蓄）－I（投资）来看，中国国际贸易顺差是由于中国的储蓄高于投资造成，也就是说，中国是在用自己实际资源生产出美国需要的产品，换取美元，然后中国又用这些通过出口实际资源换来的美元储备，购买美国的收益率较低的国债，美国再用中国向其购买国债换来的美元，向中国进口商品和对华直接投资。而对华投资挤占了中国国内的投资，导致 S 进一步大于 I，并支付给外资更高的投资回报，这就是目前中国顺差付出的代价与利益丧失。

另外，最后一点，大规模的出口以及随后的大量收汇成为中国物价上涨的一个重要原因。

6.2.2　中国的国际储备管理难题

从图6-4中我们可以看出，1993~2010年，中国外汇储备规模从1993年的212亿美元上升到2010年底的2.8万亿美元，年均增长率达29%，特别是最近的十年增长尤为迅速，十年间中国的外汇储备增长了17倍。高额的外汇储备带来了许多风险。

6.2.2.1　加大了中国国际投资头寸的货币错配及外汇风险

从表6-8可以看出，中国的国际投资头寸（International Investment Position，IIP）中货币错配状况逐年加大，从中国开始有国际投资头寸统计数据的2004年到2009年，中国国际投资的净头寸增加了6倍，从2004年末的2764亿美元增加到2009年末的18219亿美元。而在这期间，人民币升值了17.5%，由此而产生的汇率风险可想而知。从表6-8中还可以看出，中国国际投资正的净头寸主要来自储备资产，特别是外汇储备的贡献，而对外直接投资的净额一直是负的，证券投资的净头寸为正但很小，而其他投资也只是在最近的两三年才转为正头寸，并且数值很小。

表6-8　　　　中国国际投资净头寸（2004~2009年）　　　　单位：亿美元

项目	2004年末	2005年末	2006年末	2007年末	2008年末	2009年末
净头寸	2764	4077	6402	11881	14938	18219
1. 净对外直接投资	-3163	-4070	-5238	-5877	-7298	-7678
2. 净证券投资	354	401	1445	1380	848	528
3. 其他净投资	-613	-511	-613	905	1727	857
4. 储备资产	6186	8257	10808	15473	19662	24513
4.4 外汇	6099	8189	10663	15282	19460	23992

资料来源：笔者根据中国国家外汇管理局网站相关数据计算而得。

6.2.2.2　加大了中国外汇储备对外投资风险

中国外汇储备的对外投资风险主要体现在两个方面：一是大量的外汇储备用于购买美国国债，其收益率在最近十年很少超过5%，考虑到美元的贬值和人民币的升值，实际的收益率更低。相比于外资在华15%左右的投资回报率，持有巨额外汇储备的机会成本高昂。二是中国投资有限责任公司（China Investment Corporation，CIC）所运作的少量外汇储备，从2007年5月第一笔投资后就遭遇国际金融危机，到目前为止的收益率也不容乐观。

6.2.2.3　加大通货膨胀压力并降低货币政策有效性

大量的外汇储备意味着大量的本国货币投放，目前外汇占款成为中国货币投放的主要渠道,为了减少外汇占款渠道的货币投放,中央银行不得不用发行央行票据的方式回收本币,导致高昂的冲销成本,并且不能从根本上解决外汇占款问题;同时导致被动的货币政策操作,在高通货膨胀时使得中国货币当局面临政策选择困难。

6.2.3 国际金融危机的影响

吴念鲁等(2009)认为,2007年5月始于美国的国际金融危机对世界经济的影响主要是:重创了美国银行体系和全球金融业;削弱了美元的国内购买力,加剧了美国国内的通胀压力,从而动摇了美元的国际地位;使国际贸易格局发生变化,对国际货币体系主导权的争夺日趋激烈;推动了新一轮的并购战和财富争夺战及国际跨国公司的重新组合;造成对国际金融市场的悲观预期。张明等(2009)指出,金融危机从消费、投资与出口三方面对美国的实体经济产生严重的负面冲击。在向全球扩散的过程中,欧洲金融市场率先受到传染,进而冲击到实体经济。发达国家实体经济增速的下降通过进口渠道影响发展中国家,进而使发展中国家实体经济增速下降。危机的爆发意味着过去十余年来的国际收支格局将被迫进行调整。国际金融危机通过对美国进口的抑制作用和对美国出口的刺激作用,改变美国的对外贸易规模和结构,收缩美国的贸易逆差,美元的全球霸权地位受到削弱。

从这些关于金融危机影响的讨论中引发了对国际货币体系改革的争论,许多研究认为,当前的国际货币体系在促进全球经济增长的同时引发了全球经济失衡、全球流动性过剩及全球金融动荡等问题。这些问题能否得到彻底解决很大程度上取决于美元本位制是否可持续,而美元本位制在短期内仍会持续,但在长期内将面临越来越严峻的挑战,进而难以为继。

一些研究(如巴曙松等,2009)认为,美元主导下的国际货币体系是不平等、不对称的,它既无法促进国际储备多元化或提供一个价值稳定的超主权国际货币,也不存在国际收支不平衡的自动调节机制,更不能保证国际资本的正常流动。而王元龙(2009)认为,现行国际货币体系的局限性主要表现为:无约束的美元本位制已成为国际金融危机频频发生的根源;汇率剧烈波动会在一定程度上阻碍国际贸易与投资活动,使发展中国家深受其害;全球性的国际收支失衡。国际货币体系的这些内在缺陷是此次全球金融危机不断蔓延的一个重要原因,也是近几十年来国际金融危机频发的制度性根源。程实(2009)则指出,国际货币体系的发展方向是具有内在约束力和外部协调性的多层次"多元"国际货币体系。短期内,美元将继续作为唯一的核心货币支撑起单极体系;中期内,欧元等主流货币将日益分担世界货币的责任;长期内,具有内在约束力和外部协调性的多层次"多元"国际货币体系将逐渐建立起来。巴曙松等（2009）提出了国际货币体系可能的演变路径：首先出现几个大国主权货币，每个大国主权货币周围会有几个小国货币与之挂钩；然后形成几个大国主权货币带领小国货币构成的多元化国际储备体系；最后在多元化国际储备货币体系的基础上，再形成世界货币甚至是超主权货币。王元龙（2009）的研究中强调，国际货币体系的改革方向主要集中在国际储备资产的确定和汇率制度的选择上，操作措施主要有健全储备货币发行调控机制，保持主要储备货币汇率相对稳定，促进国际货币体系多元化、合理化。国际货币体系改革的现阶段目标是打破美元的垄断地位，建立以美元为主、其他主要货币为重要补充的多元储备货币体系。推动人民币的国际化，使人民币逐渐成为多元化国际储备货币中的一极，这是打破美元垄断地位的一个重要方面。

6.3 对于人民币国际化相关问题的争论

6.3.1 人民币国际化的利弊分析

6.3.1.1 人民币国际化的主要促进因素

目前文献里所提到的人民币国际化的收益可以总结为以下几点：

第一，减轻目前中国所面临的货币错配。由于长期的国际收支顺差，目前中国从官方到私人层面都存在大量的外币资产，本币负债的货币错配，人民币国际化的一个方面的作用就是可以使中国官方和私人的资产人民币化，从而降低汇率风险。

第二，与铸币税相关的收益。这一方面的收益有两方面的含义：一是通过资产人民币化，可以减少外币特别是美元资产，从而减少向其他国家支付的铸币税；二是通过人民币的海外流通，获得铸币税收入。

第三，加快中国经济融入全球的步伐，提升中国的国际地位，并促进中国国内的经济和金融改革。

6.3.1.2 人民币国际化的主要不利因素

人民币国际化的主要弊端有以下几点：

首先，存在"特里芬难题"（Triffin Dilemma）。这是任何一国货币的使用国际化必将面对的困境：人民币成为国际货币之后，国际市场上所提供的人民币必须以中国国际收支的逆差来实现。因此，扩大人民币的国际使用就意味着扩大中国的国际收支逆差，这必将导致人民币的贬值，但如果人民币持续贬值，将使持有人民币作为储备资产的国家不愿持有更多的人民币。这样就使人民币处于两难的境地。并且,如果经常项目的逆差不能满足需要,就需要资本项目的逆差来弥补,这势必要放松对资本项目的管制。

其次,货币政策自主性降低。这一方面的成本有两个含义:一是人民币国际化后,作为国际货币发行国,中国不能严格控制资本的自由流动,同时为了抑制人民币国际化后对国内经济的影响,还要尽量保持人民币汇率的稳定,"三元悖论"表明在这种情况下中国很难保持货币政策的自主性;二是当大量人民币在国外流通时,货币政策工具如利率、货币供应量很难达到理想的控制效果。

再次,汇率政策自主性降低。人民币国际化会使中国货币当局通过公开市场操作甚至行政指令控制汇率水平的成本增加,政策效果打折扣。

最后,对中国经济可能形成冲击。由于人民币国际化带来的资本流动,以及中国经济与世界经济的更紧密联系,会对中国的实体经济、金融体系和金融市场的稳定构成一定的威胁。在中国经济发展的现阶段,还没有能力承受大量的资本流动冲击。

6.3.2 人民币国际化的条件是否成熟

6.3.2.1 货币国际化的条件

在最近的一个多世纪里,主要国际货币之间的兴衰更替频繁,使得对于一种货币如何成为国际化货币,特别是成为国际标值货币的研究文献积累相当丰富。然而尽管研究方法在不断改进,模型构建也日趋复杂,从局部均衡分析发展到一般均衡分析,从静态分析发展到动态分析,但对于国际贸易标价货币选择的主要决定因素,在较早期的文献中基本都有所涉及,或者说考虑得比较全面了;而后期的文献,特别是21世纪以来的文献,只是采用更先进的分析方法,或者随着数据资料的充实,提供新的证据来证实或证伪而已。总结现有的研究文献,主要存在以下决定因素。

以下是关于产业及微观层面的决定因素:

——进出口商的谈判能力:早期的观点认为出口商更具有谈判能力(因为卖方市场),而后来的研究表明,只要提供足够的汇率风险补偿,用哪一方的货币结算都是一样的。

——产品的差异化程度:产品的差异化程度越高,越倾向于PCP,反之产品的同质化程度越高,越倾向于采取单一的工具货币,特别是美元来定价。

——市场结构的影响:竞争越激烈,越倾向于采用同种货币或工具货币。

——出口市场的需求状况:决定了出口商的谈判能力。

——成本与收益的币种相匹配:进口标价货币的选择会影响出口标价货币的选择。

有关金融体系方面的决定因素如下:

——完善的金融市场:在完善的金融市场中,货币交易量大且交易成本低,有利于交易者分散风险和降低成本。

——发达的国内银行体系:提供更多的金融工具,有利于分散风险和降低交易成本。

——资本账户开放:资本流动的自由化程度是货币国际化实现的关键因素。

关于宏观经济层面的决定因素有以下几点:

——通货膨胀率:一般而言,通胀率越低的国家,其货币的使用率越高。

——汇率水平和波动幅度:一般情况下,汇率趋于升值,且汇率波动比较小的国家,其货币使用率越高。

——国际贸易市场份额或一国的经济规模:国际贸易市场份额和经济规模越大的国家,越有可能用本国货币作为标价货币。

——货币政策稳定性:货币政策越稳定,该国货币越可能被选择。

——经济周期的影响:一国处于经济周期的不同阶段,会引起对进口品的需求不同(类似于出口市场的需求状况),从而影响进出口商的谈判能力及定价货币的选择。

——国家之间不同经济发展水平的影响。

此外,还有其他因素:

——网络外部性(Network Externalities)、预期、惯性(或持续性)的作用。

网络外部性涵盖了国际货币使用的规模经济效应、惯性特征以及范围经济效应等潜在的因素。Kindleberger(1967)指出,货币的交易成本由市场规模决定,具有大规模流通量的货币很容易就能实现买卖匹配。这一观点暗示,国际货币因为被更多地使用而显得更有价值,由此产生战略外部性。Krugman(1979)和 Rey(1999),Matsuyama 等(1993),Kiyotaki 和 Wright(1993)Greenspan(2001),Eichengreen(2005)都提到国际货币使用存在网络外部性,Chinn 和 Frankel(2005)在分析国际货币地位的影响因素时,将网络外部性作为一个主要的因素进行了分析,对网络外部性的含义进行了具体的表述,指出货币使用方面存在的网络外部性有两方面含义:一方面,一种货币的价值会随着其他使用该货币用户的增加而提高,这种情况下,决定货币国际化的基本因素在短时期内的变动相对于路径依赖(历史)的作用来说不再那么重要,国际货币的使用存在历史惯性;另一个方面存在范围经济效应,如果一种货币在贸易中被广泛运用,那么它很有可能也被运用于金融交易中,继而更有可能作为外汇交易的工具货币,继而被小国货币作为名义锚盯住,依次类推,也即国际货币的不同职能之间是相互促进的。

特别地，至今为止的研究中，对东亚地区国家采用美元的原因的解释主要有盯住美元的汇率制度和贸易对美国的依赖性，缺乏高效的远期市场和其他衍生品来规避汇率风险及历史惯性等。

6.3.2.2 人民币国际化的条件

对于人民币国际化的条件与制约因素的分析，基本也是上述文献中总结出来的这些因素。如 Kenen（2009）认为，一国货币实现国际化，特别是作为国际贸易结算货币必须满足以下七个条件：（1）政府必须让各方主体能够在即期或远期外汇市场上自由地买卖该国货币；（2）该国货币能够作为国际贸易结算货币，其使用比例取决于出口商品的类型、单个公司的市场力量以及国际惯例；（3）外国公司、金融机构、官方机构和个人都能按意愿持有该国货币和以该国货币标值的金融工具；（4）外国公司和金融机构包括官方机构都能够发行以该国货币计价的市场化的工具；（5）该国自己的金融机构和非金融公司能够到外国发行以该国货币计价的外国金融工具；（6）国际金融机构（如世界银行和区域发展银行）能够在该国市场上发行债务工具并用该国货币进行金融活动；（7）该国货币能够被其他国家纳入本国汇率政策干预的"货币篮子"。Genberg（2009）所持有的观点与 Kenen（2009）基本类似，但 Genberg（2009）认为建立具有深度且动态化的国内金融市场、完善法律框架以及形成稳定和可预期的宏微观经济政策等前提条件的满足，是比采取针对货币国际化的激励政策更重要的。另外 Frankel（1999），Michalopoulos（2006）认为货币国际化的一般条件是：货币发行国的政治和军事实力、经济规模、财政实力、金融市场发展程度和历史原因等。

Yu 和 Gao（2009）认为货币内在价值的稳定性和可预见性以及广泛的交易网络也将界定货币的功能领域。更重要的是，一种货币的国际化需要低通胀的公信力、合理的利率和汇率以及可以确保获取这种国际货币的完全可兑换性。并且，为了实现人民币国际化，必须满足以下条件：（1）中国对世界经济的重要性应不断增长；（2）实现人民币完全可兑换；（3）发展国内金融市场和实现金融自由化；（4）建立人民币离岸市场；（5）提高人民币汇率的弹性。

Cheung 等（2011）以及 Chen 和 Cheung（2011）认为，人民币国际化需要放开资本管制等短期内无法实现的条件，因此，目前比较切实可行的是增加以人民币定值的资产和负债。不过这种人民币定值的发展也受人民币汇率制度是否盯住美元，以及人民币是否有强烈的升值预期的制约。如果贸易伙伴认为人民币有突然跳跃式的升值风险，就不会愿意持有人民币负债，那么人民币国际化的前景就是不乐观的。如果贸易伙伴把人民币仅仅看成是除了或多或少呈现升值趋势之外的与美元无二的一种货币的话，那么人民币国际化的前景也不会很好。

另外，国内有关人民币国际化问题的讨论中，也或多或少地涉及前述文献中总结的国际贸易标价货币选择的决定因素。如钟伟（2010）认为人民币的国际化需要国际化的人民币"资产池"作为支撑，即通过发展和深化国内金融市场来提供各种人民币资产。同时认为人民币国际化的制约因素是中国货币当局如何提供高效的结算通道和便捷的境外人民币向境内的回流渠道。管涛（2009）也认为人民币走出国门的关键是要解决好人民币回流问题。陆前进（2010）认为从国际货币功能的角度来看，支持人民币走出去还需几个条件：一是发挥人民币国际贸易的计价和结算功能，需要人民币币值坚挺；二是发挥人民币国际货币的交易功能，需要人民币自由兑换；三是发挥人民币的国际贮藏功能，需要境外人民币能够回流。我们要大力发展资本市场，尤其是国内的国债市场。人民币国际化是一个综合的、渐进的过程，是市场和政府双重推动力的结果，既需要一定的市场基础，又需要政府为人民币"走出去"创造一定的条件。国内金融市场的发展、人民币汇率体制的改革和宏观调控机制的完善将有利于促进人民币走出去，实现人民币国际化战略。杨雪峰（2009）提出，国际货币的决定因素主要包含经济规模、发达开放的金融市场、网络的外部性和货币价值的稳定性四个方面；叶华光（2010）将这四个决定因素进一步分解为一国对外贸易、对外投资的规模，金融市场的发达程度和币值稳定性四个方面。

6.3.2.3　对于人民币国际化条件是否满足的争论

第一种观点认为，中国已经具备推动人民币国际化的条件。

这类观点大都从中国现有的经济规模、贸易规模、金融体系的稳定性以及汇率的稳定性等角度出发，认为中国可以推进人民币的国际化。如罗熹（2009）认为，人民币国际化面临历史机遇。人民币国际化应当顺应全球货币体系变革的客观要求，发挥中国在世界经济体系中的应有作用。赵海宽（2007）从经济实力、信用地位、开放程度和金融系统的稳定性等方面，认为中国已经具备了实施货币国际化的条件。刘煜辉（2009）提出，在最近的5~10年内，中国对于发展中国家，包括日本、韩国、东南亚这些国家，形成了庞大的逆差，逆差的形成是人民币走向国际化的决定性条件。奥斯特洛夫斯基（2009）对人民币国际化的展望是，人民币国际化进程首先将以东亚和亚太地区作为突破口，然后逐步扩展到全世界。尽管受到国际金融危机的影响，但人民币对世界其他主要货币的汇率依然保持稳定，人民币未来有望成为一种国际储备货币。

第二种观点认为，中国目前还不具备全面国际化的条件。

这一类观点大都同意人民币在较长的时期内是可以实现国际化的，但目前尚为时过早，原因包括中国国内的经济结构失衡、资本市场的发展与开放以及人民币获得世界其他国家的认可等都需要较长的时间。

代表性的观点如丁志杰（2009）认为，人民币具备在未来十年里跻身于类似日元、英镑的第二层次国际货币的潜力，和日元一起在世界货币体系中代表亚洲一极。然而，目前中国还不具备全面推开的条件，人民币的货币影响力也主要在亚洲。因此，立足于亚洲，特别是东亚，是一种现实的稳妥选择。

另外，作为国际货币发行国，必须拥有一个健全、发达、开放的金融市场，允许资本相对自由流动，但中国目前还不具备这些条件。作为一种替代性选择，在我国香港发展人民币离岸市场，为境外人民币持有者开辟投资渠道。从长远来看，则可通过实现人民币在资本项下可兑换、发展国内资本市场、打造上海国际金融中心地位等举措，为人民币国际化创造充分条件。

魏尚进[1]（2009）在对各种国际货币的演进比较研究中指出，美国经济在19世纪中期就超越英国，但美元直到第二次世界大战结束时才毫无争议地成为国际货币的龙头，而这个过程又整整花了一百年时间。因此，即便中国经济强盛之后，人民币成为主流国际货币还有一些路要走。同时，一国货币成为国际化货币仍有许多条件，包括别国投资者对此国币值有信心，该国金融市场和资本市场拥有深度和广度，该国对基本资本账户管制相对宽松，别国投资者之间承认此货币是可以相互流通等。潘英丽（2009）也持类似观点。她认为，此次金融危机给人民币国际化带来了机遇，但是中国并没有做好准备，人民币国际化在短期内实现的可能性不大。首先，中国经济仍存在比较严重的结构性矛盾，如消费占GDP比重过低，投资和出口占GDP比重过高，以及产能过剩和过度依赖出口等。中国经济需要进行结构调整、转型，使得消费占总需求比重达到2/3，这样中国经济才有稳定增长的基础。同时，经济增长不能过度依赖资源消耗，必须建立在可持续发展的基础之上。其次，中国需要拥有规模巨大、流动性良好、具成长性的资本市场。人民币国际化，有待于中国本土资本市场的现代化和国际化。此外，中国在制度建设方面也需要有较大的推进。

陈炳才[2]（2009）认为人民币国际化还没有起步，如果说有，目前不过是意识准备和工作准备，实际进程还没有开始，人民币国际化还很遥远，认为别国的认可和操作成本是两个重要因素。这个过程会很长，尤其别国在认识和实力上接受中国，不是十年能完成的。

第三种观点认为，人民币国际化并非最佳选择。

---

[1] 新华网（2009）。
[2] 韩梅（2009）。

这一类观点主要从特里芬难题的角度，阐述主权国家货币充当国际储备货币，给货币发行国经济发展和政策实施带来的困难。另外，许多观点也认为中国脆弱的金融体系是人民币国际化的最大障碍。如熊仁宇（2008）认为，客观来说，本币国际化从某种角度可以说是一场必然自我崩溃的游戏。一国充当国际货币输出国本身就带有难以摆脱的矛盾，当国际货币本位选择一个主权国家的货币来充当时，就存在满足国际偿付手段需要和维持国际货币信心的矛盾。为了满足不断增长的世界各国支付和储备的需求，国际货币本位国必须要通过经常项目逆差不断输出国际本位币；但是经常项目逆差的积累，又损害了该货币作为国际货币的信心，动摇了该货币作为国际货币的经济基础，从而使得国际货币体系的维持处于一个两难的境地。本位货币的维持将淘空本位国家所积累的国际储备和国际经济地位，最终实现本位货币的更替。但这些对于目前的中国来说都还显得遥远，作为有希望进入国际本位币体系的新兴国家，我国薄弱的金融机构和并不那么市场化的金融监管，将成为本币国际化的最大障碍。在国内外时机并不成熟的时候，扩大特别提款权的使用范围是比人民币国际化更好的办法。

6.3.2.4 现实情况的对比

如前所述，尽管文献中提到许多影响国际标价货币选择的因素，但一般文献中公认的具有决定作用的因素有以下几个：（1）经济规模和贸易规模；（2）金融市场的发展程度；（3）资本账户的开放程度。这几个因素被认为是能够降低一国货币的使用成本，并产生规模经济的重要因素。我们分别考察了中国的人民币与澳大利亚元、德国马克、日元、韩元、新西兰元、新加坡元和英镑等有过国际化进程的货币，在以上所列出的决定因素上的发展现状，与这些货币国际化过程中代表性年份[①]发展情况的比较（比较图表见附录）。

从中国 2008 年各项指标的数据来看，在经济规模、出口规模和金融体系规模方面，无论与各国货币国际化进程的历史数据，还是跟 2008 年的各国现状相比，都是非常具有竞争力的[②]。例如 GDP 份额仅次于日本（2010 年已经超过日本），出口份额仅次于 1985 年的日本和德国，而商品贸易份额也仅次于新加坡。这也是从中国国内到国际上都在关注和看好人民币国际化的重要原因。

国内信贷总额/GDP 也仅次于当年（1985 年）的日本，但跟现在的许多国家相比都有差距，这也从一个侧面反映出中国的金融体系规模与这些货币国际

[①] 根据这些货币的国际化历程，我们选取的可比时期为：Australia (1985), Germany (1985), Japan (1985), Korea (1995), New Zealand (1990), Singapore (1980) 和 the U.K. (1985)。

[②] 2008 年是成稿时从国研网的世界银行数据库（中文）中能够得到的最新的经济指标数据的年份。

化的国家相比差别比较大。

实际利率是一个比较短期的影响因素,在截面数据里它的说服力小一些,特别是,单从2008年的情况看,中国的数据是负的,完全没有竞争力。

另外,从国际债券发行币种的比重来看,人民币的发行量还非常小,与其他国家相比,差距比较大;场外交易的外汇衍生产品几乎没有。

6.3.3 人民币国际化的路径选择:不同的观点

对于人民币国际化的不同路径观点,陈炳才(2010)进行了很好的综述。综合目前国内的文献,有以下几种路径:

第一种观点是双轨制、渐进式的国际化,从国内和国外两方面共同推进人民币的国际化,代表性的观点如中国社会科学院课题组(2009)。他们认为,双轨制的第一个轨,是在中国境内实行有步骤、渐进式的资本账户下可兑换,同时提高中国金融体系效率,其中包括许多措施,如境外合格机构投资者计划、境内合格机构投资者计划、允许境外企业境内发行股票和债券、大力鼓励和推动外贸企业与境外贸易伙伴以人民币结算等;双轨制的第二个轨是在境外,主要是在香港推进以人民币计价的股票市场、金融资产的规模以及交易,其目的是在境外尽快形成与欧元证券和美元证券抗衡的人民币金融市场。

第二种观点是人民币国际化要分三步走。代表性的观点如曹红辉(2009)。他认为,一国货币的国际化要经历从结算货币到投资货币再到储备货币三个步骤。连平(2009)、唐双宁(2009)、焦瑾璞(2009)也持有类似的观点。

另外,还有很多文献认为人民币国际化应该遵循周边化、区域化、国际化的空间三步论,如徐奇渊、李婧(2005),唐双宁(2009)等。何燕(2009)的初级、中级和高级阶段论也表达了类似的观点。同类观点还有焦瑾璞(2009)、黄蒂娟(2009)等。吴智钢(2009)则提出了一种"三渠道论",其实也是在表达先周边化、后区域化乃至国际化的观点。

第三种观点是分四步走。王奇(2009)认为人民币国际化真正强调的还是市场化。第一步,让周边国家持有甚至储备人民币;第二步,允许甚至鼓励中国的进出口交易按照人民币进行结算;第三步,与周边国家实行人民币—周边国家本币的货币互换安排;第四步,在香港建立交易主体更为广泛的人民币交易市场,在外资和外贸占全国30%~40%的广东省建立人民币衍生品市场,以推动金融机构和企业真正实现对货币汇率风险的保险,并由此放任人民币的国际化。

第四种观点是以外汇储备买储备货币发行权。孙时联(2009)认为,可用外汇储备买到人民币的国际储备货币发行权,并支撑其在国际储备货币中的地位。当年的德国就是凭借大量的美元外汇储备作为平准基金,使得前西德马克从战后占国际储备货币比例为零发展到占国际总储备货币18%的比例。中国的经济实力足以支持占全球国际货币总储备6%~10%的人民币国际化率,也即人民币国际化的规模应该为4200亿~7000亿美元,以美元兑人民币1:7的汇率水平计算,大约有3万亿~5万亿元的人民币能够走向国际。

上述资料表明,除第四种思路外,对人民币国际化的思路基本是分步走。理论上说,这些思路很有道理。但从国际经验来看,还寻找不到这样的例子。英镑和美元作为国际货币没有分步走,欧元作为国际货币也没有分步走。日元作为国际货币某种意义上是分步走,但也是由市场推动而非政策推动,并且日元的国际化并未取得很大进展。因此,人民币的国际化如果试图以政策推动,实现分步走的战略,不容易被国际社会接受。

既然以人民币进行结算,境外的银行和企业就会持有人民币资金,这些资金在它们的国家是不能流通的,也无法支付利息,必须允许其在中国境内开设人民币资金账户,而且必须允许资金在国内进行各种投资,否则,资金不能产生利息和利益,任何机构都不愿意拿这种货币来进行结算,因为那样的货币没有了流动性和收益,风险就更大了。境外企业和银行用人民币结算的差额,无论是作为企业的存款还是作为储备货币,都必须允许境外的企业和银行或政府在中国开设人民币账户进行投资,而这就是资本账户的开放和可兑换。因此,从这个意义上来讲,人民币国际化的"分步走"从操作上也是难以实施的。

6.4 人民币国际化的现状

6.4.1 国际官方货币职能

严格意义上的,人民币作为官方外汇市场干预货币和汇率盯住"锚货币"的使用几乎没有,而作为官方储备货币也仅限于周边国家的少量外汇储备:2006年12月1日,菲律宾货币委员会开始接纳人民币为中央银行储备货币,这是外国中央银行首次将人民币列为官方储备货币[1];2010年9月20日,据报道[2],马来西亚中央银行已经买入人民币计价债券作为其外汇储备;另外,泰国中央银行2010年9月30日表示考虑动用外汇储备购买中国政府发行的人民币债券,但尚未研究具体细节及征得中国政府同意。

---

[1] 中国评论新闻网(2006)。

[2] Brown, Kevin, Robert Cookson 和 Geoff Dyer (2009)。

但是 2009 年 8 月末，中国人民银行与国际货币基金组织（IMF）签署了 IMF 历史上第一份债券购买协议，使得中央银行可能以人民币来购买总额约合 500 亿美元特别提款权的 IMF 债券。无论是 IMF 用人民币向中国购买美元，还是直接将这些人民币提供给受援助的国家，中央银行以人民币购买 IMF 债券的行为，在促进人民币国际化的进程中具有标志性意义。这是一次人民币的官方国际使用。

另外，2011 年的 G20 会议的一个重要议题是关于人民币加入 SDR 的争论。如前所述，SDR 目前是由美元、欧元、日元、英镑组成的合成货币单位，每五年调整一次比例。一国货币如果要加入 SDR，首先要满足经济规模以及可自由兑换两个条件。作为一个主要经济体的货币，人民币加入 SDR 有助于提升人民币国际地位，也意味着作为大国承担责任与义务。不过，2011 年 2 月的 G20 巴黎会议就以不可自由兑换为由，拒绝人民币加入 SDR。法国总体萨科奇、IMF 副总裁卡恩及美国财长盖纳特等人都纷纷力挺人民币加入 SDR，萨科奇甚至强调需要明确时间表，2011 年 3 月的南京会议更是把 SDR 作为主要议程讨论。但中国显然希望自行掌握人民币国际化节奏，认为可自由兑换与加入 SDR 之间不存在对等关系，这从时任中国央行货币政策委员会委员李稻葵、夏斌等人表态可见一斑。夏斌在接受媒体采访时表示，中国"绝不接受"将人民币以可兑换方式纳入 SDR。可见，中国的资本账户可兑换性将成为人民币加入 SDR 货币篮子的一个重要障碍。

6.4.2 国际私人货币职能

对于人民币履行国际私人货币职能的总体情况，我们可以从人民币目前在全球外汇市场上的使用情况来约略管窥。根据国际清算银行（2010）的三年中央银行概览，人民币是新兴市场国家货币中，交易额增长非常迅速的货币之一。它在全球外汇交易额中的占比从 2004 年的 0.1% 增加到 2007 年的 0.5%，又增加到 2010 年的 0.9%。需要说明的是，由于每一笔外汇交易都涉及两种货币，所以单个货币的占比总和是 200% 而不是 100%。人民币的平均每日换手率也从 2004 年的 17 亿美元增加到 2007 年的 146 亿美元，2010 年达到 292 亿美元。

尽管人民币的使用增长非常迅速，但相对于中国经济的规模而言，人民币的交易量仍然是微不足道的。对于这一点我们可以从与其他主要国际货币的对比中来看。从 BIS 2010 年的概览中可以看到，美元、欧元、日元和英镑在全球外汇市场上的占比分别为 84.9%、39.1%、19.0% 和 12.9%。而港元占比达 2.4%。可是，跟中国的进出口规模比起来，人民币在全球外汇市场上的使用量还是非常低的：以各种货币的年度外汇市场交易额/国际贸易量（即进出口总额），人民币的该项比值等于3.0，港元为30.9，而美元为270[①]。因此，考虑到中国庞大的外贸部门，促进人民币的国际使用还有很长的路要走。

6.4.2.1 作为国际贸易结算货币

从20世纪90年代开始，人民币就以一种受限制的方式被用于国际贸易结算中。2003年中国国家外汇管理局发布了《关于境内机构对外贸易中以人民币作为计价货币有关问题的通知》，正式允许人民币用于国际贸易结算，主要是与周边国家，如柬埔寨、蒙古、俄罗斯和越南等国家的边境贸易中。但由于我们无法得到人民币用于边境贸易的数据，所以作为一种替代的考量，我们从中国近年来所推行的人民币用于国际贸易结算的政策来分析。

2009年7月，国务院批准上海、广州、深圳、珠海、东莞五个城市的365家企业开始跨境贸易人民币结算试点。2010年6月，试点地区由五个城市扩大至二十个省、市、自治区，境外区域则由香港、澳门、东盟扩展至全球，试点业务范围进一步明确为跨境货物与服务贸易以及其他经常项目人民币结算。2009年，人民币跨境贸易结算额仅为35.8亿元。截至2010年12月底，人民币结算试点企业由试点初期的365家扩展至67724家。中国人民银行发布的《2010年国际金融市场报告》指出，2010年银行累计办理跨境贸易人民币结算业务5063.4亿元，为2009年的141倍，约占同期对外贸易总额[②]的2%。这一比例显然大大低于Chen等（2009）所规划的，占中国出口总额1/3的比例——相当于日元在日本贸易中的结算比例。当然，这个1/3的规划能否实现取决于中国和全球经济与政治的发展情况。

另外，中国人民银行与其他国家和地区中央银行在这次全球金融危机期间所签署的本币互换协议，也是对人民币作为贸易结算货币的一种促进。如表6-9所示，到2010年10月为止，中国人民银行与其他国家和地区中央银行签署的本币互换协议共八项，总金额已达8035亿元人民币。签订这些货币互换协议的初衷本来是减轻金融危机期间由于美元短缺而导致的贸易紧缩效应，这些互换协议使得这些国家和地区可以对其进口中国商品的进口商提供人民币贸易融资。另外需要指出的是，过去在"清迈协议"下，中国也与一些亚洲国家签订了双边的货币互换协议。

---

① 这些国家和地区的进出口总额分别为21580亿美元（中国大陆）、6705亿美元（香港）和26494亿美元（美国）。225是计算年度换手率的因子。截至完稿时，从WDI数据库中所能得到的最新数据是2009年的年度贸易数据。

② 根据中国商务部的统计数据，2010年，全国进出口总值为29727.6亿美元，按照2010年12月31日的人民币兑美元中间汇率（1美元=6.6227元人民币）计算，全国进出口总值为19.69万亿元人民币。

第六章 人民币国际化:现状及发展前景

表6-9　　　　　　中国人民银行与其他国家签订的货币互换协议

时间	协议对方	互换金额	期限	展期
2008年12月12日	韩国银行	1800亿元人民币/38万亿韩元	3年	可以
2009年1月20日	香港金融管理局	2000亿元人民币/2270亿港元	3年	可以
2009年2月8日	马来西亚国民银行	800亿元人民币/400亿林吉特	3年	可以
2009年3月11日	白俄罗斯共和国国家银行	200亿元人民币/8万亿白俄罗斯卢布	3年	可以
2009年3月23日	印度尼西亚银行	1000亿元人民币/175万亿印度尼西亚卢比	3年	可以
2009年3月29日	阿根廷中央银行	700亿元人民币/380亿阿根廷比索	3年	可以
2010年6月9日	冰岛中央银行	35亿元人民币	3年	可以
2010年7月23日	新加坡金融管理局	1500亿元人民币或300亿新加坡元	3年	可以

资料来源:中国人民银行网站公告。

当然,中国人民银行与其他国家和地区中央银行签订货币互换协议,增加了人民币的境外流通和使用的可能性,但具体的效果还要看互换协议的使用情况。目前只有香港在2010年10月用尽了人民币贸易结算额度,要启用该货币互换安排,其他国家和地区尚未启用。

6.4.2.2 作为国际债券标值货币

第一,在香港的离岸人民币债券。统计显示,自2007年6月中国人民银行允许内地金融机构在港发行人民币债券到2011年1月14日,共有约35笔人民币债券在香港发行,总金额约770.3亿元人民币。此外,发债主体也由最初的内地金融机构,扩大至2009年的国家财政部及香港银行在内地的附属公司,并在2010年进一步扩大到普通企业及国际金融机构。

表6-10　　　　在香港发行的人民币债券交易汇总　　单位:10亿元人民币

日期	发行主体	属性	规模	收益率	期限结构
2007年7月	国家开发银行	中国政策性银行	5	3%	2年
2007年8月	中国进出口银行	中国政策性银行	2	3.05%,3.2%	2年和3年
2007年9月	中国银行	中国国有商业银行	3	3.15%与3.35%	2年和3年
2008年7月	交通银行	中国股份制商业银行	3	3.25%	2年
2008年8月	中国进出口银行	中国政策性银行	3	3.4%	3年
2008年9月	中国建设银行	中国国有商业银行	3	3.24%	2年
2008年9月	中国银行	中国国有商业银行	3	3.25%与3.4%	2年和3年
2009年6月	汇丰银行(中国)	外资银行中国子公司	1	浮动利率	2年

续表

日期	发行主体	属性	规模	收益率	期限结构
2009年6月	东亚银行（中国）	外资银行中国子公司	4	2.8%	2年
2009年8月	国家开发银行	中国政策性银行	2	2.45%	2年
2009年8月	国家开发银行	中国政策性银行	1	浮动利率	2年
2009年9月	中国财政部	中国国家部委	6	2.25%、2.7%与3.3%	2年、3年和5年
2010年7月	香港合和公路基建有限公司	香港非金融公司	1.38	2.98%	2年
2010年8月19日	麦当劳	美国跨国公司	0.2	3%	3年
2010年9月8～24日	中国银行	中国国有银行	5	2.65%和2.9%	2年和3年
2010年9月20日	德意志银行（香港）	外资银行中国子公司	0.2	半年利率2%	2年
2010年10月8日	中国工商银行（香港）	中国国有银行香港子公司	0.17	2.3%（2年）2.65%（3年）	2年和3年
2010年10月11日	国家开发银行	中国政策性银行	2	浮动利率，票面利率为3个月上海银行间同业拆放利率（3MShibor）的5日均值上浮10个基点，利息按季度支付	3年
2010年10月19日	亚洲开发银行	国际金融机构	1.2	2.85% AAA级评级最高，期限最长	10年
2010年10月19日至2010年11月5日	国家开发银行	中国政策性银行	3	2.7%，半年付息一次	3年
2010年10月29日	中国重汽	内资非金融公司	2.7	2.95%，半年付息一次	2年
2010年11月12日	华润电力	内资非金融公司	2	2.9%（3年）3.75%（5年）	3年和5年
2010年11月19日	招商局国际	内资非金融公司	0.7	2.9%	3年

续表

日期	发行主体	属性	规模	收益率	期限结构
2010年11月30日	中国财政部	中国国家部委	5	1%（3年）1.8%（5年）2.48%（10年）	3年、5年和10年
2010年11月9日~11月26日	中国进出口银行	中国政策性银行	5	2.65%（3年）1.95%（2年）	3年和2年
2010年12月1日	Caterpillar	美国非金融跨国公司	1	2.25%	2年
2010年12月14日	俄罗斯外贸银行（VTB）	外国银行	1	2.95%	3年
2010年12月14日	中国电力国际发展公司	内资非金融公司	0.8	3.2%	5年
2010年12月16日	银河娱乐	香港非金融公司	1.38	4.63%	3年
2010年12月20日	中国财政部	中国国家部委	3	1.6%（零售）	2年
2010年12月21日	澳新银行（ANZ）	外国银行	0.2	1.45%	2年
2010年12月23日	中国农业银行	中国国有银行	1	1.2%（1年）1.4%（2年）	1年和2年
2011年1月6日	苏格兰皇家银行（RBS）	外国银行	0.1	1.8%	3年
2011年1月11日	中国化工进出口公司	内资非金融企业	3.5	1.8%	3年
2011年1月14日	世界银行	国际金融机构	0.5	0.95%	2年
总计	35笔		77.03		

资料来源：笔者根据相关资料整理而得。

在香港的离岸人民币债券市场的发展自2007年7月启动以来发展迅速，但若仔细分析这些发行者的背景，会发现绝大部分是内资背景的中国金融机构或政府部门（占到了35笔里的23笔），且外资银行和非银行金融企业普遍发行的金额要小于内资背景的机构，外资背景的机构总发行金额为121.6亿元人民币，占总发行金额（770.3亿元人民币）的比例为15.8%。尽管从债券收益率和期限结构上没有明显差别，外资背景的机构总发行量的占比很小，也说明香港离岸人民币债券市场的发展跟我们从表面数据得到的繁荣信息是有距离的。

特别是，考虑到越来越强烈的人民币升值预期，外资机构对发行人民币标值的债券会更加谨慎，因为人民币升值直接导致融资成本提高。而对于内资机构来说，这一离岸市场则意味着更宽松的借贷条件，更好的金融服务和更低的借贷成本。至于人民币的汇率风险，则由其人民币标值的资产或资金来源来对冲。但是，如果一个离岸市场的参与主体都是内资机构，则这一离岸债券市场的发展不能说明该国货币国际化程度提高了，最多只能说明一国国内金融管制较为严格，国内债券发行者用脚投票的结果选择了离岸债券市场。

第二，熊猫债券。简单地说，熊猫债券就是国际多边金融机构在华发行的人民币债券，也就是一种外国债券。外国债券是指外国筹资者在一个国家国内市场以发行所在国货币为面值的一种债务工具。根据国际惯例，国外金融机构在一国发行债券时，一般以该国最具特征的吉祥物命名，如日本的"武士债券"、美国的"扬基债券"，还有英国的"猛犬债券"和西班牙的"斗牛士债券"等。所以，财政部部长金人庆将国际多边金融机构2005年10月首次在华发行的人民币债券命名为"熊猫债券"。如表6-11所示，截至2010年底，熊猫债券仅有五笔发行，并且其中有四笔都是国际金融组织发行的，且总金额只有50亿元人民币，不及香港离岸债券市场的1/10。在人民币的升值预期下，希望到中国本土发行人民币债券外资机构也不可能很多，特别是与香港的离岸债券市场比起来，在中国大陆发行人民币债券还要面对更多的管制和监督，发行和利率成本也更高。

表6-11　　　　　　　在中国发行的熊猫债券交易汇总　　　　单位：10亿元人民币

日期	发行主体	属性	规模	收益率	期限结构
2005年10月	亚洲开发银行	国际金融机构	1	3.34%	10年
2005年10月	国际金融公司	国际金融机构	1.13	3.4%	10年
2006年11月	国际金融公司	国际金融机构	0.87	3.2%	7年
2009年12月	亚洲开发银行	国际金融机构	1	4.2%	10年
2010年5月	三菱UFJ银行（中国）	外资银行中国子公司	1	议价	2年

资料来源：笔者根据相关资料整理而得。

6.4.2.3　作为替代货币

对于人民币作为替代货币的情况，可以人民币的境外流通量作为一个近似的估计。

第六章 人民币国际化：现状及发展前景

20世纪90年代中后期以来，人民币在中国与周边国家和地区的边境贸易中，开始被作为计价和结算货币使用①。2003年国家外汇管理局发布通知，规定境内机构签订进出口合同时，可以采用人民币作为计价货币②。2005年又进一步规定边境贸易可以使用人民币结算及进出口核销。同时，中国人民银行与我国周边的蒙古、越南、俄罗斯等八个国家签订了边境地区双边本币支付协议。上述有关政策规定为人民币在周边国家和地区履行计价、结算、流通甚至储藏职能提供了制度性安排。进入2000年以后，人民币在对外交往中的计价、结算规模稳步扩大。

一些学者估计了人民币境外流通的现状。姜波克（1994）对1993～2003年十年期间的人民币输出数量进行了估计，综合考虑各种因素，到2003年，人民币累计输出总额应达到2000亿元。王雅范、管涛、温建东（2002）对人民币在周边国家和地区的使用和流通的现状、原因做了比较详尽的分析。李华民（2002）认为，人民币在越南、泰国、缅甸、朝鲜、蒙古、俄罗斯、巴基斯坦、尼泊尔等国家被作为支付货币和结算货币普遍接受，孟加拉国、马来西亚、印度尼西亚、菲律宾、新加坡、韩国等国家和地区已经接受人民币存款和办理人民币其他业务。

在一些发达国家，人民币也成为当地的可自由兑换货币，逐日公布与当地货币的比价。由于在统计上存在困难，人民币境外流通的准确数字无从知晓，不同的研究者得出的数据差异较大。

根据中国国家外汇管理局最近的一项调查估计（国家外汇管理局课题组，2009），截至2007年末，在与我国陆地接壤的14个国家中，已有俄罗斯、蒙古、朝鲜、哈萨克斯坦、越南、缅甸、尼泊尔七个国家在我国边贸地区银行开设人民币、美元等币种的结算账户，全年边贸银行结算额达到223.48亿美元，同比

---

① "从1993年开始，中国人民银行先后与越南、蒙古、老挝、尼泊尔、俄罗斯、吉尔吉斯斯坦、朝鲜、哈萨克斯坦这八个周边国家的中央银行签署了有关边境贸易本币结算的协定。"见《中国金融》（2008）。

② 即："国家外汇管理局关于境内机构对外贸易中以人民币作为计价货币有关问题的通知"，（汇发[2003] 29号），2003年3月3日。这是李东荣（现任中国人民银行行长助理）主编《人民币跨境计价结算：问题与思路》（中国金融出版社，2009年3月第1版）中确认的最早放开对人民币计价结算方面的管制的文件，比2003年9月22日的《边境贸易外汇管理办法》要早。而在2003年以前，中国与人民币计价结算相关的法律法规主要以限制性或禁止性规定为主。如1997年1月14日国务院修订的《中华人民共和国外汇管理条例》第四十条规定："违反国家规定，以人民币支付或者以实物偿付应当以外汇支付的进口货款或者其他类似支出的"属于非法套汇行为；再如2002年7月25日外管局颁布的《保税区外汇管理办法》第七条规定："保税区与境外之间的一切经济往来，必须以外币计价结算，不得以人民币计价结算。保税区与区外之间保税货物项下的交易，必须以外币计价结算，不得以人民币计价结算……"。

增长 53.5%。其中，美元结算额达到 183.8 亿美元，占 82%，同比增长 52.1%，人民币结算额折 32 亿元，占 14%，同比增长 52%。

由于人民币结算规模的持续扩大，人民币流出周边国家和地区的规模也持续提升，如人民币已成为蒙古事实上的流通货币之一，在当地被誉为"第二美元"，仅 2007 年通过蒙古银行在我国银行账户收入 35.5 亿元人民币，支出 40.7 亿元人民币，净支出 5.2 亿元人民币，人民币现钞调运出境累计 14 亿元人民币。2007 年越南境内的人民币现钞存量约为 18 亿元人民币。

另外，根据海关总署 2008 年对边境小额贸易的统计，2008 年我国边境小额贸易进出口总额为 308.8 亿美元，比上年增长 44.9%。表 6-12 给出了俄罗斯联邦、哈萨克斯坦、吉尔吉斯斯坦、越南和塔吉克斯坦五个国家的边贸数额，这五个国家的边贸进出口占到中国边贸总额的 90% 以上。由于人民币的边境流通量跟边贸进出口额直接相关，根据越南 2008 年与中国的边贸进出口总额（22.9 亿美元）与国家外汇管理局估计的人民币现钞存量（18 亿元人民币）的比例关系，我们可以估计出 2008 年人民币在周边国家的流通量大约为 242.7 亿元人民币（见表 6-12）。

表 6-12　　　　2008 年人民币在周边国家现钞存量的估计数

贸易伙伴	进出口总额（亿美元）	估计的人民币存量（亿元人民币）
俄罗斯联邦	83.7	65.8
哈萨克斯坦	81.3	63.9
吉尔吉斯斯坦	80.1	63.0
越南	22.9	18.0
塔吉克斯坦	10.9	8.6
五国合计	278.9	219.2
估计总额	308.8	242.7

资料来源：笔者根据相关数据估计的结果。斜体字表示估计数值。

假定 2009 年和 2010 年中国的边境贸易保持 2008 年的增长幅度（44.9%），则估计出的 2010 年人民币在中国边境地区的现钞存量大约为 509.6 亿元人民币。由于没有考虑到 2009 年 7 月以来人民币贸易结算试点政策的影响，以及 2010 年 3 月以来的人民币升值压力，这一估计可能是偏低的。另外一个比较宽松口径的估计是根据近两年香港人民币存款的增幅来估计，能够大致反映人民币贸易结算试点和人民币升值压力的影响。如表 6-13 所示，按照这一估计的结果是，2010 年 9 月人民币在周边国家的流通量大约为 645.9 亿元人民币。

表6-13　　2010年9月人民币在周边国家现钞存量的估计数

单位：亿元人民币

	2008-12	2009-12	2010-09
香港的人民币存款量	561	627	1493
人民币边境存量（不包括香港和澳门）	242.7	271.3	645.9

资料来源：笔者根据香港金融管理局数据估计的结果。

将人民币的边境存量与香港的人民币存款量相加，得到人民币境外流通量的一个粗略的估计数为2139亿元，这一估计结果跟姜波克1994年的估计，即到2003年人民币的境外流通量达2000亿元大体相当，但按照姜波克的估计类推，2010年的人民币境外流通量数据要比本文的估计数大很多，这主要是因为二者具体的估计假设和数据结构差别很大。

比较姜波克对于人民币境外流通量的估算过程是：

首先，将亚洲国家分为三类：第一类是在边境贸易中已经使用人民币，或人民币已全境或局部通用的国家或地区，包括缅甸、越南、泰国、朝鲜、澳门、蒙古、俄罗斯、巴基斯坦。第二类是已接受人民币存款或将来（十年中）有希望接受人民币的国家和地区，包括中国香港、中国台湾、孟加拉国、马来西亚、印度尼西亚、菲律宾、新加坡。第三类是其他国家和地区。

1991年，中国对上述第一类和第二类国家和地区的出口值分别为46.6亿美元和361.5亿美元。由于一般官方保存进口额的20%~30%作为外汇储备以应付支出需要，假定第一类国家以进口的20%为储备，第二类国家以进口的10%为储备，在1993~2003年中国对上述国家的进口每年增加10%，则推算过程见表6-14：

表6-14　　　　　　　　人民币境外流通量估算

	1991年自中国进口（亿美元）	进口年增长率（%）	2003年自中国进口（亿美元）	人民币储备比率（%）	以美元计算的人民币储备（亿美元）	换算成人民币（亿元人民币）
第一类	46.6	10	133	20	26.6	266
第二类	361.5	10	1135	10	113.5	1135
合计	408.1		1268		140.1	1401

资料来源：转引自姜波克.人民币自由兑换[M].北京：立信会计出版社，1994.

但这一估算中还不包括第三类国家和民间持有的人民币。民间持有的人民币在理论上应不少于官方人民币储备。如果把这些都加上，2003年人民币的境外输出量（累计）达2000亿元人民币，年均200亿元人民币。

前文中，我们对于周边国家人民币流通量的估计，是根据2007年越南的人民币存量和2008年的越南与中国边贸占比,来估计其他主要周边国家2008年的人民币存量。与姜波克(1994)的估计相比要小很多,主要原因是在姜波克(1994)的估计中假定边贸在其估计的十年中逐年递增10%。但据海关统计,2008年中国边贸出口增长迅速,全年出口219亿美元,比1991年包括香港和澳门的408亿美元还要少。

另外姜波克(1994)有一个暗含的假设是,边境贸易都是以人民币结算的,所以作为这一结算量的一定比例(20%或10%)是应该作为边境国家的外汇(即人民币)储备而输出的。当然,这一假设即便现在也很难满足——人民币在北部边境的流通量与南部边境的流通量相差很大①,据中国人民银行和国家外汇管理局统计,2006年对越南、缅甸、朝鲜和蒙古经贸中用人民币结算的比重分别达到96%、90%、79%和71%,而对尼泊尔经贸中人民币结算仅占5.43%,对俄罗斯和哈萨克斯坦的经贸中人民币结算量几乎为零。不过本文的估计中也没有加上与中国边贸很小的国家,所以数字也因此略有低估。

在香港的人民币存款。除了中国边境国家外,目前人民币的主要境外流通地是中国香港。中国香港的人民币存量可以香港的人民币存款量来进行大致地估计。图6-5即是2004年2月以来,香港银行正式被允许开办个人人民币存款、兑换、汇款业务,人民币存款的变化情况。

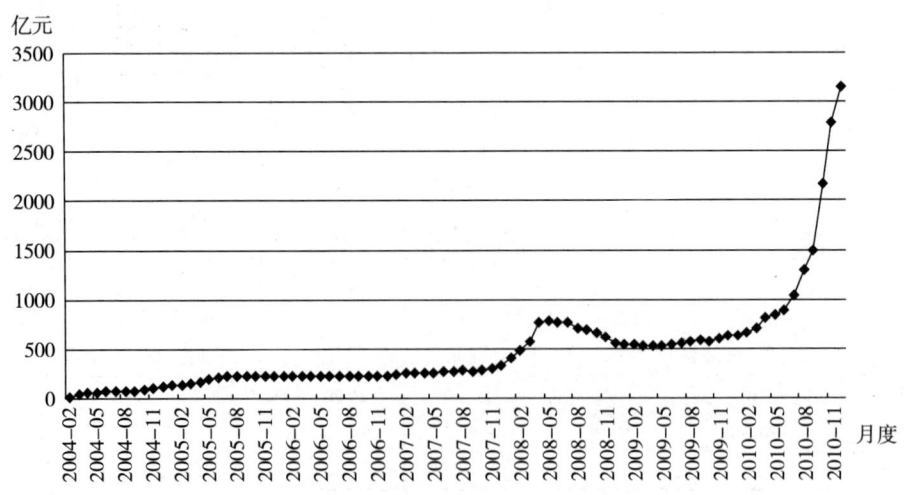

资料来源:笔者根据香港金融管理局的数据绘制而成。

图6-5 香港人民币存款的月度数据

---

① 参见李东荣:《人民币跨境计价结算:问题与思路》,中国金融出版社,2009。

截至 2010 年 12 月，香港的人民币存款总额创出新高，达到 3149 亿元人民币，但同期的香港港币及外币存款总额为 68621.65 亿港元；而同期中国内地的人民币存款总额为 459230.25 亿元，其中储蓄存款总额为 303093.01 亿元人民币。同样来自中央银行的数据显示，2010 年全年银行间债券市场回购交易成交量总额为 84.65 万亿元人民币。相比之下，尽管增长很快，香港的人民币存款总额仍然是微不足道的。并且，从图 6-6 中可以看出，人民币存款的增加也是从 2010 年 3 月以后开始加速的，从 2004 年 2 月允许开展人民币存款业务到 2010 年 3 月的六年时间里，这一存款量发展为 708 亿元人民币，而从 2010 年 3 月到 9 月的六个月时间里，香港的人民币存款总额增加为 1493 亿元人民币，增长幅度超过此前 6 年的总和。从 2010 年 10 月到 12 月的三个月时间里这一数值又翻了一倍，达 349 亿元人民币。如前所述，这也在一定程度上反映出人民币的持有渠道增加后，人们对人民币升值预期增强的结果，对人民币的投机需求增加，这并不是一个常态的人民币境外流通需求量。

总体而言，从目前人民币国际使用的情况来看，主要表现在私人使用方面，极少被官方使用。即便是人民币的私人使用，无论是作为国际贸易结算货币、国际债券标值货币还是作为私人存款而持有，主要都是优惠政策推动的，并非普遍的市场自发行为。因此，尽管中国货币当局这几年紧锣密鼓地出台鼓励和便利人民币国际化，特别是人民币作为贸易结算货币和国际债券标值货币的政策，但人民币国际化目前的发展仍然是微乎其微的，处于非常初始的阶段，最近半年国际市场特别是香港市场对人民币需求的急剧增加也不一定是人民币国际化迅速推进的证据，一个可能的诱因是由于人民币在最近半年不断升温的升值预期，特别是 2010 年 7 月汇率管制放松之后更强烈的升值预期，催生了市场对人民币资产的需求。

在人民币的升值预期下，对人民币作为负债的需求很弱，这一点可以从香港离岸人民币债券和熊猫债券市场的发展中看出来。一国货币均衡的国际化发展应该是国际市场对该国货币作为资产和作为负债的需求是基本相当的，过于严重的失衡并不能反映一国货币的国际化程度，而只能反映在渠道允许的情况下，国际市场对该国货币的投机行为。

在资本账户尚未完全开放、人民币业务也只是在香港试点的情况下，这种投机并不会给人民币汇率和中国经济稳定带来较大的影响，但如果人民币国际流通的规模扩大到一定程度，资本账户势必提供更多的渠道，这种投机行为对人民币汇率和中国经济、金融稳定的影响就会显现出来。实际上，现在"热钱"

的问题已经成为一个很大的政策问题了。

6.5　结束语：人民币国际化的发展前景

2008~2009年的国际金融危机暴露了现有国际货币架构的缺陷，引起了改革国际货币体系的讨论。通常来讲，一个国际货币国必须具有较大的经常账户顺差，同时是国际净债权国。随着该国经济优势的丧失，其货币的国际地位也被削弱。考虑到中国的经济规模、贸易规模和全球债权地位，中国是一个大国，但却在全球金融体系中承担一个比较小的角色。

对于一些研究者而言，美元垄断地位的削弱、欧洲债务危机的出现以及日本经济超过十年的衰退使得人民币的地位凸显出来。如一项国际货币基金组织的研究（Strategy, Policy and Review Department, IMF, 2010）将人民币列为能够挑战美元国际地位的三大主权货币之一，而另外两种货币是欧元和日元。

那么，显而易见的问题就是，中国货币当局最近几年所推出的政策措施，包括推进对人民币的国际使用，是否对这一货币的国际化具有任何实质性的影响？

前文所梳理的对于人民币的国际使用，以及中国所推出的相关政策还远远不够详尽，相关的政策和进展仍在不断出现，但总体而言，尽管过去几年人民币的国际化使用进展迅速，相对于中国的经济规模来讲仍然是微不足道的。让人民币过快地融入全球经济会给中国带来巨大的成本，特别是考虑到中国仍然不发达的金融市场，以及控制货币和货币政策的能力不足，将会对中国国内经济及其稳定性带来严重的风险。如果仍然坚持渐进的改革思路，中国就不应该过快地推进人民币的国际使用。

我们的观点并不是通过严谨的统计分析得出的。当然这并不代表我们不重视统计分析。当然，对于像中国这样一个经济情况并不稳定的转轨国家，基于发达国家经验的实证结论可能并不适用：决定一种货币国际化水平的典型因素是国家规模、汇率波动性、贸易部门规模以及金融（外汇）市场的发达程度。除了缺少一个完善并运行良好的金融部门以外，其他因素中国都满足。

在这些典型的实证研究中，缺少对政治因素和军事因素的考虑。例如，强有力的事实证据表明，除了一国的经济地位以外，一国货币的国际地位与该国在全球政治格局中的地位以及军事力量密切相关。最近的例子如英镑和美元就是如此。

实际上，很难判断中国在过去几年中所推行的政策是出于美元短缺时的经济实用主义的原因，是经济现代化过程的一部分，还是为了构建人民币的国际主导地位。也许将这些政策理解为为人民币在国际市场上的使用做准备，而不是推动人民币成为一种国际货币，是更恰当的一种政策定位。

即便中国推出这些政策的目的是与美元争夺国际货币体系的主导地位，人民币成为一种充分国际化的货币的道路仍然是漫长而曲折的。这不仅依赖于中国自身的政策促进，也依赖于其他国际货币发行国的反馈。虽然离岸市场能够为人民币的国际（贸易和金融）交易提供场所，从而促进对人民币的接受程度，但仍然不能否认一个完善、有效率且审慎监管的金融部门对于人民币国际化的重要意义。

对于建立和保持一个运行良好的金融部门而言，硬件设施的建立需要时间，更重要的是软件和相关的监管框架的建立。很显然，中国正在金融市场改革的进程中。但是考虑到金融部门与经济其他部门的密切联系，金融部门的改革需要其他部门甚至政治上的配套改革。发达国家的经验，特别是鉴于2008~2009年国际金融危机所暴露出来的西方国家金融市场的缺陷表明，这些经验并不适合中国的转轨经济。尽管这一任务并非是不可完成的，但如果中国继续以一贯地渐进方式来推进这些改革，可以预期人民币的充分国际化仍然是一个遥远的目标。

除了金融部门所进行的一些基本的结构调整以外，中国还必须说服其他国家以人民币进行贸易和金融交易。这种说服不仅仅基于经济的逻辑、政治方面的考虑，对于国际货币的选择也非常重要，特别是在东亚地区尤其如此。战争的后遗症、侵略以及共产主义使得区域联盟遭到排斥。

例如，目前中国与其邻国之间的领土争端以及中国的军队建设也是推进人民币国际接受性的敏感问题。中国经常强调其坚持的和平发展、非干涉外交政策以及和平共处五项基本原则，但对其邻国来说，这些保证并不是完全令人信服的——特别是在中国保持现有政治体制并不断扩张军队的情况下尤其如此。这种种考虑都要求中国在提高人民币在亚洲和全球市场上的可接受性时，要付出更多的努力。

"千里之行，始于足下。"可以看出中国目前朝向人民币的完全可自由兑换和国际化迈出了第一步，尽管这个过程可能相当长，中国经济以及中国的人民币还是很有可能在全球经济中扮演一个更加积极的角色。人民币走向舞台中央也反映了全球经济力量和政治力量重心的转移，同时也激励中国以一种更积极、更负责任的方式参与到全球经济中。

附录：中国与其他可比国际化货币国家的相关经济指标（决定因素）比较

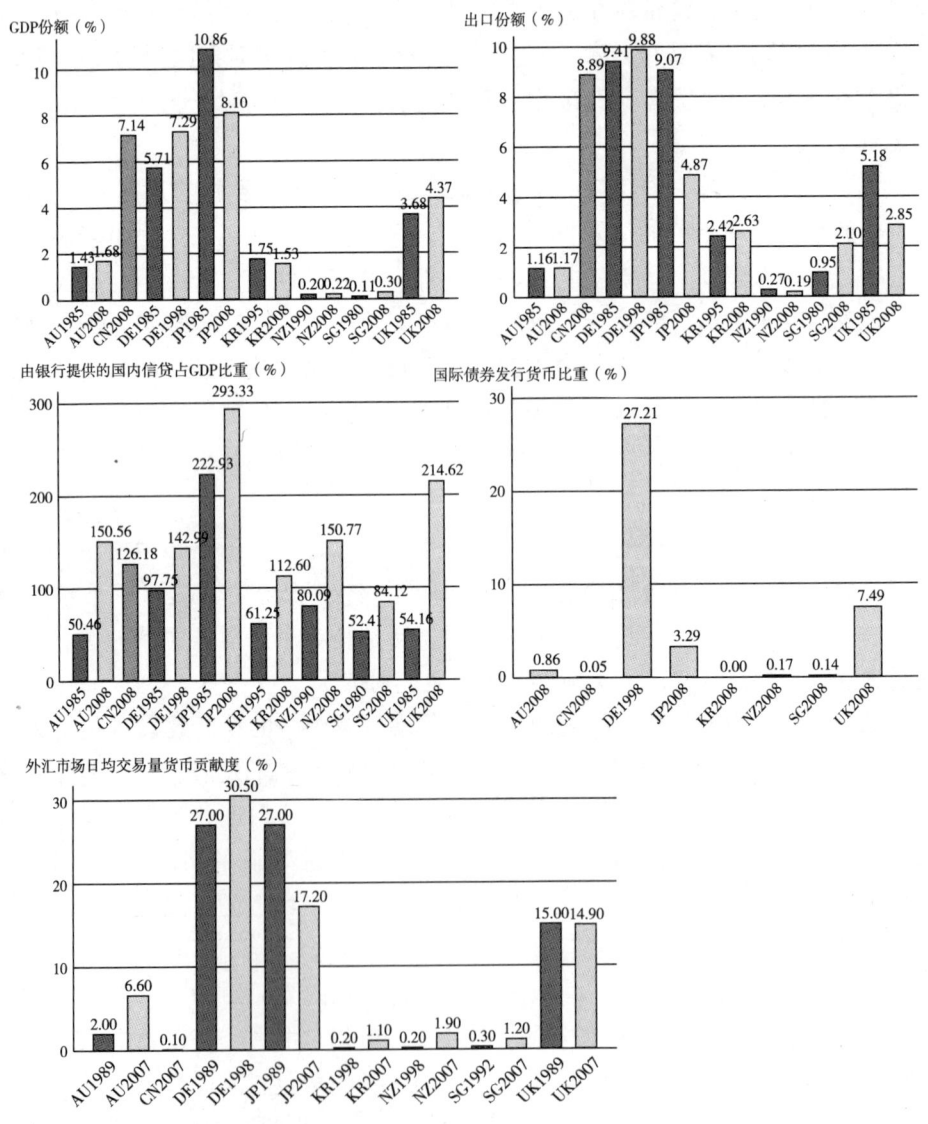

参考文献

[1] 本杰明·J. 科恩. 货币地理学 [M]. 四川：西南财经大学出版社, 2004.

[2] 彼得·纽曼等. 新帕尔格雷夫货币金融大辞典（The New Palgrave Dictionary of Money and Finance），中译本. 北京：经济科学出版社, 2000.

[3] 金德尔伯格. 西欧金融史 [M]. 北京：中国金融出版社, 1991.

[4] 米什金. 货币金融学（第四版）[M]. 北京：中国人民大学出版社, 1998.

[5] 安格斯·麦迪森. 世界经济千年史 [M]. 伍晓鹰等译. 北京：北京大学出版社, 2003.

[6] 陈炳才. 人民币国际化：主权货币结算和资本项目可兑换同时进行 [J]. 武汉金融, 2010.

[7] 丁志杰. 人民币国际化：从区域货币到国际货币 [N]. 21世纪经济报道, 2009-03-07.

[8] 俄罗斯专家. 人民币未来有望成为国际储备货币 [EB/OL]. [2009-05-06]. www.stockstar.com.

[9] 韩梅. 陈炳才：人民币国际化还很遥远 [N]. 国际财经时报, 2009-04-29.

[10] 花馨. 人民币国际化：发展人民币债券市场是关键 [N]. 21世纪经济报道, 2009-05-15.

[11] 黄蒂娟. 时代周报, 2009-04-20.

[12] 金琦. 中国人民银行金融外交工作回顾与展望 [J]. 中国金融, 2008（22）.

[13] 刘煜辉. 人民币国际化现实条件其实已经具备 [EB/OL]. [2009-03-28]. 新华网.

[14] 鲁政委. 兴业首席经济学家：人民币国际化是历史的抉择 [EB/OL]. [2009-03-28]. 解放网.

[15] 陆前进. 正确认识人民币国际化将带来的变化 [N]. 上海证券报, 2009-04-15.

[16] 罗熹. 循序推进人民币国际化进程 [N]. 求是, 2009-05-14.

[17] 梅新育. 适度期望人民币国际化进程 [N]. 上海商报, 2009-

01-09。

［18］时娜．香港是理想的人民币国际化试验场［N］．上海证券报，2009-04-17。

［19］孙时联．以雄厚外汇储备支持人民币国际化［N］．经济参考报，2009-04-23．

［20］王奇．人民币国际化路线图［EB/OL］．［2009-01-13］．中国资金管理网．

［21］王宇，姚均芳，余小洁．透视人民币国际化路径图［EB/OL］．［2009-04-09］．新华网．

［22］王镇江．人民币国际化并不一定要先成为区域货币［N］．21世纪经济报道，2009-03-20。

［23］吴智钢．积极推进人民币国际化进程中国经济发展的历史必然［N］．证券时报，2009-05-21．

［24］熊仁宇．人民币国际化并非最佳选择［N］．21世纪经济报道，2008-11-03．

［25］徐奇渊，李婧．国际分工体系视角的货币国际化——美元和日元的典型事实［J］．世界经济，2008（2）．

［26］张永兴．专家：人民币国际化有助于推动国际货币体系改革［EB/OL］．［2009-05-06］．新华网．

［27］赵海宽．人民币成为世界货币条件已经基本成熟［EB/OL］．［2007-03-21］．www.stockstar.com．

［28］赵嘉麟．俄罗斯专家看好人民币国际化前景［EB/OL］．［2009-05-06］．新华网．

［29］赵嘉麟．人民币国际化：中国是否已做好准备？［EB/OL］．［2009-05-18］．新华网．

［30］赵宇，李斌．人民币国际化拥有广阔前景——访哈总统首席经济顾问［EB/OL］．［2009-05-18］．新华网．

［31］中国社科院重点课题．国际化战略中的人民币区域化［J］．百度百科，2009-08-28．

［32］Bank forInternational Settlements. 2010. "Triennial Central Bank Survey: Foreign Exchange and Derivative Market Activity in 2010", Basel.

［33］Barry, E. 2005. "Sterling's Past, Dollar's Future: Historical Perspectives on Reserve Currency Competition", *NBER Working Paper*, No. 11336.

［34］Bacchetta, P. and Wincoop, E. V. 2002. "A Theory of the Currency Denomination of International Trade", De Nederlandsche Bank (DNB) Staff Reports, No. 75.

［35］ Friberg, R. and Wilander, F. 2008. "The Currency Denomination of exports – A questionnaire study", *Journal of International Economics*, 75, 54 – 69.

［36］ Chen, H. – Y. and Peng, W – S. 2007. "The Potential of the renminbi as an International Currency", *China Economic Issues*, Number 7/07, Hong Kong Monetary Authority.

［37］ Chen, X. – l. and Cheung, Y. – W. 2011. Renminbi Going Global, with, China & World Economy 19, 1 – 18.

［38］ Cheung, Y. – W, Ma, G. – N. and McCauley, R. N. 2011. "Renminbising China's Foreign Assets", *Pacific Economic Review* 16, 1 – 17.

［39］ Chinn, M. and Jeffrey F. 2005. "Will the Euro Eventually Surpass the Dollar as Leading International Reserve Currency?", *NBER Working Paper*, No. 11510.

［40］ Cohen, B. J. 1971. "The Future of Sterling as an International Currency", London: Macmillan.

［41］ Chen, H. – Y. and Peng, W. – S. 2007. "The Potential of the renminbi as an International Currency", Hong Kong Monetary Authority, China Economic Issues Number 7/07.

［42］ Chinn, M. and Frankel, J. 2005. "Will the Euro Eventually Surpass the Dollar As Leading Denominating Currency of International Reserve?", presented at NBER conference on G7 Current Account Imbalances: Sustainability and Adjustment Newport, RI, June 1 – 2. http://www.escholarship.org/uc/item/4hz4n9pb.pdf.

［43］ Dinny, M. 2010. "*China's Call for More Clout*", *Wall Street Journal*, November 17, C. 20.

［44］ Deloitte China Research and Insight Centre. 2009. "The RMB Abroad", Measuring Value, Issue 2, Deloitte, http://www.deloitte.com/assets/DcomChina/Local%20Assets/Documents/Firmwide/Measuring%20Value/cn_ Measuringvalue2_ 0709_ 041209.pdf.

［45］ Donnenfeld, S. and Haug, A. 2003. "Currency Invoicing in International Trade: An Empirical Investigation", *Review of International Economics*, 11 (2), 332 – 345.

［46］ European Central Bank, 2010, "The International Role of the Euro", http://www.ecb.int/pub/pdf/other/euro – international – role201007en.pdf.

[47] Fujiki, H and Otani, A. 2002. "Do Currency Regimes Matter in the 21st Century? An Overview", *Monetary and Economics Studies* (Special edition) December.

[48] Flandreau, M. and Jobst, C. 2005. "Clio and the Economics of International Currencies" http://www.ata.boun.edu.tr/ehes/Istanbul%20Conference%20Papers-%20May%202005/flandrejobstistanbul.pdf.

[49] Fukuda, S. and Ono, M. 2006. "On the Determinants of Exporters' Currency Pricing: History Vs. Expectations", *Journal of the Japanese and International Economics* 20, 548 – 568.

[50] Goldberg, L. S. and Tille, C. 2005. "Vehicle Currency Use in International Trade", Federal Reserve Bank of New York Staff Reports, No. 200.

[51] Goldberg, L. S. and Cédric, T. 2008. "Vehicle Currency Use in International Trade", *Journal of International Economics*, 76, 177 – 92.

[52] Gao H. – H., Yu Y. – D. 2009. "Internationalization of the RMB", BoK – BIS Seminar in Seou, l on 19 – 20 March.

[53] Hans, C. 2009. "Currency Internationalisation: Analytical and Policy Issues", *HKIMR Working Paper*, No. 31.

[54] Hans G. 2009. "Currency Internationalization: Analytical and Policy Issues", *H. K. IMR Working Paper* No. 31 October.

[55] He, D. and McCauley, R, N. 2010. "Offshore Markets for the Domestic Currency: Monetary and Financial Stability Issues," presented in the 2010 CESifo Venice Summer Institute on "The evolving role of China in the global economy."

[56] Hong Kong Monetary Authority. 2010. "Renminbi (RMB) Cross – border Trade Settlement and Net Open Position", http://www.info.gov.hk/hkma/eng/guide/circu_date/20111223e1.pdf.

[57] Hu, F. 2008. "The Role of the RMB in the World Economy", *Cato Journal* 28, 219 – 24.

[58] Huang Y. – P. 2010. "Renminbi Policy and the Global Currency System", *China Center for Economic Research*, Peking University.

[59] Hu. Y, 2010. "IMF May Replace Yen with Yuan in SDR Basket: Report," http://www.chinadaily.com.cn/bizchina/2010 – 12/31/content_ 11783355.htm.

[60] International Monetary Fund. 2010. "IMF Determines New Currency Weights for SDR Valuation Basket", Press Release No. 10/434. http://www.imf.org/external/np/sec/pr/2010/pr10434.htm.

[61] Kevin, B., Cookson. R and Dyer, G. 2009. "Malaysia adds Renminbi Bonds to Its Reserves", *Financial Times*.

[62] Kamps, A. 2006. "The Euro as Invoicing Currency in International Trade", ECB Working Paper Series No. 665. http://papers.ssrn.com/sol3/results.cfm? RequestTimeout = 50000000.

[63] Kenen, P. 1983. "The Role of the Dollar as an International Currency", Occasional Papers, No. 13, Group of Thirty, New York.

[64] Krugman, P. 1984. "The International Role of the Dollar: Theory and Prospect", Chapter 8, John Bilson and Richard Marston, eds., Exchange Rate Theory and Practice, 261 - 278, University of Chicago Press.

[65] Krugman, P. 1979, "Vehicle Currencies and The Structure of International Exchange", *NBER Working Paper* 333 April 1979.

[66] Lee, J. W. 2010. "Will the Renminbi Emerge as an International Reserve Currency?", Chapter 15, Jeffrey D. Sachs, Masahiro Kawai, Jong - Wha Lee, and Wing Thye Woo, Editors, *The Future Global Reserve System - An Asian Perspective*, Asian Development Bank, http://aric.adb.org/grs/papers/Lee.pdf.

[67] Li, C., Shu, C and Chang, J. 2009. "Exchange Rate Pass - through and Currency Invoicing in China's Exports", *China Economic Issues*, Number 2/09, Hong Kong Monetary Authority.

[68] Markus, M. 2010. Yuan as a Reserve Currency, Deutsche Bank Research.

[69] Ministry of Finance, Japan. 2003. "Study Group for the Promotion of the Internationalization of the Yen", Chairpersons' Report, http://www.mof.go.jp/english/if/e20030123.htm.

[70] Melissa, M. and Yuan, W. - J. 2009. "Is China Ready to Challenge the Dollar?", Center for Strategic and International Studies. http://csis.org/files/publication/091007_ Murphy_ IsChinaReady_ Web.pdf.

[71] McCauley, R. 2006. "Internationalising a Currency: The Case of the Australian dollar", *BIS Quarterly Review*, International banking and financial market developments, 41 - 54.

[72] Magee, S. P., Ramesh K. and Rao, S. 1980. "Vehicle and Nonvehicle Currencies in International Trade", *The American Economic Review*, Vol. 70, No. 2, Papers and Proceedings of the Ninety - Second Annual Meeting of the American Economic Association (May, 1980), pp. 368 - 373.

[73] Magee, S. P. 1973. "Currency Contracts, Pass - Through, and Devalua-

tion", Brookings Papers on Economic Activity, Vol. 1973, No. 1 (1973), pp. 303 – 325.

[74] Oi, H., Otani, A. and Shirota, T. 2003. "The Choice of Invoice Currency in International Trade: Implications for Internationalization of the Yen", IMES Discussion Paper Series, 2003 – E – 13 October 2003.

[75] Olaf, S., Bernoth, K. and Fisher, A. 2010. "Internationalization of the Chinese Renminbi: An Opportunity for China", *Weekly Report* No. 17/2010, German Institute for Economic Research.

[76] People's Bank of China and International Monetary Fund. 2009. Note Purchase Agreement Between the People's Bank of China and the International Monetary Fund, http://www.imf.org/external/np/pp/eng/2009/090209.pdf.

[77] People's Bank of China, the Ministry of Finance, the National Development and Reform Commission, and the China Securities Regulatory Commission. 2010. Provisional Administration Rules on RMB Bond Issuance by International Development Institutions, http://www.pbc.gov.cn/publish/bangongting/82/2010/20100930144622583961548/20100930144622583961548_.html.

[78] Strategy, Policy and Review Department, IMF. 2010. "Reserve Accumulation and International Monetary Stability: Supplementary Information", International Monetary Fund, http://www.imf.org/external/np/pp/eng/2010/041310a.pdf.

[79] Takatoshi, I., Koibuchi, S., Sato, K. and Shimizu, J. 2010. "Why has the Yen Failed to Become a Dominant Invoicing Currency in Asia? A firm – level analysis of Japanese Exporters' Invoicing Behavior", *NBER Working Paper*, No. 16231.

[80] Shinji, T. 2011. "Internationalizing the Yen, 1984 – 2003: Unfinished Agenda or Mission Impossible?", Chapter 8, Cheung and Ma, eds, *Asia and China in the Global Economy*, The World Scientific Publishing Co. Pte. Ltd.

[81] Tavlas, G. S. 1991. "On the International Use of Currencies: The Case of the Deutsche Mark", *Essays in International Finance*, No. 181, Princeton University.

[82] United Nations. 2009. "Report of the Commission of Experts of the President of the United Nations General Assembly on Reforms of the International Monetary and Financial System", http://www.un.org/ga/econcrisissummit/docs/FinalReport_CoE.pdf.

[83] US Treasury Department. 2006. "The Use and Counterfeiting of United States Currency Abroad, Part 3 – The Final Report to the Congress by the Secretary of the Treasury, in Consultation with the Advanced Counterfeit Deterrence Steering Com-

mittee, Pursuant to Section 807 of PL 104 – 132" http://www.treasury.gov/about/organizationalstructure/offices/DomesticFinance/Documents/the% 20use% 20and% 20counterfeiting% 20of% 20u. s. % 20currency% 20abroad% 20% 20part% 203% 20september2006. pdf.

[84] Wang, M. 2011. "Chinese Investing Overseas Gets Easier", *Wall Street Journal*, Jan 11, A. 9.

[85] Wei. , L. – L. 2011. "New Move to Make Yuan a Global Currency", *Wall Street Journal*, Jan 12, 2011, A. 1.

[86] Wu, F. , Pan, R – F and Wang, D. 2010. "Renminbi's Potential to Become a Global Currency", *China & World Economy* 18, 63 – 81.

[87] Wendy, D. and Masson, P, R. 2009. "Will the Renminbi Become a World Currency?", *China Economic Review*, 20, 124 – 135.

[88] Yi, J. – T. 2009. "China's Exchange Rate Movements and Corporate Currency Invoicing Strategies", *China & World Economy*, Vol. 17, No. 5, 36 – 51.

[89] Zhou, X. – C. , 2009. "Reform the International Monetary System", People's Bank of China, http://www.pbc.gov.cn/publish/english/956/2009/20091229104425550619706/20091229104425550619706_ . html.

第七章 结论与展望

在前几章中,我们追溯了中国汇率政策在几个不同的历史时期所走过的历程。为了全面而准确地理解中国汇率政策的制定过程和不同汇率政策选择的动机,我们始终关注不同阶段中中国独特的政治和经济环境的变动。显然,中国的汇率政策是受到国内外特定的经济条件和政治环境所制约的,并且是适应这两方面的实际情况的发展而变化的。今日中国的汇率政策反映着历史的变迁,有其特定的历史渊源。以此为基础,我们从多方面对目前汇率制定的原则作出了解析。

可控性是中国汇率政策演变中最为明显的特征。无论国内外政治与经济环境如何变化,无论面对什么样的压力,中国政府都会坚持其独立自主的决策过程,掌控汇率的变动方向和幅度及其风险。外界的压力几乎无足轻重。中国是一个典型的自力推进的国家,中国正在发生的变化不仅创造了一个适合中国经济发展的模式,其中也包括汇率政策的制定。

主动性体现了一种实用主义的决策态度,根据不同时期的经济政治条件和发展的需要,选择汇率制度和相应的汇率政策。

渐进性是中国经济体制改革中一直坚持的原则,与务实和可控的原则相辅相成。中国政府注重的是各国发展的多元性和本国的国情。在由计划经济体制向市场经济体制转轨的过程中,在进入世界体系的漫长过程中和加入国际经济组织的艰难谈判中,都有着浓重的中国特色。

我们所采用的分析方法包括历史辩证法、统计分析方法、实证检验方法等,都是更为实用和现实的方法,对政策背后的动机与理论基础以及相关的政策有效性的评价作出了较全面的描述和透视。

7.1 本书研究的基本结论

本书对与汇率政策有关的几个主要经济问题做了详尽的分析,如人民币汇率政策与中国巨额贸易顺差、人民币汇率的变动与通货膨胀的关系;人民币汇率制度的选择与货币政策实施的有效性等问题。最主要的观察结果之一就是，按照教科书通常所陈述和推论的观点，不能很好地解释甚至无法解释中国人民币汇率对通货膨胀、贸易收支以及货币政策传导的影响。

在有关人民币汇率与中国巨额贸易顺差关系的问题上，很多要求人民币升值的诉求都是来自美国一些政府官员、国会议员和智库成员。他们认为人民币被低估是造成全球贸易失衡的重要原因之一，辩称人民币升值可以解决这些问题。

然而，在2006年至2008年中，人民币兑美元实际汇率大幅升值并没有达到有效减慢美国对中国出口需求的效果。相反，这一时期，美国对中国的出口增速显著小于进口增速，其结果，中美贸易逆差不断扩大，从而出现了现实与理论的背离。该事实表明，人民币汇率并非中美贸易逆差的主要影响因素，中美之间长期巨额的贸易失衡是由两经济体内在的经济运行结构决定的，单靠人民币升值是无法解决两国贸易失衡问题的，反而可能对两国经济结构和宏观政策的调整造成阻碍。

我们的分析表明，由于中国不同行业的贸易结构、产品质量、加工类出口品中的进口要素比重均存在较大差异且随时间而变化，因此，利用加总数据估计贸易弹性存在着较大的问题，人民币汇率的升值对中国的出口、制造品出口以及矿物燃料出口都具有长期的负面影响，除非中国的贸易商品结构出现较大幅度的调整，增加附加价值比例较高的商品出口的比重，否则，在劳动力成本上升的情况下，汇率的升值将削弱出口商品价格的竞争能力，从而降低出口市场份额，增加失业率。实证结果显示：贸易账户顺差与人民币升值之间没有必然的联系。中国贸易顺差具有典型的"外资嵌入型"特征。加工贸易顺差的实质是外资产业转移的结果，中国凭借要素禀赋优势及政策、服务优势吸引了跨国公司及其配套产业的转移，由此造成的跨国公司产业内贸易顺差是全球化的必然结果。

对中国而言，在人民币名义汇率的激进升值和小幅渐进升值都不足取时，可先考虑完善国内的价格形成机制，比如进行收入分配改革和资源价格改革，保证人民币实际汇率升值。就贸易伙伴国尤其是对中国有巨额逆差的美国而言，以迫使人民币汇率升值而达到提振本国经济和缓解国内严重的就业压力目标，是于事无补的。

关于人民币汇率升值是否可抑制通货膨胀的问题，我们的研究结论认为，从理论和逻辑上说，本币升值和通货膨胀之间存在着替代关系。但是，由于中国宏观经济运行的复杂性和多变性，汇率变动和通货膨胀之间的关系存在着较大的不确定性。

中国改革开放以来所出现的几次通货膨胀都是中国经济高速增长过程中的需求过快增长所致。因此，主要治理措施就是通过紧缩财政货币政策的搭配抑制总需求。而本轮通货膨胀的根源是国家为应对全球金融危机而采行的宽松货币政策造成的。尤其自2011年以来，面对全球流动性过剩和国际大宗商品价格高企带来的日益加重的输入型通货膨胀压力，中国正在通过多种途径抑制通货膨胀，包括收紧银根、采取行政措施以及加快人民币升值。

人民币汇率变动对国内物价的传导机制众多，不同机制在传导速度和传导方向上存在显著差异。现实中，人民币汇率升值对通货膨胀的抑制效果可能存在较大不确定性。即使进口生产资料成本的上升可以通过人民币升值来部分化解，但是，对于流通成本上升和劳动力工资上涨所致的通货膨胀，通过人民币小幅渐进升值的策略来抑制则未必有效，甚至会适得其反。

中国经济和金融开放度的不断提高，资本项目下的资金往来对中央银行货币政策的影响越来越大，人民币升值预期——资本流入——货币供给增加、资产价格上涨——消费者价格上涨的传导机制很可能在短期内主导了汇率变化对国内物价的影响效果。因此人民币汇率渐进小幅升值，短期间很可能会吸引投机热钱流入，从而助长物价上涨的压力，加剧中国未来经济增长的不确定性。因此，基于传统理论，依靠本币升值来抑制通货膨胀的做法对目前的中国而言是值得商榷，也需要审慎决策。

人民币汇率的变动是否会影响到货币政策的实施？答案是肯定的。如果以"三元悖论"为基础来考察各国的在货币政策、汇率制度与资本流动三者之间的选择，那么，发达国家大多选择了货币政策独立和资本自由流动、实行浮动汇率制度。而发展中国家对汇率不稳定的承受力较弱，货币贬值容易造成大量的资本外逃，所以大多选择了货币政策独立和汇率稳定，而对资本流动进行管制，这也是中国的选择。

显然，中国能否保持货币政策的自主性取决于其资本管制的效率和外汇冲销有效性的程度。面对着日益严重的"三元悖论"约束，人民币汇率制度的改革向着更加灵活和市场化方向靠近，这对中国的货币政策和宏观调控的操作具有积极意义，汇率的更具灵活性，可以使中国的货币政策在资本流动更加自由和频繁的背景下，彰显其自主性。

人民币汇率制度改革之后，人民币兑美元的连续升值，使得中国国际收支顺差和外汇储备的快速增长速度有了减缓的趋势。这说明，中央银行可以也应该控制人民币升值的步伐和幅度，缓解巨额国际收支顺差下人民币汇率快速升值的压力，继续配合冲销干预等措施对冲外汇占款引发的货币投放，以保持货币政策的相对独立和自主性。

在对这些问题的解释中，现实与理论常常发生背离，其原因很多，我们认为，最重要的原因在于：中国的条件与那些标准经济理论所假设的不同，而很多关于中国人民币汇率的预言正是从这些假设中产生和推出的。中国过去三十多年中所经历的快速增长，使得运用标准经济模型来分析人民币汇率的效应变得异常困难，本书力图达到的目的，就是从历史的发展及中国的特殊国情来作出新的解释。

对于人民币价值是否被低估的争议和我们的辨析就是其中一个很好的例证。在理论界，如何构建正确的汇率模型来评估人民币的公允价值并未达成共识。标准的或常规的均衡汇率模型可能并不适用于转型或新兴经济体系，更不适合于中国这样一个经济结构急剧改变且经济增长迅速的经济体。中国在开放条件下依然实施一系列广泛的资本管制措施。这些特殊属性使确定和选择适合人民币均衡价值的模型倍加困难，很难在理论层面上确定一个大家广泛接受的框架来评估人民币币值问题。

从实证角度来看，人民币估值错位的结果千差万别，这对寻求以理论模型和实证结果为基础来评价和确定人民币汇率的决策者而言是一个非常严峻的挑战。要避免人民币汇率的急剧变动给中国及其贸易伙伴乃至全球经济体系一些意外的负面影响，以渐进和审慎的方式而不是急剧而激进的政策强化人民币汇率的灵活性是可取的，这是本书论证人民币估值的正确方法的宗旨所在。

另一个有显著特征的例证是中国促进人民币国际化的非标准方式。历史上达到货币国际化的国家大多有着得天独厚的优势，依托其强大的经济实力与中央银行的公信力来取得国际货币的地位。事实上，并不是每一个崛起的国家的货币都能同它的经济规模一样，获得国际化的认同。从主要国际货币的兴衰更替来看，除了经济方面的因素外，历史、政治、制度、文化等因素同样起着重要的作用。在当今这样一个完全信用货币的世界里，谈论货币的国际化不具有可比性。此前国际货币的出现都具有太多的不可复制的特殊历史因素。

中国迈开人民币国际化的步伐更多地是出于获得一个与其国际贸易和投资标价以及结算等经济活动更为便利和相称的货币定位，而并非挑战美元的国际地位。人民币国际化的过程已经开始，在国际市场上，尤其是中国对周边国家的贸易和投资中，越来越多的试点企业被鼓励采用人民币进出口定价、交易与结算，并在香港启动了人民币境外交易市场。

对于中国货币当局而言，最重要和最困难的问题是推进步伐的快慢，这一推展过程同样是有序渐进的，小范围实验，然后推广成功的经验。这种谨慎不仅是对中国自身负责任的一种表现，也意味着对稳定世界经济和国际市场的一种行为和承诺。的确，国际金融危机为其他国家与中国共担货币风险提供了一个较大的空间。

然而，如果贸易伙伴认为人民币有突然跳跃式的升值风险，那么，人民币国际化的展望是不乐观的。如果贸易伙伴把人民币仅仅看成是除了或多或少呈现升值趋势之外的与美元无二的一种货币的话，那么，人民币国际化的前景也不会达到一些学者和政界人士所期待的理想水平。

中国目前所采取的措施是在资本管制的范围内允许人民币启动国际化，最终的全面国际化要求普遍和广泛开放资本项目。放开资本管制并容许人民币全面国际化依然只可能是将来的政策目标，任重而道远。

7.2 前景展望

我们有理由期待，中国的汇率政策将继续奉行渐进主义的模式，坚持其汇率制度改革的三项指导原则，即主动性、可控性与渐进性。

不难发现，中国的汇率政策一直沿着一个非学院式经济规则的领域行进。例如，伴随着相当不平衡的增长模式和正在进行的资本账户自由化，汇率政策的制定与实施可能导致很大程度上的不确定性。随着经济形势变得越来越复杂，中国必须应对其他的改革问题，对政府而言，这将检验其是否能够通过实施更为灵活的汇率政策同时又可达到稳定增长目的能力，具有重要和深远的意义。

未来十年，中国很难依赖出口和投资导向型的旧有发展模式继续走下去。中国正面临着进一步深化改革的更深层次的问题，如调整劳动力市场、改善收入分配、强化金融市场等，都将对人民币汇率的走向产生实际的影响。

中国已经进入了劳动力供给由过剩向短缺的转折点，即农村富余劳动力逐渐减少，劳动力不再是无限供给。因劳动成本迅速提高而导致的中国贸易逆差在2010年就已经出现，鉴于中国劳动力市场现有的状况，这种迹象有可能将呈现一种持续的态势。如果内需无法有效扩大，这必然导致劳动成本迅速上升的部分将更多地反映和附加到出口商品的价格上去，从而迅速提高出口商品的价格，削弱中国出口商品的国际竞争力。这种情况的出现可能导致人民币出现持续性的贬值而不是升值。这对中国人民币汇率机制的改革是很大的挑战。

中国收入差距扩大已是不争的事实，尤其是城乡居民收入差距已达历史最高水平。分配不公成为中国经济进一步发展的严重障碍之一。工资性收入增长缓慢，制约了民众的消费能力，内需依然乏力，在经济转型中以消费需求作为经济增长的重要引擎未见明显效果。既损害了公平，也未能实现效率。内需不足成为汇率制度改革的瓶颈，难以摆脱对这种过度依赖外需的经济增长方式，而这种增长模式是更易受金融危机冲击的。

第七章 结论与展望

中国的金融体制改革和资本市场改革依然是处于发展阶段,因此,大力发展金融市场,提高直接融资比例和鼓励金融创新,是中国"十二五"规划的重点。构建逆周期的金融宏观审慎管理制度框架,建立健全系统性金融风险防范预警体系、评估体系和处置机制,强化对系统重要性金融机构的监管,将成为重中之重。中国人民银行2005年7月21日宣布进行人民币汇率形成机制改革之后,中国人民银行行长周小川曾提出中国此轮汇率改革之前应先行完成的三项工作:一是银行部门改革取得进展,银行体系得到加强;二是减少对外汇交易某些不必要的管制,包括部分资本账户的管制;三是外汇市场得到深化和发展,能够为国内金融机构和进出口企业提供更有效的市场环境和必要的避险工具。显然,这些目标的实现都需要时日和艰苦的努力。

总之,中国人民币汇率体制的改革关系到本国经济的可持续增长和内外经济的均衡发展,人民币汇率政策的取向不仅体现为汇率变动与和贸易收支的关系,汇率变动与贸易收支的关系不过是整个宏观政策设计的一个不可或缺的组成部分。汇率制度的改革与汇率政策的制定折射了各个层面的经济关系,代表着这个国家的根本利益。因此,一个负责任的政府必须从经济社会发展的现实出发,选择符合中国国情的汇率制度和汇率政策。

附　　录

关键词中英文对照

锚货币	anchor currency
渐进性	abstufung
中国银行	Bank of China
蝴蝶效应	butterfly effect
贸易余额	balance of trade
北京共识	Beijing Consensus
健全美元联盟	coalition for a sound dollar
资本和金融项目	capital and financial account
央行票据	central bank bills
经常项目	current account
可控性	controllability
东西方"冷战"	cold war
置信区间	confidence interval
芝加哥商品交易所	Chicago Mercantile Exchange
健全美元联盟	coalition for a sound dollar
资本和金融项目	capital and financial account
央行票据	central bank bills
经常项目	current account
趋势偏差	deviation from the trend
标值货币	denominating currency
出口商品理论比价	export commodities theory parity
汇率传导	exchange rate pass-through
汇率传导机制	exchange rate pass-through mechanism
根本性不平衡	fundamental imbalance
灵活性	flexibility
外汇调剂中心	foreign exchange swap center

续表

外汇兑换券	foreign exchange certificate
外汇留成制度	forex retention system
公平货币联盟	fair currency coalition
外汇占款	Funds outstanding for foreign exchange
国际货币基金组织	International Monetary Fund, IMF
国际比较项目	International Comparison Program
国际货币	international/global currency
计价货币	invoicing currency
国际储备货币	international reserve currency
独立浮动	independent float
利率平价	interest rate parity
国际金本位制	international gold standard
进口商品理论比价	import commodities theory parity
联合浮动	joint float
当地货币定价	local currency pricing
蒙代尔—弗莱明模型	Mundell – Fleming Model
管理浮动	managed float
货币分析法	monetary approach
交易媒介	medium of exchange
马歇尔—勒纳条件	Marshall – Lerner Condition
名义有效汇率	nominal effective exchange rate
名义汇率	nominal exchange rate
非贸易结算汇率	non – trade transaction settlement exchange rate
侨汇购买力比价	overseas remittance purchasing power parity
官方汇率	official exchange rate
汇率超调模型	overshooting model
主动性	proactivity
平行（黑市）市场汇率	parallel (or black) exchange rate
钉住货币篮子	peg to a currency basket
钉住单一货币	peg to a single currency
Penn 效应	Penn effect
价格铸币流动机制	price specie – flow mechanism
购买力平价	purchasing power parity
清洁浮动	pure float
实用主义	pragmatistic

续表

奖出限入	prize income limit out
传导效果	pass-through effect
汇率传导弹性	pass-through elasticity
因市定价	pricing to market
合格境外机构投资者	qualified foreign institutional investors
合格境内机构投资者	qualified domestic institutional investors
实际有效汇率	real effective exchange rate
实际汇率	real exchange rate
人民币——元	renminbi—Yuan
粘性价格模型	stick-price monetary model
沉淀成本和滞后效应	sunk cost and hysteresis effect
结算货币	settlement currency
避风港货币	safehaven currency/asset
抽样不确定性	sampling uncertainty
目标区安排	target Zone Arrangement
调剂市场汇率	tradable markets exchange rate
贸易结算汇率	trade transaction settlement exchange rate
三元悖论	trillema
关贸总协定	The General Agreement on Tariffs and Trade (GATT)
记账单位	unit of account
工具货币	vehicle currency
怀特计划	White Plan